T0126783

CLASSIQUES JAUNES

Économies

L'Actualité
des textes fondateurs

Philippe Gilles

L'Actualité des textes fondateurs

Adam Smith, Karl Marx et John Maynard Keynes

PARIS
CLASSIQUES GARNIER
2020

Philippe Gilles est professeur des universités, doyen honoraire de la faculté des sciences économiques et de gestion, et chercheur au Laboratoire d'économie appliquée au développement de l'université de Toulon.

ISBN 978-2-406-09956-7
ISSN 2417-6400

Pour Apolline, Camille, Cécile,
Marie-Christine, Thérèse
et Simone Gilles.

Some one said : "The dead writers are remote from us because we know so much more than they did." Precisely, and they are that which we know.
T. S. ELIOT, *Tradition and the Individual Talent*, 1919.

INTRODUCTION

Dans une lettre en date du 5 juillet 1764, adressée à David Hume, Adam Smith[1] (1987, p. 102), alors à Toulouse, évoque pour la première fois l'écriture de la *Richesse des Nations* en précisant « The Life which I led at Glasgow was a pleasurable, dissipated life in comparison of that which I lead here at Present. I have begun to write a book in order to pass away the time ». Cette « désinvolture » apparente tranche, cependant, avec les nombreux courriers de Smith adressés, avant et lors de la parution du livre, à ses éditeurs et traducteurs (l'Abbé Blavet et l'Abbé Morellet, notamment), remerciant le premier de le faire connaitre « à la nation de l'Europe dont je considère le plus le gout et le jugement » (*ibid.*, p. 260). Dès sa disponibilité en français, P.-S. Dupont de Nemours qualifie la *Richesse des Nations* de « Livre excellent dont vous avez enrichi le monde » (*ibid.*, p. 312), précisant que « les *Économistes* français [*i.e.* les Physiocrates] garderont pour vous autant de respect que vous daignez leur témoigner d'estime » (*ibid.*, p. 313), et, dès sa parution (9 mars 1776), Hume, dans une lettre en date du 1er avril 1776 adressée à Smith, fait part de son enthousiasme :

> *Euge! Belle! Dear Mr Smith : I am much pleas'd with your Performance, and the Perusal of it has taken me from a State of great Anxiety. It was a Work of so much Expectation, by yourself, by your Friends, and by the Public, that I trembled for its Appearance; but am now much relieved. Not but that the Reading of it necessarily requires so much Attention, and the Public is disposed to give so little, that I shall still doubt for some time of its being very popular : But it has Depth and Solidity and Acuteness, and is so much illustrated by curious Facts, that it must at last take the public Attention. It is probably much improved by your last Abode in London. If you were here at my Fireside, I should dispute some of your Principles (ibid., p. 186)*

> « Bravo ! Cher Mr Smith : je suis enthousiasmé par votre œuvre, et sa lecture m'a tiré d'une profonde anxiété. C'était un travail tellement attendu, par vous-même, par vos amis, et par le public, que je tremblais pour sa

---

1   Né à Kirkcaldy en 1723, mort à Edimbourg en 1790.

> sortie ; mais je suis maintenant rassuré. Pas de ce que sa lecture requière nécessairement tant d'attention, et le public est disposé à en donner si peu, que je peux douter quelque temps qu'il soit très populaire. Mais il a de la profondeur et de la solidité et de la pertinence, et il est tellement illustré de faits curieux, qu'il doit au moins retenir l'attention du public. Il est probablement largement amélioré par votre dernier séjour à Londres. Si vous étiez ici avec moi au coin du feu, je débattrais avec vous certains de vos principes. »

Karl Marx, dans une lettre en date du 17 avril 1867, destinée à son ami J. Ph. Becker, militant de la I° Internationale, lui demande d'annoncer dans la presse la publication prochaine du Livre I du *Capital* : « C'est, à coup sûr, le projectile le plus terrible qui ait jamais été lancé à la tête des bourgeois (propriétaires du sol compris) » (Marx, 1965, p. CXXXII) et, le 30 avril, répond à un socialiste allemand émigré aux États-Unis :

> Pourquoi je ne vous ai pas répondu ? Parce que je me trouvais constamment au bord de la tombe. Je devais donc profiter de *chaque* instant de validité pour terminer mon œuvre, à laquelle j'ai sacrifié santé, bonheur de vivre et famille. J'espère que cette déclaration n'appelle aucun commentaire. Je me moque des hommes que l'on dit « pratiques » et de leur sagesse. Si l'on choisissait d'être une brute, on pourrait naturellement tourner le dos à la souffrance humaine et s'occuper de sa propre peau. Mais j'aurais réellement été peu pratique si j'avais crevé sans terminer mon livre, ne serait-ce qu'en manuscrit. (*ibid.*, Marx souligne)

Et, à propos de la traduction française éditée par M. Lachâtre, Marx adresse à ce dernier cette lettre en date du 18 mars 1872 :

> J'applaudis à votre idée de publier la traduction de *Das Kapital* en livraisons périodiques. Sous cette forme, l'ouvrage sera plus accessible à la classe ouvrière et, pour moi, cette considération l'emporte sur toute autre. Voilà le beau côté de la médaille, mais en voici le revers : la méthode d'analyse que j'ai employée […] rend assez ardue la lecture des premiers chapitres, et il est à craindre que le public français, toujours impatient de conclure, avide de connaître le rapport des principes généraux avec les questions immédiates qui le passionnent, ne se rebute parce qu'il n'aura pu tout d'abord passer outre. C'est là un désavantage contre lequel je ne puis rien si ce n'est toutefois prévenir et prémunir les lecteurs soucieux de vérité. (*ibid.*, p. 543)

avant de conclure :

Il n'y a pas de route royale pour la science, et ceux-là seulement ont chance d'arriver à ses sommets lumineux qui ne craignent pas de se fatiguer à gravir ses sentiers escarpés. (*ibidem*)

Dès le début de l'année 1935, John Maynard Keynes pressent que le contenu de son prochain livre, la *Théorie générale de l'emploi, de l'intérêt et de la monnaie*, qui n'est pas encore publié, est susceptible de « révolutionner l'économie », une « colossale vantardise » (« *a gigantic boast* ») comme n'hésite pas à l'affirmer (« *true I daresay* »), le 6 janvier, Virginia Woolf dans son Journal, mais qu'il « entérine » dans une lettre adressée, le 1er janvier, à son ami George Bernard Shaw :

> To understand my state of mind, however, you have to know that I believe myself to be writing a book on economic theory which will largely revolutionise –not, I suppose, at once but in the course of the next ten years – the way the world thinks about economic problems. When my new theory has been duly assimilated and mixed with politics and feelings and passions, I can't predict what the final upshot will be in its effect on action and affairs. But there will be a great change, and, in particular, the Ricardian foundations of Marxism will be knocked away. I can't expect you, or anyone else, to believe this at the present stage. But for myself I don't merely hope what I say, in my own mind I'm quite sure.

> « Pour comprendre *mon* état d'esprit, cependant, il faut que vous sachiez que je pense être en train d'écrire un livre sur la théorie économique qui révolutionnera grandement – non, je suppose, tout de suite mais au cours des dix prochaines années – la façon dont le monde pense les problèmes économiques. Alors que ma nouvelle théorie aura été dûment assimilée et mêlée à la politique, aux sentiments et aux passions, je ne peux prédire quel effet final elle aura sur l'activité et les affaires. Mais un grand changement se produira, et, plus particulièrement, les fondements ricardiens du marxisme auront été battus en brèche. Je ne m'attends à ce que vous ou qui que ce soit d'autre preniez cela au sérieux pour le moment. Mais, quant à moi, je ne fais plus qu'espérer que cela se produira, j'en suis moi-même tout à fait certain. » (Keynes, 2013, p. 492-493, Keynes souligne).

Ces extraits épistolaires montrent l'importance de l'influence sociale, intellectuelle voire scientifique que Smith, Marx et Keynes pressentaient du contenu de leurs ouvrages respectifs, et le recul historique n'a pas infirmé, mais bien plutôt validé, ces sentiments voire ces certitudes.

Cela tient au fait que ces trois ouvrages constituent des « livres paradigmatiques », les « grands livres » de Blaug (1986, p. VII), ceux qui, ayant apporté des réponses théoriques aux grandes questions de

Politique, ont judicieusement mis l'accent « sur le rôle des idées et le rôle de l'action » au point « d'impressionner le cours des événements » (Galbraith, 1956, p. 90) ; des œuvres qui ont permis la systématisation du raisonnement et de l'analyse économiques et, partant, son autonomisation par rapport aux autres disciplines scientifiques, constituant par là-même des Textes fondateurs d'Écoles de pensée. Autrement dit, des livres dont les contenus ont initié la définition de « problèmes et de méthodes légitimes d'un domaine de recherche », ici l'économie, « pour des générations successives [et encore présentes] de chercheurs » (Kuhn, 1983, p. 29). À cette fin, ils ont en commun deux caractéristiques essentielles constitutives d'un *paradigme* : i) « leurs accomplissements étaient suffisamment remarquables pour soustraire un groupe cohérent d'adeptes à d'autres formes d'activité scientifique concurrentes » (*ibid.*, p. 29-30) ; ii) « ils ouvraient des perspectives suffisamment vastes pour fournir à ce nouveau groupe de chercheurs toutes sortes de problèmes à résoudre » (*ibid.*, p. 30). On comprend aisément pourquoi ces ouvrages sont abondamment cités, commentés et interprétés, mais, simultanément, comme rançon de leurs succès, de moins en moins lus directement et de plus en plus par personne interposée, les commentaires étant logiques et ordonnés, ce que ne sont pas les grands textes, caractérisés par une certaine fastidiosité de lecture. Comme le souligne Galbraith (1956, p. 91), pour la *Théorie générale* :

> Ce n'est pas directement de Keynes, mais de ses interprètes, à travers une première, seconde ou troisième version, que la plupart des gens ont appris ses théories. Des millions d'individus en sont venus à accepter les conclusions de Keynes sans jamais avoir lu un seul mot de lui. Chose plus intéressante encore : des milliers de gens qui défendent ses propositions, nieraient énergiquement être keynésiens si on le leur demandait. Chacun connaît l'importance de Keynes et l'influence qu'il exerce, mais il n'en subsiste pas moins une extraordinaire incertitude lorsqu'il s'agit de dire pourquoi et comment.

Par extrapolation, il en résulte que les propres analyses de Smith, de Marx et de Keynes contenues, notamment, dans la *Richesse des Nations*, *le Capital* et la *Théorie générale* n'ont, dans le meilleur des cas, qu'une ressemblance avec ce que la littérature secondaire rapporte de l'étude de ces œuvres. Où, précisément, les œuvres des inspirateurs se trouvent, généralement, simplifiées ou, à l'inverse, inutilement complexifiées, vulgarisées, dogmatisées, prenant la forme d'héritages intellectuels

porteurs de controverses entre épigones puis au sein des nouvelles générations d'interprétateurs, autant de variantes de la pensée originelle, qui
nous en éloignent. D'où la nécessité de revenir à la source des grands
textes en gardant en mémoire le contexte historique et idéologique
de leurs conceptions[2], afin d'éviter deux écueils, d'une part, celui de
ne voir, à l'aune de la théorie économique moderne, que les erreurs et
les limites analytiques qu'ils contiennent, alors qu'ils en sont souvent
les héritiers, « prisonniers » de leurs historicités, d'autre part, celui de
chercher à tout prix l'idée originale avant-gardiste en sur-interprétant
certains de leurs développements. Comme le résume, avec efficacité,
Blaug (1986, p. 1), « le danger d'arrogance envers les économistes du
passé existe certainement – mais l'adoration des ancêtres constitue
également un danger. »

En définitive, le retour aux textes originaux, *in statu nascendi*, doit
permettre de mettre en lumière la complexité de ces œuvres, de desserrer
les contraintes de la vulgate et l'impérialisme des « idées reçues » selon
lesquelles : dans la *Richesse des Nations*, le libéralisme, le « laissez-faire »
« laissez-passer » conduits par une « main invisible » expriment les
forces *exclusives* du « système simple et facile de la liberté naturelle » ;
dans *le Capital*, le dépérissement du mode de production capitaliste
devient *inéluctable* sous l'effet de ses contradictions et de ses antagonismes ; la *Théorie générale* incarne la Macroéconomie « triomphante »,
laquelle n'admet comme agent stratège que l'État avec l'extension de
ses « fonctions traditionnelles » se résumant à un plaidoyer en faveur
des travaux publics.

---

2   Aux limites de l'analogie près, ce retour aux textes fondateurs, de « fidélité à l'œuvre »
    (*Werktreue*), peut être rapproché, dans son esprit, du Mouvement d'interprétation histo-
    rique de la musique ancienne, que J.E. Gardiner (2014, p. 38-39, p. 42-43) personnifie
    et explicite avec conviction : « Pour déchiffrer les codes du langage musical des maîtres
    baroques, pour combler le fossé qui sépare leurs univers du nôtre et pour permettre à
    leur imagination de jaillir librement, il nous fallait cultiver une sonorité radicalement
    différente. Nous n'avions pas le choix : nous devions nous reformer sur une nouvelle base,
    en utilisant des instruments baroques originaux (ou des copies modernes d'instruments
    d'époque). C'était comme apprendre une langue entièrement nouvelle, ou un nouvel
    instrument, mais que pratiquement personne n'était en mesure de nous enseigner [...]
    On pouvait tout d'un coup entendre la musique jaillir hors des limites où elle avait été
    confinée. Dès lors que les instruments anciens s'emparèrent de cette musique qui avait
    été le domaine réservé d'orchestres symphoniques modernes en formation réduite, ce que
    l'on avait l'habitude de considérer comme la musique lointaine du bon vieux temps se
    mit à résonner comme des créations nouvelles. »

Face à ces « mutilations idéologiques », le réinvestissement dans ces textes fondateurs, par la réappropriation de leurs contenus *en insistant sur leurs faces méconnues*, objet du présent livre[3], fait apparaître les démonstrations circonstanciées opérées par Smith relatives à la nécessité de l'État comme « surintendant de l'industrie des particuliers » afin de la diriger vers « les emplois les mieux assortis à l'intérêt général de la société » ; par Marx, sur la capacité du système capitaliste, *via* la mobilisation du « système de crédit » ou d'« influences contraires » par exemple, à surmonter provisoirement, mais périodiquement, ses contradictions ; par Keynes, à propos du rôle essentiel joué par la psychologie dans le comportement des hommes en société, qui, non seulement, peuvent mais doivent prévoir, avec la possibilité de se tromper. Autant de développements d'une troublante actualité et porteurs de riches enseignements en des temps de remise en cause de l'État et d'interrogations sur le devenir de l'« économie mixte » et des services publics, de questionnements sur le « capitalisme financier », de son autonomisation vis-à-vis de l'économie réelle jusqu'à la généralisation de la spécularité des comportements, de montée des individualismes et de recherche de nouvelles formes de cohésion sociale.

---

3   Je remercie Cécile Bastidon-Gilles, Alain Beitone et Pierre Dockès pour leurs remarques et suggestions portant sur des premières versions du présent texte qui, associées à leurs encouragements, ont largement contribué à la réalisation de cet ouvrage, pour le contenu duquel je reste, évidemment, seul responsable.

PREMIÈRE PARTIE

ADAM SMITH
ET SES *RECHERCHES SUR LA NATURE
ET LES CAUSES DE LA RICHESSE DES NATIONS*

INTRODUCTION
À LA PREMIÈRE PARTIE

Les « Recherches sur la Nature et les Causes de la Richesse des Nations[1] » (dorénavant RDN) représentent, pour Schumpeter (1983, I, p. 258)[2], « le livre qui a eu le plus de succès, non seulement parmi tous les ouvrages sur l'économie, mais aussi, peut-être à l'exception de l'*Origine des espèces* de Darwin, parmi tous les livres scientifiques qui sont parus jusqu'à ce jour », écrit par « le personnage le plus fameux de tous les économistes ». Pour Schumpeter, ce succès est mérité bien que la RDN ne contienne « pas une seule idée, principe ou méthode *analytique* qui fût entièrement nouvelle en 1776 [...] et bien qu'elle ne puisse rivaliser sur le plan intellectuel avec les *Principia* de Newton ou l'*Origine de Darwin* » (*ibid.*, p. 262-263). Alors d'où vient l'importance et comment s'explique la postérité de la RDN ?

Un premier élément de réponse vient du fait que la RDN joue le rôle de *paradigme* (Kuhn, 1983) en Économie en tant qu'elle a servi comme « exemple reconnu de travail scientifique – exemple qui englobe des lois, des théories, des applications et des dispositifs expérimentaux – [qui] fournit un modèle qui donne naissance à des traditions particulières et cohérentes de recherche scientifique » (*ibid.*, p. 30). Partant, cette « performance scientifique » comme « point de ralliement professionnel » (*ibid.*) fonde la RDN comme « paradigme », c'est-à-dire le regroupement de « découvertes scientifiques universellement reconnues qui, pour un temps, fournissent à une communauté de chercheurs des problèmes types et des solutions. » (*ibid.*, p. 11).

Une autre explication, dans cette lignée, tient à ce que la RDN incarne, de façon éclatante, ce que Schumpeter (1983, I, p. 30, 86,

---

1   *An Inquiry into the Nature and Causes of the Wealth of Nations*, 1776.

2   Cette référence bibliographique se lit : dans Schumpeter (1983), tome 1, page 258. Pour la Richesse des Nations, (RDN, I, II, p. 83) par exemple, se lira : Livre I, chapitre II, page 83, avec (WON, I, II, p. 83) pour la version anglaise.

203) nomme la « Situation Classique », c'est-à-dire l'autonomie épistémologique de l'Économie doublée d'un accord sur un domaine de
connaissances qui a mis au jour des techniques spécialisées de recherche
des faits et d'interprétation ou d'inférence (analyse) : « Une situation
classique surgit dans la seconde moitié du XVIIIe siècle [...] peut-être
l'année du succès majeur de cette époque, la *Richesse des Nations* (1776)
d'Adam Smith [...] [Elle] résultait de la rencontre de deux sortes de
travaux qui sont suffisamment distincts pour qu'on les considère à
part. Il y avait la masse des connaissances et l'outillage conceptuel
qui s'étaient lentement accrus, durant les siècles, dans les ouvrages
des philosophes. Et, semi-indépendante de cela, il y avait une masse
de faits et de concepts qu'avaient accumulée les hommes voués aux
affaires pratiques, au cours de leurs discussions sur des sujets politiques d'actualité. »

En ce sens, toujours dans cette perspective schumpeterienne, la
lecture de la RDN nous montre la rencontre de la Pensée économique,
c'est-à-dire les opinions en matière économique qui dominent à un
moment donné dans une société donnée (l'histoire économique) avec
l'Analyse économique qui est le résultat d'un travail scientifique, mar-
quant en cela la nature spécifiquement autonome de l'Économie en tant
que science, centrée sur les conditions qui gouvernent la richesse, donc le
« bien-être matériel » des Nations[3]. Une autre expression, plus concise,
de cette rencontre nous est fournie par K. Polanyi :

> Adam Smith a traité de la richesse matérielle comme d'un domaine d'étude
> distinct ; parce qu'il l'a fait avec un grand réalisme, il a fondé une science
> nouvelle, l'économie. (Polanyi, 1983, p. 155).

Mais, pour ce faire, Smith exclut de la recherche de cette richesse,
la Nature au sens physique (*Physis*), comme il l'indique dès la première
page de l'Introduction de la RDN, fondant, par là même, l'universalité
de son propos :

---

3   Cette corrélation entre l'abstraction conceptuelle et la validité empirique est, également,
soulignée par Mathiot (1990, p. 94) pour lequel « Cette solidarité entre l'émergence du
discours économique comme nouvelle discipline scientifique et l'ouverture d'un nouveau
domaine pratique pour les agents est le coup de génie de Smith », ou encore, plus loin dans
son propos (*ibid.*, p. 104) : « Cette analyse resterait une formule creuse s'il n'existait un
mode d'apparition et de vérification pratique de sa réalité. Ici, encore éclate l'originalité
et la fécondité de la méthode smithienne. »

Whatever be the soil, climate, or extent of territory of any particular nation, the abundance or scantiness of its annual supply must, in that particular situation, depend upon those two circumstances [...] first, by the skill, dexterity, and judgement with which its labour is generally applied; and, secondly, by the proportion between the number of those who are employed in useful labour, and that of those are not so employed. (WON, Introduction and plan of the work, p. 5)

« quels que puissent être le sol, le climat et l'étendue du territoire d'une nation, nécessairement l'abondance ou la disette de son approvisionnement annuel, relativement à sa situation particulière, dépendra de deux circonstances [...] Premièrement, l'habileté, la dextérité et l'intelligence qu'on y apporte généralement dans l'application du travail ; deuxièmement, la proportion qui s'y trouve entre le nombre de ceux qui sont occupés à un travail utile et le nombre de ceux qui ne le sont pas. » (RDN, Introduction, p. 65)

Pour reprendre Polanyi (*ibid.*, p. 157), chez Smith, « l'économie politique doit être une science de l'homme ; elle doit s'occuper de ce qui est naturel à l'homme, non à la nature. » Voilà une autre façon, par l'anthropologie de la valeur économique, d'éclairer la Situation classique, en montrant qu'à partir de Smith et de sa RDN, c'est moins une volonté assumée d'indépendance entre l'analyse économique et la philosophie qui se manifeste, mais plutôt que « les croyances philosophiques des économistes n'influent plus sur la validité des hypothèses économiques qu'ils avancent. » (Blaug, 1986, p. 5).

Cette rencontre entre Analyse et Pensée économiques prend la forme, dans la RDN, d'une imbrication de longues narrations, détaillées, de faits et de périodes historiques (« la méthode historique et descriptive de Adam Smith » soulignée par Marx[4]), voire de volumineuses digressions[5], avec de courts paragraphes analytiques exposant de véritables

---

4 K. Marx, « Misères de la philosophie. Réponse à la philosophie de la misère de M. Proudhon » (1847 dans 1965, p. 11).

5 Ces digressions prennent la forme, chez Smith, d'une série d'exemples (« *sort* »). Ainsi, à la suite du Chapitre XI du Livre I de la RDN concernant « la rente de la terre », on compte pas moins de six digressions, relatives aux « variations de la valeur de l'argent pendant le cours des quatre derniers siècles », aux « variations dans la proportion entre les valeurs respectives de l'Or et de l'Argent », aux « motifs qui ont fait soupçonner que la valeur de l'argent continuait toujours à baisser », aux « effets différents des progrès de la Richesse nationale sur trois sortes différentes de Produit brut », afin de parvenir à la « conclusion de la digression sur les variations dans la valeur de l'argent », puis aux « effets et progrès de la Richesse nationale sur le prix réel des ouvrages et manufactures », pour un total de 75 pages ! Il en est de même au milieu du chapitre III du Livre IV avec une « Digression sur les banques de dépôt, et en particulier sur celle d'Amsterdam »,

théorèmes, ce qui rend, au-delà de l'ampleur du texte[6], particulièrement fastidieuse sa lecture[7], même si les matériaux sont présentés de manière vivante, sous la forme d'une plaidoirie en faveur, notamment, du libre-échange et du laissez-faire[8]. Cette fastidiosité est, également, relevée avec humour par M. Blaug (1986, p. 41) : « La pratique de la lecture des volumineux ouvrages du XVIIIème siècle, de la première page à la dernière, semble avoir à peu près totalement disparue. Aujourd'hui, nous lisons des sélections de Gibbon, de Johnson et de Hume, et nous nous contentons des dix premiers chapitres de la *Richesse des Nations* [...] Prenons nos désirs pour des réalités, et supposons que les lecteurs de la totalité de l'ouvrage d'Adam Smith ne sont pas si rares qu'on pourrait le croire. »

---

ou à la suite du Chapitre v du même Livre relatif aux primes à l'exportation, avec une « Digression sur le commerce des blés et sur les lois y relatives ».

6   La RDN est constitué de 5 Livres : Livre premier « Des causes qui ont perfectionné les facultés productives du travail, et de l'ordre suivant lequel ses produits se distribuent naturellement dans les différentes classes du peuple », Livre II « De la nature des fonds ou capitaux, de leur accumulation et de leur emploi », Livre III « De la marche différente des progrès de l'opulence chez différentes nations », Livre IV « Des systèmes d'économie politique », Livre V « Du revenu du souverain ou de la république », pour un total de plus de 1000 pages (dans le format d'édition retenu en Bibliographie). De ce point de vue, pour reprendre Schumpeter (1983, I, p. 258), « La Richesse des Nations était le résultat achevé d'une vie de travail » ; « le premier traité grandeur nature d'économie » pour Blaug (1986, p. 68).

7   dont Smith est, quelquefois, conscient, interpellant son lecteur : « Je tâcherai de traiter ces trois points avec toute l'étendue et la clarté possibles dans les trois chapitres suivants, pour lesquels je demande bien instamment la patience et l'attention du lecteur : sa patience pour me suivre dans des détails qui, en quelques endroits, lui paraîtront peut-être ennuyeux ; et son attention, pour comprendre ce qui semblera peut-être encore quelque peu obscur, malgré tous les efforts que je ferai pour être intelligible. Je courrai volontiers le risque d'être trop long, pour chercher à me rendre clair ; et après que j'aurai pris toute la peine dont je suis capable pour répandre de la clarté sur un sujet qui, par sa nature, est aussi abstrait, je ne serai pas encore sûr qu'il n'y reste quelque obscurité. » (RDN, I, IV, p. 97), ou plus loin dans son propos (RDN, IV, I, p. 36) : « J'ai cru nécessaire, au risque même d'être trop long, d'examiner dans tous ses détails cette idée populaire ... », ou encore : « Quelques-unes des réflexions et observations précédentes auraient peut-être été plus convenablement placées dans les chapitres du livre Iᵉʳ [...] mais j'ai cru plus à propos de les réserver pour ce chapitre. » (RDN, IV, VI, p. 161).

8   « partout, le professeur [A. Smith dans la RDN] transforme sa chaire en un siège de juge et distribue les louanges et les blâmes. Et Adam Smith eut la bonne fortune d'être complètement en accord avec l'état d'esprit de son temps. Il milita en faveur des idées qui étaient dans l'air, et il s'arrangea pour que son analyse les appuie [...] qu'en serait-il de la *Richesse des Nations* sans libre-échange ni laissez-faire ? » (Schumpeter, 1983, I, p. 264).

DE LA MANUFACTURE D'ÉPINGLES
À LA DIVISION DU TRAVAIL
COMME NAISSANCE DU SUJET ÉCONOMIQUE

Condition à l'opulence des Nations

Prenons un exemple de cette complexité d'exposé, celui du début (Livre I, chapitre 1, p. 71-79) de la RDN relatif à la division du travail, découverte par Smith selon Marx (1847 dans 1965, p. 20) et au sein duquel se trouve le célèbre passage de la « manufacture d'épingles » que Smith emprunte, pour partie, à l'article « Épingle » de l'Encyclopédie[1]. Ce court chapitre de 9 pages est ponctuée de digressions sur les rapports qualité/prix comparés des blés polonais, français et anglais (*ibid.*, p. 74), d'un descriptif des métiers de tisserand, de forgeron ou de fileur (*ibid.*, p. 73-75) et d'une énumération sur près de deux pages de l'ensemble des métiers et activités concernés par la fabrication d'une « veste de laine » (*ibid.*, p. 78-79), afin d'*illustrer implicitement* la supériorité de la valeur d'échange sur la valeur d'usage pour les produits du travail divisé, auxquels s'ajoute la description minutieuse de la division du travail en œuvre dans la manufacture d'épingles, avec une mobilisation de métiers différents et d'opérations distinctes :

Un ouvrier *tire le fil à la bobine*, un autre le *dresse*, un troisième *coupe la dressée*, un quatrième *empointe*, un cinquième est employé à *émoudre* le bout qui doit

---

1   rédigé par Alexandre Deleyre en 1751, cet article débute ainsi : « L'épingle est de tous les ouvrages méchaniques le plus mince, le plus commun, le moins prétieux, & cependant un de ceux qui demandent peut-être le plus de combinaisons : d'où il résulte que l'art, ainsi que la nature étale ses prodiges dans les petits objets, & que l'industrie est aussi bornée dans ses vûes, qu'admirable dans ses ressources ; car une épingle éprouve dix-huit opérations avant d'entrer dans le commerce », dix-huit opérations qui seront évoquées par Smith dans la RDN (I, I, p. 72). Marx, dès les premières pages du Livre I du *Capital*, dans son « Historique de l'analyse de la marchandise » (1859 dans 1965, p. 305 et s.), fait référence à cette fabrication des épingles d'A. Smith, comme illustration de l'avantage de la Division du travail comme force productive, en précisant que W. Petty l'avait fait avant lui à l'aide de la fabrication d'une montre (*ibid.*, p. 305).

recevoir la *tête*. Cette *tête* est elle-même l'objet de deux ou trois opérations séparées : la *frapper* est une besogne particulière ; *blanchir* les épingles en est une autre ; c'est même un métier distinct et séparé que de *piquer* les papiers et d'y *bouter* les épingles ; enfin, l'important travail de faire une épingle est divisé en dix-huit opérations distinctes ou environ, lesquelles, dans certaines fabriques, sont remplies par autant de mains différentes, quoique dans d'autres le même ouvrier en remplisse deux ou trois. (*ibid.*, p. 72, Smith souligne).

LA DIVISION DU TRAVAIL
COMME INCARNATION HISTORIQUE
DE LA « VALEUR TRAVAIL »

À côté de ces nombreuses digressions, souvent illustratives après coup, ce chapitre 1 contient, également, ne serait-ce que pour lever l'ambiguïté, entretenue par Smith, d'un raisonnement relatif à la division du travail qui pourrait s'appliquer indifféremment sur les plans macroéconomique (*i.e.* la division sociale) et microéconomique (*i.e.* la division manufacturière)[2], circonscrite à quelques paragraphes concis, les principes d'une analyse économique à vocation universelle : le « travail » comme fondement exclusif de sa théorie de la valeur où, conséquemment, la division du travail permet de spécifier les niveaux de développement des sociétés, entre « les nations sauvages » (sans division du travail) et « les nations civilisées et en progrès » (avec division du travail). Autrement dit, il investit le travail de la capacité unique de constituer la valeur, « l'humanisation de la valeur économique » pour reprendre l'heureuse formule de Polanyi (1983, p. 173), où la division du travail s'inscrit comme un produit de l'histoire.

Si l'on entend par théorie de la valeur, l'identification des facteurs qui expliquent qu'un bien ou un service ait une valeur d'échange, alors il est possible, en opposition à Blaug (1986, p. 45), d'attribuer au contenu du Livre I de la RDN, une théorie smithienne de la « valeur-travail » :

The value of any commodity [...] to the person who possesses it, and who means not to use or consume it himself, but to exchange it for other commodities, is equal to the

---

2   « On se fera plus aisément une idée des effets de la *division du travail* sur l'industrie générale de la société, si l'on observe comment ces effets opèrent dans quelques manufactures particulières. » (RDN, I, I, p. 71).

DE LA MANUFACTURE D'ÉPINGLES À LA DIVISION DU TRAVAIL   25

quantity of labour which it enables him to purchase or command. Labour, therefore, is the real measure of the exchangeable value of all commodities (WON, I, V, p. 34)

> « la *valeur* d'une denrée quelconque pour celui qui la possède et qui n'entend pas en user ni la consommer lui-même, mais qui a intention de l'échanger pour autre chose, est égale à la quantité de *travail* que cette denrée le met en état d'acheter ou de commander. Le *travail* est donc la mesure réelle de la *valeur échangeable* de toute marchandise. » (RDN, I, V, p. 99, Smith souligne).

Cette théorie smithienne de la « valeur-travail » recouvre deux dimensions : i) la théorie de la quantité de travail au sens de la quantité de travail qu'une marchandise « incorpore » ; ii) la théorie de la désutilité du travail au sens de la quantité de travail qu'une marchandise « permet d'obtenir » (« *commands* ») sur le marché, ce qui diffère généralement du « travail incorporé » (Schumpeter, 1983, II, p. 289-290). Dans le contexte d'un premier « état informe de la société, qui précède l'accumulation des capitaux et l'appropriation du sol » (RDN, I, VI, p. 117), la première renvoie à la quantité qu'une marchandise coûte à produire que l'on peut illustrer par l'exemple célèbre du castor[3]. C'est, ici, la quantité de travail non divisible, et non sa qualité (*i.e.* les compétences requises [« habileté ou adresse, talents »] et/ou sa pénibilité [« travail plus rude »], *etc.*) qui spécifie la valeur, prémisses des théories de la valeur-quantité de travail de Ricardo et de Marx. Dans le contexte d'une « société commerçante[4] »,

---

3   « chez un peuple de chasseurs, s'il en coûte habituellement deux fois plus de peine pour tuer un castor que pour tuer un daim, naturellement un castor s'échangera contre deux daims ou vaudra deux daims. Il est naturel que ce qui est ordinairement le produit de deux jours ou de deux heures de travail, vaille le double de ce qui est ordinairement le produit d'un jour ou d'une heure de travail. » (RDN, I, VI, p. 117). Dans ce modèle simple d'une société de chasseurs, à deux biens (les daims et les castors) et un seul facteur de « production » (la chasse), les prix relatifs sont régis par les coûts relatifs en travail : un castor s'échangera contre deux daims s'il faut deux fois plus de temps pour le tuer. Dans ce cas, le prix est déterminé par la seule offre, ce qui restreint considérablement les enseignements théoriques induits. Mais supposons que le taux d'échange devienne un daim contre un castor (pour des raisons de demande, *i.e.* des préférences (goûts) et habitudes de consommation indifférenciées pour les deux, et/ou d'offre, *i.e.* il faut toujours une heure (contre deux) pour tuer un daim, mais les daims sont plus *éloignés* du point initial de chasse que les castors), alors le « producteur » de castors abandonnera relativement son activité (qui lui coûte deux heures) au profit de celle de deux daims, avec lesquels il pourrait dorénavant acheter deux castors. Il s'ensuit que la chasse aux daims augmentera et celle des castors baissera jusqu'à l'égalisation effective du taux de l'échange (pour un développement, *cf.* Blaug, 1986, p. 47-48).

4   « La division du travail une fois généralement établie, chaque homme ne produit plus par son travail que de quoi satisfaire une très petite partie de ses besoins. La plus grande

la seconde renvoie, précisément, à cette dimension qualitative, au moyen de la doctrine « du travail et de la peine » (« *toil and trouble* ») qui permet la divisibilité du travail, et qui est le prix réel de toute chose :

> *The real price of every thing, what every thing really costs to the man who wants to acquire it, is the toil and trouble of acquiring it. What every thing is really worth to the man who has acquired it, and who wants to dispose of it or exchange it for something else, is the toil and trouble which it can save to himself, and which it can impose upon other people* (WON, p. 34)

> « Le prix réel de chaque chose, ce que chaque chose coûte réellement à celui qui veut se le procurer, c'est le travail et la peine qu'il doit s'imposer pour l'obtenir. Ce que chaque chose vaut réellement pour celui qui l'a acquise et qui cherche à en disposer ou à l'échanger pour quelque autre objet, c'est la peine et l'embarras que la possession de cette chose peut lui épargner et qu'elle lui permet d'imposer à d'autres personnes. » (*ibid.*, p. 99).

Dans le cadre de cette « société commerçante », sur la base d'une propension innée à l'échange (*i.e.* un « penchant naturel » et « universel », RDN, I, II, p. 81, 84), la division du travail s'amplifie au fur et à mesure de l'expansion des marchés selon une dynamique cumulative[5], jusqu'à devenir une « forme impersonnelle[6] » à l'origine de tout progrès économique, permettant à chaque individu de trouver sa place dans la société :

> *As it is the power of exchanging that gives occasion to the division of labour, so the extent of this division must always be limited by the extent of that power, or, in other words, by the extent of the market. When the market is very small, no person can have any encouragement to dedicate himself entirely to one employment, for want of the power to exchange all that surplus part of the produce of his own labour, which is over and above his own occupation, for such parts of the produce of other men's labour as he has occasion for.* (WON, I, III, p. 22)

---

partie ne peut être satisfaite que par l'échange du surplus de ce produit qui excède sa consommation, contre un pareil surplus du travail des autres. Ainsi, chaque homme subsiste d'échanges et devient une espèce de marchand, et la société elle-même est proprement une société commerçante. » (RDN, I, IV, p. 91).

5   « la *division du travail*, aussi loin qu'elle peut y être portée, amène un accroissement proportionnel dans la puissance productive du travail. C'est cet avantage qui paraît avoir donné naissance à la séparation des divers emplois et métiers. » (RDN, I, I, p. 73, Smith souligne).

6   « Parmi les hommes […], les talents les plus disparates sont utiles les uns aux autres ; les différents produits de leur industrie respective, au moyen de ce penchant universel à troquer et à commercer, se trouvent mis, pour ainsi dire, en une masse commune où chaque homme peut aller chercher, suivant ses besoins, une portion quelconque du produit de l'industrie des autres. » (RDN, I, II, p. 84).

> « Puisque c'est la faculté d'échanger qui donne lieu à la *division du travail*, l'accroissement de cette division doit, par conséquent, toujours être limité par l'étendue de la faculté d'échanger, ou, en d'autres termes, par l'étendue du *marché*. Si le *marché* est très petit, personne ne sera encouragé à s'adonner entièrement à une seule occupation, faute de pouvoir trouver à échanger tout le surplus du produit de son travail qui excédera sa propre consommation, contre un pareil surplus du produit du travail d'autrui qu'il voudrait se procurer. » (RDN, I, III, p. 85, Smith souligne).

On le voit, Smith montre que la division du travail impacte le travail au-delà de la finalité du produit, à savoir répondre à un besoin, dans un contexte de recherche de l'abondance du produit social, caractéristique d'un « état avancé de la société » (RDN, I, VI, p. 117). Cette dynamique nécessite un préalable philosophique, celui d'émanciper le travail divisé d'une « anthropologie des besoins » (Mathiot, 1990, p. 68), que l'on retrouve chez Hutcheson, Hume ou Quesnay par exemple, où l'Homme, en tant qu'« être de besoin », est au centre d'une Doctrine où les concepts de richesse, de valeur, de travail, *etc.* sont, précisément, dérivés de ce rôle du besoin, afin de lui substituer une « anthropologie morale de l'homme économique » (*ibid.*, p. 69) dans laquelle le sujet ayant *avantage* à échanger son surplus remplace le sujet satisfaisant ses besoins :

> *It is not from the benevolence of the butcher, the brewer, or the baker, that we expect our dinner, but from their regard to their own interest. We address ourselves, not to their humanity but to their self love, and never talk to them of our own necessities but of their advantages* (WON, I, II, p. 19)

> « Ce n'est pas de la bienveillance du boucher, du marchand de bière et du boulanger, que nous attendons notre dîner, mais bien du soin qu'ils apportent à leurs intérêts. Nous ne nous adressons pas à leur humanité, mais à leur égoïsme ; et *ce n'est jamais de nos besoins que nous leur parlons, c'est toujours de leur avantage.* » (RDN, I, II, p. 82, nous soulignons).

Pour ce faire, il faut que le sujet économique ait un « avantage » à échanger le surplus, fruit du travail divisé, et qu'il soit dans un cadre de division du travail lui permettant de le maximiser.

Reprenons ces deux points.

Le cadre de division (technique) du travail propice à accroitre la productivité, donc à maximiser ce surplus, est décrit, avec précision, par Smith, en termes de parcellisation et de spécialisation des tâches en liaison avec le machinisme naissant, sur la base desquels F.W. Taylor, lors de la seconde révolution industrielle à la fin du XIXème siècle, construira l'Organisation Scientifique du Travail, systématisée dans *The Principles of scientific management* (1911) pour devenir le *taylorisme* :

> Cette grande augmentation dans la quantité d'ouvrage qu'un même nombre de bras est en état de fournir, en conséquence de la *division du travail*, est due à trois circonstances différentes : premièrement, à un accroissement d'habileté chez chaque ouvrier individuellement ; deuxièmement, à l'épargne du temps qui se perd ordinairement quand on passe d'une espèce d'ouvrage à une autre ; et troisièmement enfin, à l'invention d'un grand nombre de machines qui facilitent et abrègent le travail, et qui permettent à un homme de remplir la tâche de plusieurs. (RDN, I, I, p. 74-75, Smith souligne).

Dans le détail, la première condition, « l'accroissement de l'habileté de l'ouvrier » consiste à réduire « la tâche de chaque homme à quelque opération très simple et en faisant de cette opération la seule occupation de sa vie » (*ibid.*, p. 75) ; la seconde, « l'épargne du temps », « qui se perd communément en passant d'une sorte d'ouvrage à une autre », nécessite « d'établir les différents métiers dans le même atelier » (*ibid.*) afin de remobiliser l'ouvrier, lui redonner « le cœur à l'ouvrage » et de lutter contre cette « habitude de flâner et de travailler sans application et avec nonchalance », le passage d'une tâche à une autre le rendant « presque toujours paresseux et incapable d'un travail sérieux et appliqué » (*ibid.*, p. 75-76). Enfin, le machinisme, fruit de cette division technique du travail[7], permet d'« abréger et de faciliter le travail » (*ibid.*, p. 76).

Situé dans ce cadre technique de la division du travail, facteur de bien-être pour l'homme (en tant que condition sociotechnique à la maximisation d'un surplus échangeable) dans le Livre I, plus que d'asservissement (des « qualités intellectuelles » et des « vertus sociales[8] »)

---

7   « Quand l'attention d'un homme est toute dirigée vers un objet, il est bien plus propre à découvrir les méthodes les plus promptes et les plus aisées pour l'atteindre, que lorsque cette attention embrasse une grande variété de choses. Or, en conséquence de la *division du travail*, l'attention de chaque homme est naturellement fixée tout entière sur un objet très simple […] Il n'y a personne d'accoutumé à visiter les manufactures, à qui on n'ait fait voir une machine ingénieuse imaginée par quelque pauvre ouvrier pour abréger et faciliter sa besogne. » (RDN, I, I, p. 76, Smith souligne).

8   « Dans les progrès que fait la division du travail, l'occupation de la très majeure partie de ceux qui vivent de travail, c'est-à-dire de la masse du peuple, se borne à un très petit nombre d'opérations simples, très souvent à une ou deux. Or, l'intelligence de la plupart des hommes se forme nécessairement par leurs occupations ordinaires. Un homme qui

tel que développé dans le Livre V, le sujet économique s'approprie le fruit de son travail divisé et maximise son intérêt personnel dès lors que, au-delà de la satisfaction de ses besoins primaires, il tire « avantage » à échanger son surplus. Partant, au niveau agrégé, c'est-à-dire dans le contexte d'échange généralisé (ou de division du travail généralisée), les besoins se satisfont par l'échange des surplus, garant de « l'opulence générale », le sujet économique, indifférencié quant à son intérêt légitime de produire du surplus, devenant sujet marchand :

> Chaque ouvrier se trouve avoir une grande quantité de son travail dont il peut disposer, outre ce qu'il applique à ses propres besoins ; et comme les autres ouvriers sont dans le même cas, il est à même d'échanger une grande quantité des marchandises fabriquées par lui contre une grande quantité des leurs, ou, ce qui est la même chose, contre le prix de ces marchandises. Il peut fournir abondamment ces autres ouvriers de ce dont ils ont besoin, et il trouve également à s'accommoder auprès d'eux, en sorte qu'il se répand, parmi les différentes classes de la société, une abondance universelle. (RDN, I, I, p. 77-78).

Cet avantage ou intérêt mutuellement avantageux au sein de la division du travail qui le rend possible fonde la philosophie morale de Smith, héritée de son Maître F. Hutcheson[9], Professeur de Philosophie morale à l'Université de Glasgow, dans la lignée des scolastiques et des philosophes du droit naturel, basée sur l'hypothèse de l'altruisme, ou, plus précisément, d'une coexistence *chez l'homme en situation d'abondance* de l'égoïsme avec la bienveillance à l'égard d'autrui, qui doit être rapprochée de « l'affection cordiale » contenue dans le Livre III du *Traité de la nature humaine* (1738) de D. Hume. Mais Smith, comparativement à ces glorieux prédécesseurs,

---

passe toute sa vie à remplir un petit nombre d'opérations simples, dont les effets sont aussi peut-être toujours les mêmes ou très approchant les mêmes, n'a pas lieu de développer son intelligence ni d'exercer son imagination à chercher des expédients pour écarter des difficultés qui ne se rencontrent jamais ; il perd donc naturellement l'habitude de déployer ou d'exercer ces facultés et devient, en général, aussi stupide et aussi ignorant qu'il soit possible à une créature humaine de le devenir ; l'engourdissement de ses facultés morales le rend non seulement incapable de goûter aucune conversation raisonnable ni d'y prendre part, mais même d'éprouver aucune affection noble, généreuse ou tendre et, par conséquent, de former aucun jugement un peu juste sur la plupart des devoirs même les plus ordinaires de la vie privée. Quant aux grands intérêts, aux grandes affaires de son pays, il est totalement hors d'état d'en juger » (RDN, V, I, p. 406).

9   Francis Hutcheson (1694-1746), Professeur de Philosophie morale à l'Université de Glasgow, fut le maître de Smith (qui fut l'un de ses étudiants de 1737 à 1740) et l'un de ses prédécesseurs à cette Chaire.

« redescend sur terre », ou « bat en retraite » selon Hirschman (1980, p. 22), en cherchant une signification *pratique* de la morale, une jonction entre morale et théorie sociale. Autrement dit, comment le bien (ou les vertus) du « système général » peut-il l'emporter sur le mal (ou les vices) du particulier ? On l'a vu, Smith opère, en premier lieu, un « tour de passe-passe » idéologique en remplaçant les termes mandevilliens (contenus dans la *Fable des abeilles, The Fable of the Bees : or, Private Vices, Publick Benefits*, 1714) trop connotés de « passion » et de « vice » par des termes neutres comme « avantage » ou « intérêt ». Puis, dans un second temps, il s'attelle à montrer que c'est l'accomplissement des conditions d'un bien-être accru, c'est-à-dire la réalisation d'une nation où « la somme du produit du travail de la société est si grande, que tout le monde y est souvent pourvu avec abondance » (RDN, Introduction, p. 66), qui permet de faire converger les principaux ressorts de l'action humaine :

> En soutenant que l'ambition, la soif de pouvoir et le besoin de considération peuvent être assouvis l'un comme l'autre par l'amélioration des conditions matérielles, Smith sape les fondements mêmes de l'idée d'opposer les passions les unes aux autres, ou de combattre les passions par les intérêts. Du jour au lendemain tout cet enchaînement d'idées devient incompréhensible, voire absurde – et l'on se trouve au stade [...] où les passions formaient un tout indivisible et se nourrissaient l'une l'autre (Hirschman, 1980, p. 100).

L'AVANTAGE À L'ÉCHANGE
ET LA VOLONTÉ D'ENRICHISSEMENT ILLIMITÉ
COMME CONDITIONS À L'OPULENCE DES NATIONS

C'est dans le stade suprême de réalisation de l'avantage, pour chacun, d'échanger son surplus au sein de l'abondance, pour tous, permise par la division du travail, rendant l'échange mutuellement avantageux, que Smith permet l'identification des passions avec les intérêts au sein de la société de marché, garant de la prospérité par l'accomplissement des intérêts personnels :

> les intérêts privés et les passions des individus les portent naturellement à diriger leurs capitaux vers les emplois qui, dans les circonstances ordinaires,

sont les plus avantageux à la société. Mais si, par une suite de cette préférence naturelle, ils venaient à diriger vers ces emplois une trop grande quantité de capital, alors la baisse des profits qui se ferait sentir dans ceux-ci, et la hausse qui aurait lieu dans tous les autres, les amèneraient sur le champ à réformer cette distribution vicieuse. Ainsi, sans aucune intervention de la loi, les intérêts privés et les passions des hommes les amènent à diviser et à répartir le capital d'une société entre tous les différents emplois ouverts pour lui, dans la proportion qui approche le plus possible de celle que demande l'intérêt général de la société. (RDN, IV, VII, p. 245).

En fait, le sujet économique smithien, producteur de surplus, en obéissant à ses intérêts propres, dans un contexte d'abondance, concourt à l'intérêt public en tant qu'échangiste. Il faut souligner, ici, au-delà de l'« évolution sémantique » soulignée par Hirschman (1980, p. 38), favorisée « par un déplacement parallèle du sens donné à l'expression "intérêt public", à laquelle va se mêler de plus en plus étroitement l'idée d'"abondance" », une véritable collusion d'intérêt *stricto sensu* entre les deux termes d'« intérêt public » et d'« abondance ». Désormais, dans un contexte d'abondance, caractérisé par une forte prévisibilité et constance des mobiles et des comportements dictés par le seul intérêt, ce raisonnement peut, aisément, s'étendre à la société toute entière, dès lors que la libre concurrence sur le marché des facteurs tend à égaliser les « avantages nets » des facteurs dans toutes les activités, et permet, par conséquent, une allocation optimale des ressources entre activités :

> *in a society where things were left to follow their natural course, where there was perfect liberty, and where every man was perfectly free both to chuse what occupation he thought proper, and to change it as often as he though proper. Every man's interest would prompt him to seek the advantageous, and to shun the disadvantageous employment.* (WON, I, X, p. 101)

> « dans une société où les choses suivraient leurs cours naturel, où l'on jouirait d'une parfaite liberté, et où chaque individu serait entièrement le maitre de choisir l'occupation qui lui conviendrait le mieux et d'en changer aussi souvent qu'il le jugerait à propos, l'intérêt individuel porterait chacun à rechercher les emplois avantageux et à négliger ceux qui seraient désavantageux. » (RDN, I, X, p. 173).

On le voit, pour que cet intérêt mutuellement avantageux opère, il faut une société d'opulence (ou « un état progressif vers l'opulence », RDN, I, VII, p. 125), condition nécessaire mais non suffisante, car il convient, également, que cette opulence soit *partagée* (condition de second rang), même de façon inégalitaire dès lors que :

i) l'inégalité des richesses et des terres, héritée ou produite, se traduit par une volonté d'enrichissement illimité[10], donc d'accumulation du capital qui va accroître la capacité de la société à salarier[11], donc à prospérer :

> Tout ce qu'une personne épargne sur son revenu, elle l'ajoute à son capital ; alors, ou elle l'emploie elle-même à entretenir un nombre additionnel de gens productifs, ou elle met quelque autre personne en état de le faire, en lui prêtant ce capital moyennant un *intérêt*, c'est-à-dire une part dans les profits. (RDN, II, III, p. 424-425, Smith souligne)

---

10   « la soif d'enrichissement » ou encore « soif de richesses » pour Marx, qui ajoute : « Toutes les passions et toute activité doivent donc sombrer dans la soif de richesse. L'ouvrier doit avoir juste assez pour vouloir vivre et ne doit vouloir vivre que pour posséder. » (K. Marx, *Manuscrits de 1844* dans 1969, respectivement, p. 9, 56 et 103).

11   Il s'agit bien d'accumulation du capital, donc d'investissement *productif*, Smith mettant, plus loin dans son propos (RDN, IV, I, p. 21-22), en garde contre les dangers de la *prodigalité* et de la *spéculation* : « il n'y a rien dont on se plaigne plus communément que de la rareté de l'argent [et ces plaintes] ne sont pas particulières seulement à d'imprudents dissipateurs ; elles sont quelquefois générales […] La cause ordinaire en est la fureur qu'on a souvent d'entreprendre plus qu'on ne peut accomplir. Les gens les plus économes qui auront fait des spéculations disproportionnées à leurs capitaux, peuvent se trouver dans le cas de n'avoir ni de quoi acheter de l'argent, ni crédit pour en emprunter, tout aussi bien que des prodigues qui auront fait des dépenses disproportionnées à leurs revenus. » Et Smith d'en tirer des enseignements quant aux motifs de détention de la monnaie (*ibid.*, p. 23-24) : « La marchandise peut servir à beaucoup d'autres choses qu'à acheter de l'argent, mais l'argent ne peut servir à rien qu'à acheter la marchandise. Ainsi l'argent court nécessairement après la marchandise, mais la marchandise ne court pas toujours ou ne court pas nécessairement après l'argent. Celui qui achète ne le fait pas toujours dans la vue de revendre ; c'est souvent dans la vue d'user de la chose ou de la consommer ; tandis que celui qui vend le fait toujours en vue de racheter quelque chose […] Ce n'est pas pour sa seule possession que les hommes désirent avoir de l'argent, mais c'est pour tout ce qu'ils peuvent acheter avec l'argent. » On retrouve, ici, la « formule générale de la marchandise », exposée par Marx au début du Livre I du *Capital* (1867 dans 1965, p. 644 et s.), au sein de laquelle l'argent (A) (et non le capital) dépensé (et non avancé) sert d'intermédiaire neutre dans l'échange de marchandises (M), simple correspondance de valeurs d'usage : « La forme immédiate de la circulation des marchandises est M-A-M, transformation de la marchandise en argent et retransformation de l'argent en marchandise, *vendre pour acheter*. […] Le cercle M-A-M a pour point initial une marchandise et pour point final une autre marchandise qui ne circule plus et tombe dans la consommation. La satisfaction d'un besoin, une valeur d'usage, tel est donc son but définitif. » (*ibid.*, p. 692, 695, Marx souligne). Pour un développement, *cf. infra*, 2ᵉ Partie, p. 94 et s.

ii) l'inégalité « des salaires et des profits pécuniaires » se justifient par « des divers emplois du travail et des capitaux », c'est-à-dire des « circonstances attachées aux emplois mêmes, lesquelles, soit en réalité, soit du moins aux yeux de l'imagination, suppléent, dans quelques-uns de ces emplois, à la modicité du gain pécuniaire, ou en contrebalancent la supériorité dans d'autres. » (RDN, I, X, p. 173).

Reprenons ces deux points.

i) Le premier montre que l'accumulation du capital vient, dès « la première enfance [de] l'état avancé de la société », du travail lui-même[12], de ceux qui, grâce « à la supériorité d'adresse ou de fatigue », ont permis de dégager un surplus bien supérieur à leurs besoins immédiats[13] :

---

12 « Le travail a été le premier prix, la monnaie payée pour l'achat primitif de toutes choses. Ce n'est point avec de l'or ou de l'argent, c'est avec du travail que toutes les richesses du monde ont été achetées originairement ; et leur valeur pour ceux qui les possèdent et qui cherchent à les échanger contre de nouvelles productions, est précisément égale à la quantité de travail qu'elles les mettent en état d'acheter ou de commander [...] Cette proportion ne se détermine pas toujours seulement par le temps qu'on a mis à deux différentes sortes d'ouvrages. Il faut aussi tenir compte des différents degrés de fatigue qu'on a endurés et de l'habileté qu'il a fallu déployer. » (RDN, I, V, p. 100).

13 ce qui pose le problème de l'épargne. Pour Smith, la monnaie remplit les trois fonctions traditionnelles, i) d'unité de compte (« L'argent servant de mesure de valeurs, nous évaluons toutes les autres marchandises par la quantité d'argent contre laquelle elles peuvent s'échanger. », RDN, IV, I, p. 13), ii) d'intermédiaire des échanges (« L'argent servant d'instrument de commerce, quand nous avons de l'argent, nous pouvons bien plutôt nous procurer toutes les choses dont nous avons besoin », *ibid.*), et iii) de réserve de valeur, mais, seulement, pour une courte durée car « Ce n'est pas pour sa seule possession que les hommes désirent avoir de l'argent, mais c'est pour tout ce qu'ils peuvent acheter avec de l'argent ». Partant, si l'on exclut la thésaurisation *prolongée* du revenu, la monnaie est réduite à servir de moyen d'échange, et l'épargne (ou la non-consommation) est nécessairement identique à l'investissement (ou accumulation) : « tout homme ayant ce qu'on appelle le sens commun, cherchera à employer le fonds accumulé qui est à sa disposition, quel qu'il soit, de manière à en retirer, ou une jouissance pour le moment, ou un profit pour l'avenir. S'il l'emploie à se procurer une jouissance actuelle, c'est alors un fonds destiné à servir immédiatement à la consommation. S'il l'emploie à se procurer un profit pour l'avenir, il ne peut obtenir ce profit que de deux manières, ou en gardant ce fonds, ou en s'en dessaisissant. Dans le premier cas, c'est un capital fixe ; dans le second, c'est un capital circulant. Dans un pays qui jouit de quelque sécurité, il faut qu'un homme soit tout à fait hors de son bon sens, pour qu'il n'emploie pas, de l'une ou de l'autre de ces trois manières, tout le fonds accumulé qui est à sa disposition, soit qu'il l'ait en propre, soit qu'il l'ait emprunté d'un tiers. » (RDN, II, I, p. 364-365)

> Aussitôt qu'il y aura des capitaux accumulés dans les mains de quelques
> particuliers, certains d'entre eux emploieront naturellement ces capitaux à
> mettre en œuvre des gens industrieux, auxquels ils fourniront des matériaux
> et des substances, afin de faire un Profit sur la vente de leurs produits, ou
> sur ce que le travail de ces ouvriers ajoute de valeur aux matériaux. Quand
> l'ouvrage fini est échangé […], il faut bien qu'en outre de ce qui pourrait
> suffire à payer le prix des matériaux et les salaires des ouvriers, il y ait encore
> quelque chose de donné pour les Profits de l'entrepreneur de l'ouvrage, qui
> hasarde ses capitaux dans cette affaire. (RDN, I, VI, p. 118)[14].

C'est donc l'accumulation du capital, en tant que « somme des fonds
qui lui ont servi à avancer ces salaires et la matière à travailler » (*ibid.*),
qui permet de dégager des profits, « nom différent donné aux salaires
d'une espèce particulière de travail, le travail d'inspection et de direction[15] » (*ibid.*), même s'ils ne sont pas fixés par la quantité et la nature
de ce « travail d'inspection et de direction » mais résultent de « la valeur
du capital employé » en « proportion de l'étendue de ce capital » (*ibid.*)
auxquelles s'ajoute la capacité de l'employeur à extraire une « quantité
additionnelle » de profit comparativement à l'avance des salaires (RDN,
I, VI, p. 119), suggérant, ici, les futures théories du profit fondées sur
« l'exploitation » (Sismondi) et le « surtravail » (Marx)[16]. En outre, le taux
de profit « varie plus ou moins, suivant le plus ou moins de *certitude des
rentrées* […] Le taux ordinaire du profit s'élève toujours plus ou moins
avec le risque » même si cette dynamique n'est pas rigoureusement
proportionnelle « ou de manière à le compenser parfaitement » puisque
ce sont « dans les commerces les plus hasardeux que les banqueroutes
sont les plus fréquentes » (RDN, I, X, p. 185). Enfin, le taux de profit

---

14 ou encore : « L'industrie de la société ne peut augmenter qu'autant que son capital aug-
    mente, et ce capital ne peut augmenter qu'à proportion de ce qui peut être épargné peu
    à peu sur les revenus de la société » (RDN, IV, II, p. 45).

15 On comprend, dès lors, que Smith utilise souvent, à dessein, l'expression « les salaires
    du travail » qui, hors de contexte, serait une tautologie.

16 « le produit du travail n'appartient pas toujours tout entier à l'ouvrier. Il faut, le plus
    souvent, que celui-ci le partage avec le *propriétaire du capital* qui le fait travailler. Ce n'est
    plus alors la quantité de travail communément dépensée pour acquérir ou pour produire
    une marchandise, qui est la seule circonstance sur laquelle on doive régler la quantité
    de travail que cette marchandise pourra communément acheter, commander ou obtenir
    en échange. Il est clair qu'il sera encore dû une quantité additionnelle pour le profit du
    capital qui a avancé les salaires de ce travail et qui en a fourni les matériaux. » (RDN, I,
    VI, p. 119, Smith souligne). Pour un commentaire de Marx, voir ses *Manuscrits de 1844*,
    ibid., p. 10-11.

varie en fonction de « l'étendue du marché » (*ibid.*, p. 188-189). C'est donc cette conception de l'accumulation du capital, et son affectation, qui conditionnent l'opulence future, permise par le surplus du travail antérieur, qui permet de rendre compatible la logique de l'enrichissement illimité, donc l'inégalité des possessions, avec l'intérêt de tous. Celui-ci peut alors être entendu comme la réalisation du « plein emploi » des facteurs de production, le « travail productif[17] » étant ce qui produit de la richesse, l'enrichissement de tous demeurant subordonné à la richesse de quelques-uns dès lors que ces derniers se contentent d'« une hospitalité sans luxe et de libéralités sans ostentation » (RDN, V, III, p. 551), donc que cette richesse est, principalement, mobilisée à l'accumulation, à l'emploi de ce « travail productif », et non à la prodigalité (« conduite imprudente » qui nuit à « la fortune d'une grande nation », RDN, II, III, p. 428), soit les dépenses fastueuses et l'emploi de « travail non productif[18] ». Dans ce sens, l'intérêt général chez Smith porte davan-

---

17   « Il y a une sorte de travail qui ajoute à la valeur de l'objet sur lequel il s'exerce ; il y en a une autre qui n'a pas le même effet. Le premier, produisant une valeur, peut être appelé *travail productif* ; le dernier, *travail non productif*. Ainsi, le travail d'un ouvrier de manufacture ajoute [...] à la valeur de la matière sur laquelle travaille cet ouvrier, la valeur de sa subsistance et du profit de son maître. Le travail d'un domestique, au contraire, n'ajoute à la valeur de rien. » (RDN, II, III, p. 417, Smith souligne). Dès lors, « Un particulier s'enrichit à employer une multitude d'ouvriers fabricants ; il s'appauvrit à entretenir une multitude de domestiques. » (*ibid.*). Notons que ce travail non productif s'étend, chez Smith, à tous les métiers et toutes les fonctions, notamment de services (la « production immatérielle » pour Marx, « Matériaux pour l'"Économie" » (1861-1865) dans 1968, p. 396-401), qui ne servent pas directement l'industrie : « Le souverain, par exemple, ainsi que tous les magistrats civils et militaires qui servent sous lui, toute l'armée, toute la flotte, sont autant de travailleurs non productifs. Ils sont serviteurs de l'État, et ils sont entretenus avec une partie du produit annuel de l'industrie d'autrui. Leur service, tout honorable, tout utile, tout nécessaire qu'il est, ne produit rien avec quoi on puisse ensuite se procurer une pareille quantité de services. » (*ibid.*). Il en va de même des ecclésiastiques, des « gens de loi », des médecins, des « gens de lettres », mais aussi des musiciens, chanteurs *etc*. Nous verrons, plus loin, que Smith modifiera (dans les Livres IV et V) substantiellement cette appréciation, en montrant l'utilité, voire la nécessité, de nombre de ses métiers et fonctions pour l'accomplissement du « système de la liberté naturelle ».

18   « tout prodigue paraît être un ennemi du repos public, et tout homme économe [détenteur d'une épargne susceptible d'être accumulée, Ph.G.] un bienfaiteur de la société. » (*ibid.*, p. 428), et plus loin dans son propos (RDN, IV, I, p. 13) : « On dit d'un homme économe ou d'un homme qui a grande envie de s'enrichir, qu'il aime l'argent ; et en parlant d'un homme sans soin, libéral ou prodigue, on dit que l'argent ne lui coûte rien. S'enrichir, c'est acquérir de l'argent [...] On raisonne de la même manière à l'égard d'un pays », le même raisonnement pouvant, également, s'appliquer à « l'étalage frivole » des cours des Puissants (*ibid.*, p. 32).

tage sur la croissance de la richesse de la nation que sur les modalités de son partage :

> peut-on jamais regarder comme un désavantage pour le tout ce qui améliore le sort de la plus grande partie ? Assurément, on ne doit pas regarder comme heureuse et prospère une société dont les membres les plus nombreux sont réduits à la pauvreté et à la misère. La seule équité, d'ailleurs, exige que ceux qui nourrissent, habillent et logent tout le corps de la nation, aient, dans le produit de leur propre travail, une part suffisante pour être eux-mêmes passablement nourris, vêtus et logés. (RDN, I, VIII, p. 150).

ii) Les inégalités salariales (RDN, I, X, p. 174 et s.) s'expliquent, et sont justifiées par *a*) l'agrément relatif des emplois, les salaires variant positivement avec la désutilité du travail[19], un raisonnement identique s'appliquant aux profits[20] ; *b*) le coût de l'acquisition de la qualification nécessaire pour chacun d'eux, introduisant le concept moderne de « capital humain[21] ». Smith montre que le coût de l'éducation et de la formation d'un homme peut être considéré comme un investissement dans l'espérance de gains futurs (analogue à un investissement en capital physique, *ibid.*, p. 175), économiquement justifié lorsqu'il est plus qu'amorti, dans « un temps raisonnable » par les différentiels de salaires afférents[22] ; *c*) la régularité de l'emploi induite, notamment, de la saisonnalité de certaines activités, et/ou de la précarité de l'emploi manufacturier principalement constitué de « journaliers[23] » ; *d*) la confiance et la responsabilité exigées des « professions libérales », comme les médecins et les avocats à qui nous confions, respectivement, « notre vie et notre honneur » (*ibid.*, p. 179), et de certains employés, comme les cadres et les

---

19 « les salaires du travail varient suivant que l'emploi est aisé ou pénible, propre ou malpropre, honorable ou méprisé. » (*ibid.*, p. 174).

20 « Le désagrément et la défaveur de l'emploi influent de la même manière sur les profits des capitaux. » (*ibid.*, p. 175).

21 « les salaires du travail varient suivant la facilité et le bon marché de l'*apprentissage*, ou la difficulté et la dépense qu'il exige. » (*ibid.*, p. 175, Smith souligne).

22 « On doit espérer que la fonction à laquelle il [l'homme instruit] se prépare lui rendra, outre les salaires du simple travail, de quoi l'indemniser de tous les frais de son *éducation*, avec au moins les profits ordinaires d'un capital de même valeur. Il faut aussi que cette indemnité se trouve réalisée dans un temps raisonnable, en ayant égard à la durée très incertaine de la vie des hommes » (*ibid.*, p. 175, Smith souligne).

23 « les salaires du travail varient dans les différentes professions, suivant la constance ou l'incertitude de l'occupation [...] Les hauts salaires de ces ouvriers sont donc moins une récompense de leur habileté, qu'un dédommagement de l'interruption qu'ils éprouvent dans leur emploi. » (*ibid.*, p. 177).

dirigeants, afin de rémunérer, au-delà des responsabilités, une assurance contre le vol et la divulgation des secrets (secrets de fabrique et secrets de commerce, *ibid.*, p. 131)[24] ; *e*) la probabilité d'obtenir des gains anticipés étant donné l'incertitude de certains types d'emplois, les « chances de succès » (*ibid.*, p. 180). Smith s'inscrit, ici, au fondement de l'analyse économique moderne des choix en avenir incertain. En utilisant les références de la loterie et des assurances (*ibid.*, p. 182-183), Smith montre que les hommes ont tendance à surévaluer les chances de gains incertains comparativement aux pertes, donc qu'ils sont faiblement « averses au risque » ou « amateurs de risque », en raison de « cette confiance naturelle que tout homme a plus ou moins, non seulement dans ses talents, mais encore dans son étoile. » (*ibid.*, p. 180-181)[25] :

> L'opinion exagérée que la plupart des hommes se forment de leurs propres talents est un mal ancien […]. Leur folle confiance en leur bonne étoile est un mal encore plus universel, s'il est possible. Il n'y a pas un homme sur terre qui n'en ait sa part, quand il est bien portant et un peu animé. Chacun s'exagère plus ou moins la chance du gain ; quant à celle de la perte, la plupart des hommes la comptent au-dessous de ce qu'elle est, et il n'y en a peut-être pas un seul, bien dispos de corps et d'esprit, qui la compte pour plus qu'elle ne vaut. (RDN, I, X, p. 181-182).

Partant, les professions dont on peut *estimer* qu'elles rapportent des gains relativement élevés mais incertains, enregistrent des taux *moyens*

---

24 « des dépôts aussi précieux ne pourraient pas, avec sûreté, être remis dans les mains de gens pauvres et peu considérés. Il faut donc que la rétribution soit capable de leur donner dans la société le rang qu'exige une confiance si importante », d'autant que, en liaison avec l'accumulation de capital humain précédente (*cf. supra, b*) « lorsque à cette circonstance se joint encore celle du long temps et des grandes dépenses consacrés à leur éducation, on sent que le prix de leur travail doit s'élever encore beaucoup plus haut. » (*ibid.*, p. 179).

25 Cet important travail de Smith sur les loteries permet de montrer que les agents ne se comportent pas de la même façon par rapport aux gains et aux pertes, problématique centrale à la théorie contemporaine dite des perspectives (« *Prospect theory* ») développée par Kahneman & Tversky à partir de 1979, et qui valut au premier le Prix Nobel d'économie en 2002 (Tversky étant décédé en 1996). Ainsi, contrairement à la thèse de Smith où l'agent privilégie le gain risqué, dans le modèle de Kahneman & Tversky (1979), construit à partir de travaux expérimentaux, les agents souffrent plus d'une perte qu'ils ne jouissent d'un gain équivalent, soit une « aversion pour les pertes ». Ensuite, les agents préfèrent la certitude à l'aléatoire en situation de gains et l'aléatoire à la certitude en situation de pertes, avec une aversion pour le risque pour les gains et une affection pour le risque pour les pertes. Ainsi, lorsqu'on est sûr de gagner une certaine somme, on préfère ne pas prendre le risque de gagner moins. *A contrario*, lorsqu'on est sûr de perdre, le désir d'éviter cette perte peut conduire à accepter de prendre un risque.

de rémunération inférieurs à ceux des professions dont les gains peuvent être prévus avec certitude. En effet, les hommes surestimant toujours leurs chances de succès dans ces professions risquées (les « professions libérales » du Droit, par exemple, *ibid.*, p. 180), « une foule d'esprits élevés et généreux s'empressent d'y entrer » malgré qu'elles soient « très mal récompensées, sous le rapport du gain pécuniaire » (*ibid.*), le même raisonnement pouvant être appliqué aux taux différentiels de profits entre les différentes branches d'industrie (*ibid.*, p. 185 et s.).

Ici, comme souvent dans la RDN (*cf. supra*), le raisonnement général prime sur les développements circonstanciés des détails, et du point de vue de la lisibilité « le diable est dans les détails » : si la concurrence n'égalise pas les rendements monétaires des différentes professions et des différents « emplois du capital », elle égalise *in fine* les « avantages nets » des différentes professions et branches d'industrie, c'est-à-dire la somme des avantages pécuniaires et non pécuniaires, les différences de gains étant compensées par un ou plusieurs des cinq facteurs (*a*, *b*, *c*, *d*, *e*) détaillés auparavant :

> Les cinq circonstances qui viennent d'être exposées en détail occasionnent bien des inégalités très fortes dans les salaires et les profits, mais elles n'en occasionnent aucune dans la somme totale des avantages et désavantages réels ou imaginaires de chacun des différents emplois du travail ou des capitaux ; elles sont de nature seulement à compenser, dans certains emplois, la modicité du gain pécuniaire, et à en balancer la supériorité dans d'autres. (RDN, I, X, p. 189).

Ce sont les mécanismes du marché, dans un cadre de concurrence parfaite, donc dans « le système simple et facile de la liberté naturelle » (RDN, IV, IX, p. 308), qui vont réconcilier les intérêts privés et l'efficacité économique ; autrement dit, la concurrence, en égalisant les taux de rendement et en limitant les gains excessifs, donc en assurant l'*équivalence* des échanges (nul n'est perdant sur le marché), conduit à une allocation optimale du travail et du capital entre les activités, maximisant, ainsi, le bien-être. Voilà qu'on nous tend la « main invisible ».

DES CONDITIONS DE L'OPULENCE
DES PARTICULIERS À CELLE DES NATIONS

Le Marché et la « main invisible »

Le caractère universel de cette équivalence des échanges, qui peut être rapproché de la troisième loi newtonienne d'égalité de l'action et de la réaction[1] appliquée à tout échange élémentaire, soit l'égalité des actions offre/demande, permet à Smith de construire, à partir d'elle, l'ordre économique et social, marqué par l'interdépendance de tous les prix et de tous les revenus, et régulé par le Marché, incarnation de la compatibilité des revenus des agents avec les prix des marchandises.

LE MARCHÉ : DE LA PRATIQUE DE L'ÉCHANGE
À LA MANIFESTATION PROVIDENTIELLE
DE LA « MAIN INVISIBLE »

En lien avec les trois lois constitutives de la Mécanique classique, donc la Dynamique, contenues dans les *Principia*, la « loi d'inertie » (RDN, I, V), la « loi des forces » (RDN, I, VI), la « loi d'égalité des actions » (RDN, I, VII), le Marché est à la fois, le lieu où à toute action est opposée une réaction égale, où les actions des deux forces sont réciproques, et l'ordre au sein duquel, en l'absence de forces extérieures, la quantité de mouvement de ce système reste constante :

> La quantité de chaque marchandise mise sur le marché se proportionne natu-
> rellement d'elle-même à la demande effective [*effectual demand*]. C'est l'intérêt
> de tous ceux qui emploient leur terre, leur travail ou leur capital à faire venir

---

1 Rappelons, ici, que Smith était fasciné par la Physique, en particulier newtonienne, et qu'il écrivit une *Histoire de l'astronomie* publiée à titre posthume en 1795.

> quelque marchandise au marché, que la quantité n'en excède jamais la demande effective ; et c'est l'intérêt de tous les autres, que cette quantité ne tombe jamais au-dessous. Si cette quantité excède [...] la demande effective, il faut que quelqu'une des parties constituantes de son prix soit payée au dessous de son *prix naturel* [*i.e.* le prix d'équilibre]. Si c'est le fermage, l'intérêt des propriétaires les portera sur-le-champ à retirer une partie de leur terre de cet emploi ; et si ce sont les salaires ou les profits, l'intérêt [respectivement] des ouvriers et de ceux qui les emploient les portera à en retirer une partie de leur travail ou de leurs capitaux. La quantité amenée au marché ne sera bientôt plus que suffisante pour répondre à la demande effective. Toutes les différentes parties du prix de cette marchandise se relèveront à leur taux naturel, et le prix total reviendra au *prix naturel*. (RDN, I, VII, p. 127-128, Smith souligne).

La référence à Newton est encore plus explicite lorsque Smith précise que « le prix naturel est, donc, pour ainsi dire, le point central vers lequel gravitent continuellement les prix de toutes les marchandises. » (*ibid.*, p. 128).

On retrouve, ici, la volonté de Smith de fonder scientifiquement une philosophie morale *pratique* ancrée sur le « réel » propre de l'économiste, puisqu'il privilégie le raisonnement en termes de prix et de quantité de marché, au détriment d'un « face à face abstrait » d'une offre et d'une demande, montrant en cela que le Marché *incarne* la *pratique effective* de l'échange. Dans ce cadre, l'imperfection (ou le déséquilibre), ici toute « quantité qui excède pendant quelque temps la demande effective » ou, au contraire, lorsque « la quantité amenée au marché reste pendant quelque temps au-dessous de la demande effective » (*ibid.*, p. 127-128), n'est pas synonyme de défaillance ou d'impuissance du système, qui serait alors pris en défaut, mais renvoie à un résultat acceptable dans *le meilleur des mondes possibles* (nous allons y revenir ci-après), bien préférable à celui idéalisé d'un système abstrait. Smith inverse, ici, les formes traditionnelles de la normativité économique, au profit d'une norme ancrée dans l'*expérience* ou la *pratique effective* de la règle, prenant la forme d'une pluralité de relations ou de situations inter-reliées, comme l'illustre la gravitation des « prix de marché » autour du « prix naturel » :

> Le prix actuel auquel une marchandise se vend communément est ce qu'on appelle son *prix de marché*. Il peut être ou au-dessus, ou au-dessous, ou précisément au niveau du *prix naturel* [...] Le *prix naturel* est donc, pour ainsi dire, le point central vers lequel gravitent les prix de toutes les marchandises. Différentes circonstances accidentelles peuvent quelquefois les tenir un certain

> temps élevées au-dessus, et quelquefois les forcer à descendre un peu au-
> dessous de ce prix. Mais, quels que soient les obstacles qui les empêchent de
> se fixer dans ce centre de repos et de permanence, ils ne tendent pas moins
> constamment vers lui. (RDN, I, VII, p. 126 et 128, Smith souligne).

Il y a donc un espace de variations réelles en lien avec la « demande
effective », la bien nommée[2], qui fonctionne moins comme une norme
que comme délimitation d'un espace des échanges possibles, celle qui
« attire effectivement la marchandise au marché », donc « capable de la
faire arriver au marché » (*ibid.*, p. 126), et c'est dans cet espace que le
Marché opère, l'échange *réalisé* fixant les quantités et le prix uniques
afférents. Dans ce cadre, « l'équilibre n'est pas affaire de calcul, mais de
pratique », pour reprendre l'heureuse formule de Mathiot (1980, p. 111)
où « c'est du jeu des écarts, effectivement constatés dans les échanges
réalisés que naît la fixation du prix naturel comme centre de gravitation pour ces écarts » (*ibid.*). Et la régulation du Marché, c'est-à-dire
la compensation de ces écarts, résultat des comportements en termes
d'intérêts individuels adoptés par les agents dans cet espace, n'est en rien
idéalisée, mais participe d'un processus empirique en termes de prix et
de quantités temporellement *asymétrique*, avec une compensation (par
tâtonnement) par les prix lorsque la demande est excédentaire, et une
compensation (*quasi* instantanée) par les quantités en cas d'insuffisance
de la demande (ou de surproduction relative) :

> Quoique le *prix de marché* d'une marchandise particulière puisse continuer
> longtemps à rester au-dessus du *prix naturel*, il est difficile qu'il puisse continuer
> longtemps à rester au-dessous. Quelle que soit la partie de ce prix qui soit
> payée au-dessous du *taux naturel*, les personnes qui y ont intérêt sentiront
> bientôt le dommage qu'elles éprouvent, et aussitôt elles retireront, ou tant
> de terre, ou tant de travail, ou tant de capitaux de ce genre d'emploi, que la
> quantité de cette marchandise qui sera amenée au marché ne sera bientôt
> plus que suffisante pour répondre à la demande effective. (RDN, I, VII,
> p. 132-133, Smith souligne).

On le voit, Smith, en acceptant la réalité des écarts en tant qu'origine et
finalité (quant à leurs corrections) du Marché, donc en refusant l'*identité*
entre prix naturel et prix de marché, permet à l'agent moral, animé de

---

2   en référence à la traduction problématique de « *effective demand* » en « demande effective »
     dans la *Théorie générale*. *Cf. infra*, 3ᵉ Partie, p. 168 et s.

sentiments et de passion, de se muer, dans cet espace nécessairement *socialisé* qu'est le Marché, en agent économique. Il devient « à la fois acteur des prix et sujet des revenus, échangiste et agent de la reproduction des marchandises », démonstrations que « l'individualisme smithien ne peut jamais s'interpréter à la lumière d'une simple opposition de l'individu et du social » (Mathiot, *ibid.*, p. 114), le sujet smithien dépassant de beaucoup le « simple » sujet de calcul, l'*homo oeconomicus* retenu par l'Économie politique. En même temps, chaque agent, pris isolément, ne peut exercer qu'une influence négligeable sur la situation totale du Marché, alors que la résultante de toutes ces actions individuelles détermine le prix. Mais si le Marché apparait, avec évidence, comme « gestionnaire » des écarts entre le prix naturel et les prix de marché, en mobilisant, par la concurrence parfaite et ses effets dynamiques d'incitation individuelle, les intérêts personnels dotés de cette fonction de correction des écarts (*i.e.* la gravitation vers le prix naturel), rien ne montre que cette gestion soit, également, *optimale* (conforme à l'intérêt général). Celle-ci nécessiterait que ces intérêts soient assujettis à une *norme* édictée par le Marché et convergent vers elle, le Marché fonctionnant, alors, comme un Ordre supérieur, s'imposant aux individus mêmes. C'est, ici, que Smith mobilise la métaphore de la « main invisible » (*cf.* encadré) en vertu de laquelle chaque agent, en ne recherchant que son intérêt privé, contribue à la richesse et au bien commun, garantissant, ainsi, un résultat socialement optimal *indépendant des volontés conscientes individuelles* :

> le revenu annuel de toute société est toujours précisément égal à la valeur échangeable de tout le produit annuel de son industrie, ou plutôt c'est précisément la même chose que cette valeur échangeable. Par conséquent, puisque chaque individu tâche, le plus qu'il peut, 1° d'employer son capital à faire valoir l'industrie nationale, et 2° de diriger cette industrie de manière à faire produire la plus grande valeur possible, chaque individu travaille nécessairement à rendre aussi grand que possible le revenu annuel de la société. À la vérité, son intention, en général, n'est pas en cela de servir l'intérêt public, et il ne sait même pas jusqu'à quel point il peut être utile à la société. En préférant le succès de l'industrie nationale à celui de l'industrie étrangère, il ne pense qu'à se donner personnellement une plus grande sûreté ; et en dirigeant cette industrie de manière à ce que son produit ait le plus de valeur possible, il ne pense qu'à son propre gain ; en cela, comme dans beaucoup d'autres cas, il est conduit par une main invisible [*an invisible hand*] à remplir une fin qui n'entre nullement dans ses intentions ; et ce n'est pas toujours ce qu'il y a de plus mal pour la société,

que cette fin n'entre pour rien dans ses intentions. Tout en ne cherchant que son intérêt personnel, il travaille souvent d'une manière bien plus efficace pour l'intérêt de la société, que s'il avait réellement pour but d'y travailler [*By pursuing his own interest he frequently promotes that of the society more effectually than he really intends to promote it*]. (RDN, IV, II, p. 42-43, WON, p. 335).

Smith a utilisé cette notion de « main invisible » dans deux autres de ses œuvres. Dans son *Histoire de l'astronomie* contenue dans « ses » *Essays on Philosophical Subjects* (*i.e.* une série de textes publiés à titre posthume, en 1795, et rassemblés sous ce titre), la « main invisible de Jupiter », mobilisée par Smith, s'inscrit « dans les âges les plus reculés de l'Antiquité », « parmi les sauvages », lorsque la « plus basse et pusillanime superstition suppléait la philosophie » (Smith, *ibid.*, 1755 dans 1980, p. 49-50). Ici, on se situe, donc, aux antipodes du « prétendu théorème ou principe de la "main invisible" [puisque] c'est précisément quand l'explication scientifique fait défaut, et lorsqu'on ne dispose ni de théorème ni de principe pour expliquer les choses, qu'on évoque une "main invisible" » (Dellemotte, 2009). On peut, cependant, relever la fascination de Smith pour la Philosophie naturelle de Newton exprimée dans son *Histoire de l'astronomie* et sa volonté de s'en servir pour asseoir scientifiquement sa représentation de la vie sociale (*cf. supra*). Dans cette lignée, nous pouvons suivre Diemer & Guillemin (2012, p. 338) lorsqu'ils avancent que « La main invisible, qui est le mécanisme qui assure l'articulation entre d'une part les penchants individuels et la vie sociale, rappelle l'harmonie des corps célestes. Il fait penser à une présence supérieure qui veille sur le monde. » L'autre référence, contenue dans la *Théorie des sentiments moraux* (IV, I, 1759, dans 1775, p. 112-113) renvoie à la question, déjà abordée par Mandeville, des rapports entre le désir d'enrichissement illimité (*cf. supra*), représentée par la consommation de luxe, ici les dépenses somptuaires des propriétaires terriens, et la satisfaction des besoins de la population, donc l'amélioration de la condition de tous, représentée par la consommation de biens de première nécessité (pour la survie, et la reproduction sociale), ici le blé : « Le produit du sol nourrit toujours à peu près le nombre d'habitants qu'il peut nourrir, les riches prennent seulement dans le tas ce qu'il y a de plus précieux et de plus agréable ; ils ne consomment guère plus que le pauvre, et en dépit de leur humeur intéressée et avide, quoiqu'ils ne pensent qu'à eux, qu'ils veuillent tout pour eux, et que le seul but qu'ils se proposent, en employant des milliers de bras pour défricher et améliorer leurs terres, c'est la satisfaction de leurs vains et insatiables désirs ; ils en partagent nécessairement les fruits avec le pauvre. Guidés par une main invisible ils font des choses nécessaires à la vie, à peu près la même distribution qui aurait eu lieu si la terre avait été divisée par égales portions entre tous les habitants, et par-là ils contribuent sans le vouloir, sans le savoir, au bien de la société et à la propagation de l'espèce […] Par rapport à la santé du corps et à la paix de l'âme tous les rangs sont à peu près de niveau ; et le mendiant qui se chauffe au soleil à côté du grand chemin, jouit d'une sécurité pour laquelle les Rois font la guerre. » La *Théorie des sentiments moraux* paraît, ici, s'inscrire comme le préalable ou la justification philosophiques à la RDN : Smith, au moyen de l'étude des divers sentiments et passions propres à l'homme, parvient à la conclusion que les principaux mobiles de l'action humaine, de la « grande masse » (« *the great mob of mankind* »), résident dans le besoin d'un bien-être matériel accru, et que, précisément, l'amélioration des conditions matérielles permet d'assouvir, chez les mieux lotis, les besoins de considération, de pouvoir et d'ambition. Partant, logiquement, la RDN s'inscrit comme la recherche de conditions permettant de satisfaire cette promotion économique généralisée.

ENCADRÉ 1 – Les « mains invisibles » d'Adam Smith.

Il convient de préciser, ici, la raison d'être de cette « main invisible », autrement dit d'en identifier les causes immédiates, qui rendent possible, et les causes profondes, qui rendent nécessaire, cette force qui fait que les hommes, en s'adonnant *spontanément* à leurs passions particulières, concourent « inconsciemment » au bien public, par l'objectivation de leurs actions in-intentionnelles dans un cadre d'harmonisation naturelle des intérêts.

Les causes immédiates renvoient au contexte d'abondance décrit plus haut, qui, par l'avantage mutuel à l'échange, donc par le système de « l'optimisme » (au sens propre de ce terme, de « optimum », le meilleur, ou « *le meilleur des mondes possibles*[3] »), permet, d'une part, une

---

3   « *Die beste aller möglichen Welten* », « le plus parfait de tous les Mondes possibles » issu de la *Théodicée* de G.W. Leibniz (*Essais de Théodicée sur la bonté de Dieu, la liberté de l'homme, et l'origine du mal* (1710) dans 1734, Préface, p. XXXVI), combinaison optimale entre la bonté de Dieu, la liberté de l'homme et son courage face à l'adversité du mal. Cette optimisation divine du monde soutenue par Leibniz sera critiquée et même tournée en dérision par Candide (Voltaire) face à Pangloss (Leibniz), spécialiste de « la métaphysico-théologo-cosmolonigologie », dénonçant cette conception naïve du monde consistant à un aveuglement face au « mal », au profit d'une rationalisation des processus humains afin de faire reculer la superstition et l'irrationnel : « Pangloss [...] prouvait admirablement qu'il n'y a point d'effet sans cause, et que, dans ce meilleur des mondes possibles, [...] les choses ne peuvent être autrement : car, tout étant fait pour une fin, tout est nécessairement pour la meilleure fin. Remarquez bien que les nez ont été faits pour porter des lunettes, aussi avons-nous des lunettes. Les jambes sont visiblement instituées pour être chaussées, et nous avons des chausses. Les pierres ont été faites pour être taillées, et pour en faire des châteaux, aussi monseigneur [*i.e.* le baron de Thunder-ten-tronckh, Ph. G.] a un très beau château [...] ; et les cochons étant faits pour être mangés, nous mangeons du porc toute l'année : par conséquent, ceux qui ont avancé que tout est bien ont dit une sottise ; il fallait dire que tout est au mieux. » (Voltaire, *Candide*, « Candide ou l'optimisme », chap. premier), et plus loin, (chap. 6), « Candide, épouvanté, interdit, éperdu, tout sanglant, tout palpitant, se disait à lui-même : "Si c'est ici le meilleur des mondes possibles, que sont donc les autres ? Passe encore si je n'étais que fessé, je l'ai été chez les Bulgares. Mais, ô mon cher Pangloss ! le plus grand des philosophes, faut-il vous avoir vu pendre, sans que je sache pourquoi ! Ô mon cher anabaptiste, le meilleur des hommes, faut-il que vous ayez été noyé dans le port ! Ô Melle Cunégonde ! la perle des

DE L'OPULENCE DES PARTICULIERS À CELLE DES NATIONS

confusion entre intérêt et sentiment, donc de canaliser ou d'endiguer les passions ; d'autre part, de faire émerger le sentiment d'« intérêt social compensateur ». Ainsi, par exemple, l'amour de la gloire, la soif d'honneur, de dignité, de considération et de reconnaissance peuvent entrer en opposition avec la stricte poursuite des richesses à des fins purement privées et conduire à des conséquences non intentionnelles et socialement bénéfiques de certains comportements.

La cause profonde de la « main invisible » renvoie à la « force providentielle » décrite par J. Viner (1927, p. 202), c'est-à-dire l'intervention d'une « Providence supérieure », nommée diversement par Smith (« *the great Director of Nature* », « *the final cause* », « *the Author of Nature* », « *the great judge of hearts* », « *an invisible hand* », « *Providence* », « *the divine Being* » et, dans de rares circonstances, « *God* », *ibid.*, p. 202), chargée de préserver l'ordre naturel (« *designed and guided by a benevolent God* », *ibid.*, p. 208) et qui, pour cet accomplissement, s'adresse à l'inconscient des hommes afin de leur montrer que certaines actions, dont ils pourraient douter de l'intérêt, revêtent des aspects positifs à prendre en compte, donnant une intelligibilité rationnelle à ces actions spontanées qui, *a priori*, en semblent dépourvues, et assurent une « *complete harmony between the general interests of society and the particular interests of individuals* » (*ibid.*, p. 209). Et dans ce cadre, la « coercition », la peur de la « menace divine », en tant que transcendance faisant appel à la faculté de juger les hommes, peut constituer un « rappel à l'ordre ». Ici, la « main invisible » est la manifestation de la Providence (qu'elle soit divine ou naturelle) régulatrice de l'ordre humain constitué d'actions privées intéressées. L'invisible en question, renvoie, en l'occurrence, à la fois, à cette « Providence supérieure », mais aussi à la *non-intentionnalité* des conséquences d'actions motivées par des penchants inscrits dans la nature humaine (*i.e.* la « spontanéité » de Leibniz[4]), autrement dit c'est *sans le savoir* que les hommes font le bien, selon une logique

---

filles, faut-il qu'on vous ait fendu le ventre !" ». Pour le « meilleur des mondes possibles » de Marx, *cf. infra*, 2ᵉ Partie, p. 99, et celui de Keynes, *infra*, 3ᵉ Partie, p. 151-152.

4   « il est bon de faire voir comment cette dépendance des actions volontaires n'empêche pas qu'il n'y ait dans le fond des choses une *spontanéité* merveilleuse en nous, laquelle dans un certain sens rend l'âme dans ses résolutions indépendante de l'*influence physique* de toutes les autres créatures. Cette spontanéité peu connue jusqu'ici, qui élève notre empire sur nos actions autant qu'il est possible, est une suite du *Système de l'Harmonie préétablie* » (G.W. Leibniz, *Essais de Théodicée sur la bonté de Dieu, la liberté de l'homme, et l'origine du mal, op. cit.*, paragraphe 59, p. 114-115, Leibniz souligne).

de l'action *invisible* à leur conscience. Il en résulte que « le résultat bénéfique est mieux assuré en ignorant qu'on le fait plutôt qu'en croyant le savoir[5] » :

> *Every individual is continually exerting himself to find out the most advantageous employment for whatever capital he can command. It is his own advantage, indeed, and not that of the society, which he has in view. But the study of his own advantage naturally, or rather necessarily leads him to prefer that employment which is most advantageous to the society.* (WON, IV, II, p. 333)

> « Chaque individu met sans cesse tous ses efforts à chercher, pour tout le capital dont il peut disposer, l'emploi le plus avantageux ; il est bien vrai que c'est son propre bénéfice qu'il a en vue, et non celui de la société ; mais les soins qu'il se donne pour trouver son avantage personnel le conduisent naturellement, ou plutôt nécessairement, à préférer précisément ce genre d'emploi même qui se trouve être le plus avantageux à la société. » (RDN, IV, II, p. 40)

LE « LIBRE ÉCHANGE » :
DU PRINCIPE AUX RÉALITÉS

Dans ce « système simple et facile de la liberté naturelle » (RDN, IV, IX, p. 308), au sein duquel chacun maximise sa propre satisfaction, le « *laisser faire* », « *laisser passer* », « laisser faire les hommes et laisser passer les marchandises », maxime « popularisée » par V. de Gournay (1712-1759), est le véhicule (en tant que « sources continuelles d'actions ») de la maximisation de la satisfaction de la communauté toute entière (en tant que « sources continuelles de richesses »). Le « laisser faire » était déjà présent lors des démonstrations précédentes de Smith relatives à la libre concurrence (ou concurrence parfaite), condition à l'allocation optimale des ressources, et au système de fixation des prix décentralisé, condition à l'accumulation du capital et à la croissance du revenu *via* l'extension du marché et celle de la division du travail. Ces vertus d'optimisation du bien-être général liées au « laisser faire » se manifestent sur le « marché intérieur » mais opèrent également, selon une logique similaire, pour le « commerce étranger » grâce à la

---

5   Ch. Laval, « La main invisible d'Adam Smith », *Temporel*, 5, mai 2008.

liberté du commerce (« laisser passer »), justifiée par un argument de bon sens : l'avantage de l'échange entre particuliers (*cf. supra*) peut être transposé à celui des Nations, fondement de la théorie des *avantages absolus* de l'échange international :

> Ce qui est prudence dans la conduite de chaque famille en particulier, ne peut être folie dans celle d'un grand empire. Si un pays étranger peut nous fournir une marchandise à meilleur marché que nous ne sommes en état de l'établir nous-mêmes, il vaut bien mieux que nous la lui achetions avec quelque partie du produit de notre propre industrie, employée dans le genre dans lequel nous avons quelque avantage […] L'industrie générale du pays n'est pas employée à son plus grand avantage quand elle est dirigée vers un objet qu'elle pourrait acheter à meilleur compte qu'elle ne pourra le fabriquer. [Elle] est détournée d'un emploi plus avantageux, pour en suivre un qui l'est moins, et la valeur échangeable de son produit annuel, au lieu d'être augmentée […] doit nécessairement souffrir quelque diminution à chaque règlement de cette espèce […] *Tant que l'un des pays aura ces avantages et qu'ils manqueront à l'autre*, il sera toujours plus avantageux pour celui-ci d'acheter du premier, que de fabriquer lui-même [*As long as the one country has those advantages, and the other wants them, it will always be more advantageous for the latter, rather to buy of the former than to make*]. (RDN, IV, II, p. 44, 46, nous soulignons, WON, p. 338)

Selon cette théorie des avantages *absolus*, à ne pas confondre avec celle des avantages *relatifs* (ou *comparés*) de Ricardo[6] (*cf.* encadré), la spécialisation internationale des pays (*i.e.* la division internationale du travail) permet d'allouer, de manière efficiente, les facteurs de production pour chaque pays, et augmente la richesse globale et le bien-être collectif. Les échanges internationaux deviennent ainsi un jeu à somme positive (gagnant/gagnant) sous réserve d'avantages absolus, c'est-à-dire dès lors que les coûts de production d'un pays A sont plus faibles pour un produit que ceux d'un autre pays B.

---

6 contenue dans le Chapitre VII « Du commerce extérieur » *Des principes de l'économie politique et de l'impôt* (1817, 3ᵉ éd. 1821 dans 1977, p. 111-130). Notons, avec quelque intérêt, que le pendant ricardien de la « main invisible » est précisément contenu dans ce chapitre VII (*ibid.*, p. 116) : « Dans un système d'entière liberté de commerce, chaque pays consacre son capital et son industrie à tel emploi qui lui paraît le plus utile. Les vues de l'intérêt individuel s'accordent parfaitement avec le bien universel de toute la société » et de conclure que « l'échange lie entre elles toutes les nations du monde civilisé par les nœuds communs de l'intérêt, par des relations amicales, et en fait une seule et grande société. »

Pour Smith, un pays a intérêt à se spécialiser dans les productions qu'il peut obtenir au coût le plus faible par rapport aux pays concurrents. Cet avantage absolu peut résulter de conditions naturelles favorables (agriculture et activités extractives dotées de conditions d'exploitation aisées), de faibles coûts de production (salaires réels, prix des consommations productives), d'une forte productivité des facteurs de production (qualification de la main d'œuvre, technologies incorporées). Dans ce contexte, supposons deux pays (A, B), avec deux facteurs de production (travail et nature) et deux biens (x, y), auxquels correspondent, en autarcie, les quantités de travail nécessaire (exprimées en heures) pour produire, respectivement, ces deux biens :

	Pays A	Pays B
Produit x	100 h.	300 h.
Produit y	300 h.	100 h.

Ici, le Pays A (qui consacre 100 h. à produire x et 300 h. pour y) a un avantage absolu pour x, alors que le Pays B (qui consacre 300 et 100 h. respectivement pour x et y) a un avantage absolu pour y. Sous les hypothèses de rendements constants, d'immobilité internationale des facteurs et de parfaite mobilité intersectorielle, chacun des deux Pays a intérêt à se spécialiser dans le produit pour lequel il dispose d'un avantage absolu. La production totale passe ainsi de 4 soit $(2x + 2y)$ en situation d'autarcie, à 8 soit $(4x + 4y)$ en situation de division internationale du travail, dès lors que le pays A emploie les 300 h. nécessaires à y pour produire du x, et symétriquement pour le Pays B. Ou, pour une production totale inchangée (4), le nombre d'heures nécessaire diminue de 800 à 400. Mais qu'advient-il si un pays (A ou B) peut produire à un moindre coût et sans limitation de volume (absence de contraintes d'offre) les deux produits x et y dont les deux pays ont besoin? Dans ce cas, un pays aurait intérêt à acheter les produits de l'autre sans rien pouvoir lui vendre en contrepartie selon la théorie des avantages absolus qui se trouve alors dans une impasse. Ricardo, dans *Des principes de l'économie politique et de l'impôt* (*op. cit.*, p. 111-130), va résoudre ce dilemme selon lequel l'ouverture à l'échange conduit, en l'occurrence, à l'impossibilité de l'échange (*ibid.*, p. 118), en montrant que même avec un avantage/désavantage absolu, le rapport interne des coûts implique la spécialisation dans la production où le désavantage (avantage) est le moindre (plus important), les coûts (ou les avantages) relatifs ou comparés primant désormais. Avec les mêmes hypothèses que précédemment, Ricardo construit un modèle « à deux pays et deux articles » (*ibid.* p. 122), présentant la quantité d'heures de travail nécessaire en autarcie pour produire, en Angleterre et au Portugal, des draps et du vin (*ibid.*, p. 117-122) :

	Angleterre	Portugal
Drap	100 h.	90 h.
Vin	120 h.	80 h.

Ici, le Portugal dispose d'avantages absolus pour les deux biens, mais il a intérêt à se spécialiser dans la production où son coût relatif est le plus bas (où son avantage relatif est le plus élevé). De même, l'Angleterre a intérêt à se spécialiser dans la production où son coût relatif est le plus bas (où son désavantage relatif est le moins élevé). Ainsi, l'Angleterre va utiliser les 120 h. libérées par l'abandon de la production de vin à la production de draps, disposant, dorénavant, pour celle-ci de 220 h, soit une production de 2,2 unités de draps. Le Portugal va utiliser les 90 h. libérées par l'abandon de production de draps à la production de vin, soit 170 h. et une production de 2,125 unités de vin. La production mondiale sera de 4,325 unités (au lieu de 4 en autarcie) ou, pour une production totale constante (4 unités), l'utilisation d'environ 360 h. de travail au lieu de 390 h., le « libre échange » étant, en tout état de cause, préférable à l'autarcie : « Il importe au bonheur des hommes d'augmenter leurs jouissances par une meilleure distribution du travail [laquelle] est toujours meilleure lorsque chaque pays produit les choses qui s'accordent le mieux avec son climat, sa situation et ses autres avantages naturels ou artificiels, et lorsqu'il les échange pour les marchandises des autres pays. » (Ricardo, *op. cit.*, p. 114).

ENCADRÉ 2 – Avantages absolus (Smith), Avantages relatifs (Ricardo).

Mais aussitôt ce plaidoyer pour le « libre échange » affirmé, Smith s'empresse d'admettre de nombreuses entorses à ce principe, des « limitations de la liberté du commerce » (*Restraints upon the importation from foreign countries of such goods as can be produced at home* [WON, IV, II, p. 332-352], *Restraints upon the importation of goods of almost all kinds, from those countries with which the balance is supposed to be disadvantageous* [WON, IV, III, p. 353-370]) exigées par les situations pour lesquelles « il serait avantageux d'établir quelque charge sur l'industrie étrangère pour encourager l'industrie nationale » (RDN, IV, II, p. 50 et s.). Ces mesures protectionnistes sont légitimées afin i) de défendre des industries « nécessaires à la défense du pays », d'où, par exemple, la justification de « l'Acte de navigation[7] » (*ibid.*, p. 50-52) ; ii) lorsque les productions nationales

---

7   « la défense de la Grande-Bretagne dépend beaucoup du nombre de ses vaisseaux et de ses matelots. C'est donc avec raison que l'*Acte de navigation* cherche à donner aux vaisseaux et aux matelots de la Grande-Bretagne le monopole de la navigation de leur pays, par des prohibitions absolues en certains cas, et par de fortes charges, dans d'autres, sur la navigation étrangère. [Ainsi] il est défendu à tous les bâtiments dont les propriétaires, les maîtres et les trois quarts de l'équipage ne sont pas sujets de la Grande-Bretagne, de commercer dans les établissements et colonies de la Grande-Bretagne, ou de faire le cabotage sur les côtes de la Grande-Bretagne, sous peine de confiscation du bâtiment et de la cargaison. » (*ibid.*, p. 50). Les « Actes de navigation »

« chargées de quelques impôts dans l'intérieur » (*ibid.*, p. 52) sont *ipso facto* déloyalement concurrencées par des productions étrangères moins (ou non) imposées[8] ; iii) pour restaurer graduellement le fonctionnement concurrentiel du marché intérieur lorsque celui-ci a été perturbé, voire détérioré, par « la rage et la cupidité d'insolents monopoleurs » (*ibid.*, p. 60) et/ou par les « privilèges exclusifs de corporations » (*ibid.*, p. 59)[9] ;

(« *The act of navigation* », WON, IV, II, p. 342 et s.), en question, ici, sont une série de lois protectionnistes votées à partir de 1651 (abolies en 1849) par le Parlement anglais, pendant le mandat de « *Lord protector* », Oliver Cromwell. Elles avaient pour but, à l'origine (*i.e.* dans le contexte des guerres civiles de 1642 à 1651), de financer la construction d'une marine de guerre, et d'affaiblir les colonies contrôlées par l'opposition royaliste à la suite de l'émigration des Cavaliers (*i.e.* la cavalerie des « *Royalists* » en guerre contre les « *Parliamentarians* »), en les empêchant de commercer avec d'autres pays. Il est donc singulier, en 1776, de continuer à invoquer « la sureté de l'État [qui] est d'une plus grande importance que sa richesse », et de faire apparaitre l'Acte de navigation comme « le plus sage de tous les règlements de commerce de l'Angleterre. » (*ibid.*, p. 52).

8   « Ces impôts [directs et indirects, Ph. G.] font renchérir nécessairement les subsistances, et le prix du travail doit toujours renchérir avec le prix de la subsistance de l'ouvrier. Par conséquent, toute marchandise produite par l'industrie nationale, quoique n'étant pas directement imposée, devient néanmoins plus chère à raison de ces impôts, parce qu'ils élèvent le prix du travail qui la produit. Ces impôts sont donc réellement équivalents à un impôt sur chaque marchandise produite dans l'intérieur. On en conclut que, pour mettre l'industrie nationale sur le même pied que l'industrie étrangère, il devient indispensable d'établir sur toute marchandise étrangère quelque droit égal au renchérissement qu'éprouvent celles de l'intérieur, avec lesquelles elles pourraient se trouver en concurrence. » (*ibid.*, p. 53).

9   Ces situations de concurrence imparfaite (monopole et/ou corporations), perçues comme des « usurpations faites sur la liberté naturelle » (*ibid.*, p. 59) peuvent, elles-mêmes, résulter de mesures protectionnistes, « lorsqu'au moyen des gros droits ou prohibitions mises sur toutes les marchandises étrangères qui pourraient venir en concurrence avec elles, certaines manufactures particulières se sont étendues au point d'employer un grand nombre de bras » (*ibid.*, p. 57). Dans ce cas, la libéralisation du commerce doit être progressive (« par des gradations un peu lentes et avec beaucoup de circonspection et de réserve », *ibid.*) afin d'éviter l'effondrement du marché domestique : « Si l'on allait supprimer tout d'un coup ces gros droits et ces prohibitions, il pourrait se faire que le marché intérieur fût inondé aussitôt de marchandises étrangères à plus bas prix, tellement que plusieurs milliers de nos concitoyens se trouvassent tous à la fois privés de leur occupation ordinaire et dépourvus de tout moyen de subsistance. Le désordre qu'un tel évènement entraînerait pourrait être très grand. » (*ibid.*). Cette réflexion de Smith n'est pas sans rapport avec la problématique contemporaine du « *too big to fail* », c'est-à-dire la nécessité de soutenir (ici par le démantèlement progressif voire partiel des protections tarifaires et non tarifaires) un acteur économique (ici le monopoleur) dès lors que son seul défaut (ici sa faillite) menace directement la stabilité globale du système (ici le marché domestique), voire déclenche un risque de système (ici l'économie toute entière par contagion), même si la faible substituabilité des produits

iv) pour préserver les industries naissantes[10] (*ibid.*, p. 60-61); et enfin
v) au titre de « représailles » contre les barrières douanières étrangères,
« lorsqu'une nation étrangère gêne, par de forts droits ou par des prohibitions, l'importation de quelqu'un de nos produits manufacturés dans
son pays » (*ibid.*, p. 55). Cette « litanie », dont le cumul des situations
justifiant le protectionnisme approxime la totalité des configurations
économiques possibles, accule naturellement Smith à consentir que le
« libre échange » entre les nations conduit, souvent (*i.e.* hormis la situation
« idéale » de l'avantage absolu), à des résultats socialement indésirables,
rendant utopique le principe même de la liberté totale du commerce, et
irréalisable sa pratique compte tenu des intérêts industriels :

> *To expect, indeed, that the freedom of trade should restored in Great Britain, is as*
> *absurd as to expect that an Oceana or Utopia should ever be established in it.* (WON,
> IV, II, p. 351)

> « À la vérité, s'attendre que la liberté du commerce puisse jamais être entiè-
> rement rendue à la Grande-Bretagne, ce serait une aussi grande folie que de
> s'attendre à y voir jamais réaliser la république d'Utopie ou celle d'Océana. »
> (RDN, IV, II, p. 60).

Même si ces situations dommageables pour le « libre échange »
(notamment les situations de concurrence imparfaite, les monopoles
en particulier) ne résultent pas, pour Smith, d'un dysfonctionnement
du « système simple et facile de la liberté naturelle » mais plutôt de
« l'habileté de cet être insidieux et rusé qu'on appelle vulgairement
homme d'État ou politique, dont les avis se dirigent sur la marche
versatile et momentanée des affaires » (*ibid.*, p. 56), animé par une
vision « court-termiste », faiblement assortie à « l'intérêt général de
la société » :

---

domestiques comparativement aux biens importés (par la compétitivité hors prix ou
qualitative comparée) et la mobilité intersectorielle du facteur travail (*ibid.*, p. 57-59)
permettraient d'atténuer ces effets.

10   « L'entrepreneur d'une grande manufacture, qui se verrait obligé d'abandonner ses
travaux parce que les marchés du pays se trouveraient tout d'un coup ouverts à la libre
concurrence des étrangers, souffrirait sans contredit un dommage considérable […] il
ne pourrait pas disposer, sans une perte considérable, de cette partie de son capital, qui
était fixée dans ses ateliers et dans les divers instruments de son commerce. Une juste
considération pour les intérêts de cet entrepreneur exige donc que de tels changements
ne soient jamais faits brusquement, mais qu'ils soient amenés à pas lents et successifs,
et après avoir été annoncés de loin. » (*ibid.*, p. 60-61).

> S'il était possible que les délibérations de la législature fussent toujours
> dirigées par de grandes vues d'intérêt général [*an extensive view of the general
> good*] et non par *les clameurs importunes de l'intérêt privé* [*the clamorous importunity
> of partial interests*], elle devrait, pour cette seule raison peut-être, se garder
> avec le plus grand soin d'établir jamais aucun nouveau monopole [...] ni de
> donner la moindre extension à ceux qui sont déjà établis. Chaque règlement
> de ce genre introduit dans la constitution de l'État un germe réel de désordre,
> qu'il est bien difficile de guérir ensuite sans occasionner un autre désordre.
> (RDN, IV, II, p. 61, nous soulignons)

On le voit, ces « clameurs importunes de l'intérêt privé » montrent la
lucidité de Smith vis-à-vis de la doctrine naïve et simpliste de l'harmonie
spontanée des intérêts, celle de la conception strictement individualiste
de l'intérêt général. Il ne se contente pas d'affirmer qu'une économie de
marché libre garantit, par le puissant mobile de l'intérêt personnel, le
bien-être général, le « meilleur des mondes ». Il est préoccupé par les
conditions (ou les structures) institutionnelles susceptibles de guider,
canaliser et sécuriser les mobiles pécuniaires et le jeu bénéfique des
forces du marché ; autrement dit, Smith est conscient que « l'intérêt
privé est tout aussi susceptible de contrecarrer que de promouvoir le
bien-être social ; le mécanisme du marché encouragerait l'harmonie mais
seulement dans le contexte d'un cadre légal et institutionnel approprié »
(Blaug, 1986, p. 71).

En fait, les bénéfices de la concurrence exigent plus que le « laisser faire,
laisser passer », à l'infinitif comme dans la maxime de V. de Gournay (*cf.
supra*), ou, à l'impératif « laissez faire, laissez passer[11] », comme principe
doctrinaire défendu par les Physiocrates, d'où la réorientation[12] opérée
par Smith, au début du Livre IV, vers l'Économie *politique* :

> L'Économie politique, considérée comme une branche des connaissances du
> législateur et de l'homme d'État, se propose deux objets distincts : le premier,
> de procurer au peuple un revenu ou une subsistance abondante, ou, pour
> mieux dire, de le mettre en état de se procurer lui-même ce revenu ou cette
> subsistance abondante ; – le second, de fournir à l'État ou à la communauté

---

11   Il est à remarquer, à ce propos, que le texte « The end of laissez-faire » (1926) de Keynes,
     contenu dans ses *Essays in Persuasion* (1932 dans 2009) a été traduit « La fin du laisser-
     faire » (*ibid.*, p. 149-162).

12   M. Blaug (1986, p. 65) est plus catégorique : « L'introduction au Livre IV définit l'économie
     politique comme une branche de la diplomatie, définition qui tranche violemment avec
     l'ensemble du contenu de la *Richesse des Nations*. »

un revenu suffisant pour le service public ; elle se propose d'enrichir à la fois le peuple et le souverain [...] Je vais tâcher de les exposer l'un et l'autre [respectivement dans les livres IV et V, Ph.G.] avec autant d'étendue et de clarté qu'il me sera possible. (RDN, IV, Introduction, p. 11).

C'est l'étude de ces Livres IV et V de la RDN, intitulés respectivement « Des systèmes d'économie politique » (consacré à l'analyse critique du « Système mercantile » et du « Système de l'agriculture », soit les Mercantilistes et les Physiocrates) et « Du revenu du souverain ou de la république » (véritable Traité de Finances publiques), qui constitue l'objet des prochains développements.

DE LA SPONTANÉITÉ AU « SYSTÈME DE LA LIBERTÉ NATURELLE »

L'État comme « surintendant de l'industrie des particuliers chargé de la diriger vers les emplois les mieux assortis à l'intérêt général de la société »

Comme Polanyi (1983, p. 59 et s.) l'affirme, « Nulle part la philosophie libérale n'a connu d'échec plus éclatant que dans son incompréhension du problème du changement. On croyait à la spontanéité. On y croyait jusqu'à la sensiblerie et, pour juger du changement, on cessait de s'en rapporter au bon sens ; avec un empressement mystique, on se résignait aux conséquences de l'amélioration économique » (*ibid.*, p. 59). Autrement dit, l'opulence crée les conditions d'une confiance aveugle dans les prétendues vertus harmonieuses d'optimisation du bien-être, individuel *donc* collectif puisque les intérêts privés s'harmonisent effectivement avec les intérêts sociaux, dévolues au système de marché libre. Dans ce cas, l'intérêt collectif se fond dans l'additivité arithmétique des satisfactions individuelles où sont réunies les conditions d'efficacité *statique* de l'équilibre général, la concurrence permettant d'impulser des effets dynamiques d'incitation individuelle (*cf. supra*) dans un contexte de changement prenant la forme de « progrès de la société vers l'opulence et l'agrandissements réels » et d'accroissement de « la valeur réelle du produit annuel des terres et du travail de la société. » (RDN, IV, IX, p. 308). Or, poursuit Polanyi (*ibid.*, p. 64), « la croyance dans le progrès spontané nous rend nécessairement aveugles au rôle de l'État (« *government* ») dans la vie économique. Ce rôle consiste souvent à modifier le rythme du changement, en l'accélérant ou en le ralentissant, selon les cas. Si nous croyons ce rythme inaltérable – ou, pire, si nous estimons sacrilège d'y toucher –, alors il ne reste naturellement pas de place pour l'intervention. » C'est de cette philosophie « naïve » de « l'harmonie spontanée des intérêts » (ou du *Système de l'Harmonie préétablie* de Leibniz, *cf. supra*), où la confiance dans l'automaticité de l'équilibre sur un marché de concurrence parfaite est absolue (*i.e.* une « main invisible » omnisciente et omnipotente, rempart contre toute action collective organisée), que Smith se démarque, comme il avait commencé à le faire avec ses nombreuses concessions au « libre échange » (*cf. supra*). Il reconnaît des insuffisances au « système simple et facile de la liberté naturelle », des cas de conflits d'intérêt où la spontanéité de la recherche de l'intérêt personnel conduit à des résultats socialement indésirables, ou, *a minima*, sous optimaux, où sans réglementation et projet collectifs une économie de marché « pure » demeure assujettie aux seules règles de comportement individuel, autrement dit, des situations qui révèlent la *présomption* d'un bien-être social maximal et qui posent le problème des conditions requises à son *accomplissement* :

> en écartant entièrement tous ces systèmes ou de préférence ou d'entraves [*i.e.* les systèmes mercantile et de l'Agriculture, Ph.G.], le système simple et facile de la liberté naturelle vient se présenter de lui-même et se trouve tout établi. Tout homme, *tant qu'il n'enfreint pas les lois de la justice*, demeure en pleine liberté de suivre la route que lui montre son intérêt, et de porter où il lui plaît son industrie et son capital, concurremment avec ceux de toute autre classe d'hommes. Le souverain se trouve entièrement débarrassé d'une charge qu'il ne pourrait essayer de remplir sans s'exposer infailliblement à se voir sans cesse trompé de mille manières, *et pour l'accomplissement convenable de laquelle il n'y a aucune sagesse humaine ni connaissance qui puissent suffire*, la charge d'être le surintendant de l'industrie des particuliers, de la diriger vers les emplois les mieux assortis à l'intérêt général de la société. (RDN, IV, IX, p. 308, nous soulignons).

Désormais le « système simple et facile de la liberté naturelle » [*the obvious and simple system of natural liberty*] devient, pour Smith, le « système de la liberté naturelle » [*the system of natural liberty*] (*ibid.*, p. 308, WON, p. 445-446) au sein duquel émerge une conception libérale du rôle de l'État.

LA CONCEPTION LIBÉRALE DE L'ÉTAT
Les fonctions régaliennes
et l'Éducation comme réponses aux défaillances
de l'intérêt privé et des vertus civiques

Cette conception consiste, en premier lieu, à ce que les processus naturels ne soient pas entravés, autrement dit l'interventionnisme public est subordonné au libre exercice de la liberté naturelle, sous peine de devenir un système subversif de l'objet même qu'il se propose comme objectif, à savoir la maximisation de l'intérêt collectif, c'est-à-dire « les progrès de la société vers l'opulence » :

> Quant à la question de savoir quelle est l'espèce d'industrie nationale que son capital peut mettre en œuvre [...] il est évident que chaque individu, dans sa position particulière, est beaucoup mieux à même d'en juger qu'aucun homme d'État ou législateur ne pourra le faire pour lui. L'homme d'État qui chercherait à diriger les particuliers dans la route qu'ils ont à tenir pour l'emploi de leurs capitaux, non seulement s'embarrasserait du soin le plus inutile, mais encore il s'arrogerait une autorité qu'il ne serait pas sage de confier, je ne dis pas à un individu, mais à un conseil ou à un sénat, quel qu'il pût être ; autorité qui ne pourrait jamais être plus dangereusement placée que dans les mains de l'homme assez insensé et assez présomptueux pour se croire capable de l'exercer. (RDN, IV, II, p. 43)

D'autant que, au-delà de l'efficacité de la « liberté naturelle », l'État est susceptible de mal gérer ses propres fonds en les employant dans des dépenses improductives, à l'opposé des particuliers qui, conduits par leurs intérêts, s'écartent pour la très large majorité d'entre eux des « conduites peu sages » comme celle de la prodigalité (*cf. supra*) :

> Les grandes nations ne s'appauvrissent jamais par la prodigalité et la mauvaise conduite des particuliers, mais quelquefois bien par celles de leur gouvernement [alors que] Il est rare, à la vérité, que la prodigalité ou la conduite imprudente des individus dans leurs affaires puisse jamais beaucoup influer sur la fortune d'une grande nation, la profusion ou l'imprudence de quelques-uns se trouvant toujours plus que compensée par l'économie et la bonne conduite des autres. (RDN, II, III, p. 429 [et] 428)[1]

---

1   ou encore, à propos du Gouvernement de l'Angleterre : « L'administration rangée, vigilante et économe d'une aristocratie [...] est extrêmement propre [...] à régir une

Fidèle à sa méthode conciliant abstraction conceptuelle et validation empirique (*cf. supra*), cette conception libérale du Gouvernement, au-delà de l'affirmation du *principe* de la secondarité du Politique sur le « système de la liberté naturelle », est également justifiée, selon Smith, par l'*expérience*, dès lors que l'opulence générale résultant de « l'économie et de la sage conduite privées » persiste en dépit des erreurs commises par l'État :

> L'expérience semble pourtant nous faire voir que, dans presque toutes les circonstances, l'économie et la sage conduite privées suffisent, non seulement pour compenser l'effet de la prodigalité et de l'imprudence des particuliers, mais même pour balancer celui des profusions excessives du gouvernement. Cet effort constant, uniforme et jamais interrompu de tout individu pour améliorer son sort ; ce principe, qui est la source primitive de l'opulence publique et nationale, aussi bien que de l'opulence privée, a souvent assez de puissance pour maintenir, en dépit des folies du gouvernement et de toutes les erreurs de l'administration, le progrès naturel des choses vers une meilleure condition. (RDN, II, III, p. 430)

Cet assujettissement du Politique trouve certaines de ses origines dans la conception de l'État ou de l'autorité politique de saint Thomas d'Aquin contenue dans sa *Somme théologique* (*Summa Theologiae, Prima pars*). L'État n'est conçu, quant à ses origines et à sa finalité, qu'en fonction des buts utilitaires que les individus ne pourraient atteindre sans son aide[2]. Sa raison d'être est le Bien public, rationnellement perçu. Par exemple, la propriété, pour saint Thomas (Charette, 1981, p. 121-123), n'est pas contraire à la loi naturelle, mais résulte de la raison humaine dès lors que les hommes accordent plus d'importance à ce qu'ils possèdent

---

entreprise de commerce de ce genre. Mais c'est une chose qui ne laisse pas d'être pour le moins beaucoup plus douteuse que de savoir si la conduite d'une pareille affaire peut être confiée avec sûreté à un gouvernement tel que celui de l'Angleterre, qui, quels que puissent être d'ailleurs ses avantages, n'a jamais été cité pour sa bonne économie ; qui, en temps de paix, s'est en général conduit avec la prodigalité, l'abandon et l'insouciance naturelle peut-être aux monarchies, et qui a constamment agi, en temps de guerre, avec tous les excès et l'instabilité ordinaire aux démocraties [...] Il semble qu'il n'y ait pas deux caractères plus incompatibles que celui de marchand et celui de souverain » (RDN, V, II, p. 448-449). Voir, également, *ibid.*, p. 449 et s.

2   conception qui n'est pas si éloignée de celle de Keynes contenue dans « *La fin du laissez-faire* » (1926 dans 2009, p. 156) : « Les *agenda* les plus importants de l'État concernent non pas les activités que des personnes privées sont déjà en train d'assurer, mais les fonctions qui échappent aux prises de l'individu et les décisions que *personne* ne prendra si l'État ne les prend pas. L'important pour le gouvernement et l'administration n'est point d'accomplir ce que des individus sont déjà en train d'accomplir, et de s'y prendre une peu moins bien ou un peu mieux qu'eux, mais d'accomplir des choses qui pour le moment ne sont pas exécutées du tout. » (Keynes souligne)

en propre comparativement à ce qui appartient à beaucoup, *a fortiori* à tous. Dès lors, l'ordre social peut devenir harmonieux si les possessions individuelles sont garanties et si, parallèlement, il n'y a pas lieu de se quereller pour l'usage collectif de biens publics. Ainsi, « la propriété privée doit son origine, en partie, à la nécessité d'éviter une lutte désordonnée pour la possession des biens, et le gouvernement, à la nécessité d'imposer la paix et l'ordre. » (Schumpeter, 1954, I, p. 173).

Autrement dit, c'est sur la base du respect indéfectible de ce libre exercice individuel, qui permet de réconcilier les intérêts privés et l'efficacité économique, que se situe, dans un second temps, la place que doit occuper l'État, garant de l'épanouissement sans entrave de ce libre exercice. Au sein du « système de la liberté naturelle », l'État doit permettre l'accomplissement de l'optimalité de l'économie concurrentielle, donc :

i) garantir un cadre institutionnel sécurisé pour l'allocation optimale des ressources entre les biens qui peuvent être vendus à des prix couvrant les coûts. L'État mobilise, ici, ses fonctions régaliennes de la Défense et de la Justice[3], respectivement « le devoir de défendre la société de tout acte de violence ou d'invasion de la part des autres sociétés indépendantes » (*ibid.*, p. 309), et « le devoir de protéger, autant qu'il est possible, chaque membre de la société contre l'injustice ou l'oppression de tout autre membre [donc] d'établir une administration exacte de la justice » (*ibid.*) ;

ii) assumer les échecs du marché par la réalisation de biens publics pour lesquels les coûts privés de réalisation dépassent les coûts sociaux, en garantir la disponibilité sans exclusive et l'universalité de leur consommation sans rivalité[4] :

c'est le devoir d'ériger et d'entretenir certains ouvrages publics et certaines institutions que l'intérêt privé d'un particulier ou de quelques particuliers ne

---

3   La fonction régalienne de l'émission monétaire avait été abordée plus avant dans la RDN (I, IV, p. 93-94) : « C'est pour prévenir de tels abus [*i.e.* le faux-monnayage], pour faciliter les échanges et encourager tous les genres de commerce et d'industrie, que les pays qui ont fait quelques progrès considérables vers l'opulence ont trouvé nécessaire de marquer d'une empreinte publique certaines quantités de métaux particuliers dont ils avaient coutume de se servir pour l'achat des denrées. De là l'origine de la monnaie frappée et des établissements publics destinés à la fabrication des monnaies »

4   Nous verrons, plus loin, que le système de péages élaboré par Smith et le fonctionnement du système éducatif (notamment la rétribution privée des enseignants), en limitant l'accès de ces biens, qui deviennent des biens non rivaux [indivisibilité d'usage] mais excluables par les prix, les rapprochent plutôt de « biens de club ».

pourrait jamais les porter à ériger ou à entretenir, parce que jamais le profit n'en rembourserait la dépense à un particulier ou à quelques particuliers, quoiqu'à l'égard d'une grande société ce profit fasse beaucoup plus que de rembourser les dépenses. (RDN, IV, IX, p. 309)

Reprenons, en détail, ces fonctions du gouvernement civil (*cf.* également Viner, 1927, p. 217 et s.).

Pour Smith, l'accomplissement de la Justice et de la Défense exige, en premier lieu, des Administrations spécifiques constituées de fonctionnaires qui doivent être protégés, par leurs statuts et leurs rémunérations, des pressions ordinaires du marché ou d'autres pouvoirs. La fonction publique, ainsi définie, est animée par un principe général : « Le public n'est jamais mieux servi que quand la récompense vient après le service, et qu'elle est proportionnée à la diligence qu'on a mise à s'en acquitter » (RDN, V, I, p. 342), et cette « récompense » des fonctionnaires, c'est-à-dire les techniques et les niveaux de leurs rémunérations, doit : i) rendre compatible la poursuite de leurs propres intérêts avec la progression, par leur contribution, de l'intérêt général ; ii) garantir l'impartialité de leurs actions et de leurs décisions et éviter la corruption :

> « On attribua aux juges des salaires fixes, qui furent regardés, à leur égard, comme un dédommagement de ce qu'ils pouvaient perdre dans le partage des anciens émoluments de justice […] Mais ce fut moins pour diminuer les frais de justice que pour prévenir la corruption des juges, qu'on les empêcha de recevoir aucun présent ou honoraire des parties. » (RDN, V, I, p. 340)

En évoquant l'obligation de se consacrer entièrement à ses fonctions[5], les devoirs d'obéissance[6], de probité et de neutralité[7], Smith esquisse

---

5   « Dans chaque profession, les efforts de la plupart de ceux qui l'exercent sont toujours proportionnés à la nécessité qu'il y a pour eux d'en faire. Cette nécessité est plus grande pour ceux qui n'attendent leur fortune, ou même leur revenu et leur subsistance ordinaire, que des émoluments de leur profession. » (RDN, V, I, p. 385), en faisant, ici, « du métier de soldat un métier particulier, séparé et distinct de tous les autres » (*ibid.*, p. 320), de même que « L'administration de la justice devint par elle-même une fonction assez pénible et assez compliquée pour exiger l'attention tout entière des personnes auxquelles elle était confiée. » (*ibid.*, p. 344).

6   « La régularité, l'ordre et la prompte obéissance au commandement sont, dans les armées modernes, des qualités d'une plus grande importance […] que l'habileté et la dextérité du soldat au maniement de ses armes. » (*ibid.*, p. 321-322)

7   « Quand le pouvoir judiciaire est réuni au pouvoir exécutif, il n'est guère possible que la justice ne se trouve pas souvent sacrifiée à ce qu'on appelle vulgairement des considérations politiques. Sans qu'il y ait même aucun motif de corruption en vue, les

les principes modernes qui gouvernent la fonction publique et l'État de droit.

Pour ce qui concerne la Défense, Smith (*ibid.*, p. 313-331) montre qu'avec « le progrès des manufactures et les perfectionnements qui s'introduisirent dans l'art de la guerre », autrement dit « quand l'art de la guerre est devenue [...] une science difficile et compliquée » (*ibid.*, p. 316-317), il est devenu nécessaire de concevoir puis de constituer une « armée de troupes réglées » (*ibid.*, p. 320) (*i.e.* une « armée de métier ») :

> l'art de la guerre étant, sans contredit, le plus noble de tous, devient naturellement, à mesure de l'avancement de la société, l'un des arts les plus compliqués. Les progrès de la mécanique, aussi bien que celui d'autres arts avec lesquels il a une liaison nécessaire, déterminent le degré de perfection auquel il est susceptible d'être porté à une époque quelconque ; mais pour qu'il atteigne jusqu'à ce point, il est indispensable qu'il advienne la seule ou la principale occupation d'une classe particulière de citoyens, et la division du travail n'est pas moins nécessaire au perfectionnement de cet art qu'à celui de tout autre [...] en entretenant et occupant constamment à la pratique des exercices militaires un certain nombre de citoyens, il peut faire du métier de soldat un métier particulier, séparé et distinct de tous les autres. (RDN, V, I, p. 319-320)

Et c'est la « prudence de l'État », notamment des « nations industrieuses et riches[8] », combinée avec la « sagesse de l'État[9] » qui sont à l'origine de

---

personnes dépositaires des grands intérêts de l'État peuvent s'imaginer quelquefois que ces grands intérêts exigent le sacrifice des droits d'un particulier » (*ibid.*, p. 344-345). Il en est de même par rapport à « l'autorité que donne la fortune » afin d'empêcher que « la fortune et la naissance donnent naturellement une sorte de pouvoir judiciaire » à l'instar des civilisations de peuples pasteurs où « Le gouvernement civil, en tant qu'il a pour objet la sûreté des propriétés, est, dans la réalité, institué pour défendre les riches contre les pauvres, ou bien, ceux qui ont quelque propriété contre ceux qui n'en ont point. » (*ibid.*, p. 334, 336, 337) ; autrement dit, empêcher une subordination de la Justice aux intérêts privés et « politiques ».

8   « cette richesse qui est toujours la suite du progrès des manufactures et de l'agriculture et qui, dans la réalité, n'est autre chose que le produit accumulé de ces arts perfectionnés, appelle l'invasion des peuples voisins. Une nation industrieuse et, par conséquent, riche, est celle de toutes les nations qui doit le plus s'attendre à se voir attaquer ; et si l'État ne prend pas quelques mesures nouvelles pour la défense publique, les habitudes naturelles du peuple le rendent absolument incapable de se défendre lui-même. » (*ibid.*, p. 320)

9   « c'est la prudence de l'État qui seule peut faire du métier de soldat un métier particulier, distinct et séparé de tous les autres [...] Si c'est pour lui [un militaire de carrière, Ph.G.] une voie à l'avancement et à la fortune que de consacrer à cette occupation une grande partie de son temps, ce ne peut être que par l'effet de la sagesse de l'État ; et cette sagesse,

ces mesures en faveur « d'une armée de troupes réglées », la seule grâce à laquelle « la civilisation peut se perpétuer dans un pays, ou même s'y conserver très longtemps » (*ibid.*, p. 329), et peut être maintenu « un gouvernement régulier dans les provinces les plus reculées de l'empire [ou] dans des pays qui, sans cela, ne seraient pas susceptibles d'être gouvernés » (*ibid.*). Et Smith de conclure en répondant aux inquiétudes selon lesquelles une « armée de troupes réglées » est peut être « une institution dangereuse pour la liberté » par l'énoncé des conditions de subordination de l'armée au pouvoir civil, permettant de rendre compatibles l'existence d'une « armée de troupes réglées » et le respect des « principes républicains » :

> quand la force militaire est placée dans les mains de ceux qui ont le plus grand intérêt au soutien de l'autorité civile, parce qu'ils ont eux-mêmes la plus grande part de cette autorité, alors une armée de troupes réglées ne peut jamais être dangereuse pour la liberté. (RDN, V, I, p. 329)

De par le climat de sécurité qu'elle donne, l'armée peut même être « favorable à la liberté », en permettant l'exercice de « l'autorité tout entière du gouvernement », la quiétude et la sérénité du souverain (ce qui « le débarrasse de cette défiance inquiète et jalouse qui, dans quelques républiques modernes, semble épier jusqu'aux moindres de ces actions », *ibid.*, p. 329), la « tranquillité du citoyen » et la « sûreté du magistrat [...] mise en péril à chaque mécontentement populaire ; lorsqu'un léger tumulte est capable d'entraîner en peu d'instants une grande révolution. » (*ibid.*, p. 330).

L'administration de la Justice s'inscrit, également, comme une condition au bon fonctionnement du « système de la liberté naturelle », en tant qu'elle permet la protection des personnes, la propriété et la possession[10], et la garantie des droits personnels et des obligations contractées entre les citoyens[11].

---

les États ne l'ont pas toujours eue, même quand ils se sont vus dans une situation où la conservation de leur existence exigeait qu'ils l'eussent. » (*ibid.*, p. 319)

10   « Ce n'est que sous l'égide du magistrat civil que le possesseur d'une propriété précieuse, acquise par le travail de beaucoup d'années ou peut-être de plusieurs générations successives, peut dormir une seule nuit avec tranquillité » face à « l'envie, le ressentiment ou la méchanceté » susceptibles d'animer « une foule d'ennemis inconnus », « contre l'injustice desquels il ne saurait être protégé que par le bras puissant de l'autorité civile sans cesse levé pour les punir. Ainsi, l'acquisition d'une propriété d'un certain prix et d'une certaine étendue exige nécessairement l'établissement d'un gouvernement civil. » (*ibid.*, p. 332)

11   « Lorsque la loi ne protège pas l'exécution des contrats [ici, financiers], elle met alors tous les emprunteurs dans une condition équivalente à celle de banqueroutiers ou d'individus

> Si une nation ne pouvait prospérer sans la jouissance d'une parfaite liberté et
> d'une parfaite justice, il n'y a pas au monde une seule nation qui eût jamais
> pu prospérer. (RDN, IV, IX, p. 294)

Et dans un contexte d'opulence, où les richesses s'accumulent et les inégalités s'accroissent, la défense de la propriété devient un des éléments centraux de la préservation de la prospérité, donc de la cohésion nationale : i) parce que le destin de la nation dépend de la protection des conditions de l'exercice de la liberté personnelle (l'amour de la patrie étant un sentiment dérivé de l'amour de soi-même) et de la régulation des « passions qui portent à envahir la propriété » et menacent, ainsi, la société[12] ; « ce gouvernement civil [étant] indispensablement nécessaire pour que la société elle-même puisse se conserver » (RDN, V, I, p. 337) ; ii) car elle permet la richesse de la nation en garantissant l'accomplissement de la dynamique vertueuse de l'enrichissement illimité et de l'accumulation du capital (*cf. supra*) :

> Dans tous les pays où les personnes et les propriétés sont un peu protégées,
> tout homme ayant ce qu'on appelle le sens commun, cherchera à employer
> le fonds accumulé qui est à sa disposition, quel qu'il soit, de manière à en
> retirer, ou une jouissance pour le moment, ou un profit pour l'avenir [...]
> Dans un pays qui jouit de quelque sécurité, il faut qu'un homme soit tout à
> fait hors de son bon sens, pour qu'il n'emploie pas, de l'une ou de l'autre de
> ces [...] manières, tout le fonds accumulé qui est à sa disposition, soit qu'il
> l'ait en propre, soit qu'il l'ait emprunté d'un tiers. (RDN, II, I, p. 364-365)

---

sans crédit [...] Lorsque la loi défend toute espèce d'intérêt [financier], elle ne l'empêche pas. » (RDN, I, IX, p. 169). Ou encore : « Dans le principe, les *cours de loi* n'accordaient pour infraction de contrat que des dommages-intérêts [compensatoires, Ph.G.] seulement. La *cour de chancellerie*, comme cour de conscience, fut la première qui prit sur elle de contraindre à l'exécution formelle des simples conventions [par des dommages et intérêts moratoires, Ph.G.] » (RDN, V, I, p. 343, Smith souligne).

12 « Partout où il y a de grandes propriétés, il y a une grande inégalité de fortunes. Pour un homme très riche, il faut qu'il y ait au moins cinq cents pauvres ; et l'abondance où nagent quelques-uns suppose l'indigence d'un grand nombre. L'abondance dont jouit le riche provoque l'indignation du pauvre, et celui-ci, entraîné par le besoin et excité par l'envie, cède souvent au désir de s'emparer des biens de l'autre. Ce n'est que sous l'égide du magistrat civil que le possesseur d'une propriété précieuse [...] peut dormir avec tranquillité [...] Ainsi, l'acquisition d'une propriété d'un certain prix et d'une certaine étendue exige nécessairement l'établissement d'un gouvernement civil. Là où il n'y a pas de propriété, ou au moins de propriété qui excède la valeur de deux ou trois journées de travail, un gouvernement civil n'est pas aussi nécessaire. » (*ibid.*, p. 332-333).

Et pour que cette Justice puisse être rendue avec impartialité et équité (*ibid.*, p. 339), donc avec efficacité du point de vue de la « société de liberté naturelle », il y a nécessité, afin de limiter l'arbitraire et d'empêcher les abus, dans la lignée de Locke et de Montesquieu, d'une séparation des pouvoirs :

> La séparation du pouvoir judiciaire d'avec le pouvoir exécutif est provenue, dans l'origine, à ce qu'il semble, de la multiplication des affaires de la société, en conséquence des progrès de la civilisation [...] c'est sur une administration impartiale de la justice que reposent la liberté individuelle de chaque citoyen, le sentiment qu'il a de sa propre sûreté. Pour faire que chaque individu se sente parfaitement assuré dans la possession de chacun des droits qui lui appartiennent, non seulement il est nécessaire que le pouvoir judiciaire soit séparé du pouvoir exécutif, mais il faut même qu'il en soit rendu aussi indépendant qu'il est possible. Il faut que le juge ne soit pas sujet à être déplacé de ses fonctions, d'après la décision arbitraire du pouvoir exécutif ; il faut encore que le paiement régulier de son salaire ne dépende pas de la bonne volonté ni même de la bonne économie de ce pouvoir. (RDN, V, I, p. 344-345)

Comme la Défense et la Justice, l'Éducation, tant « l'éducation de la jeunesse » (*ibid.*, p. 384-413) que « l'instruction des personnes de tout âge » (*ibid.*, p. 413-442) participe au maintien et à la fortitude de l'État de droit en permettant la stabilité du pouvoir, laquelle contribue à « l'avantage commun de toute la société » (*ibid.*, p. 443) :

> Quand même l'État n'aurait aucun avantage positif à retirer de l'instruction des classes inférieures du peuple, il n'en serait pas moins digne de ses soins qu'elles ne fussent pas totalement dénuées d'instruction. Toutefois, l'État ne retirera pas de médiocres avantages de l'instruction qu'elles auront reçue. Plus elles seront éclairées, et moins elles seront sujettes à se laisser égarer par la superstition et l'enthousiasme, qui sont chez les nations ignorantes les sources ordinaires des plus affreux désordres. *D'ailleurs, un peuple instruit et intelligent est toujours plus décent dans sa conduite et mieux disposé à l'ordre, qu'un peuple ignorant et stupide.* (RDN, V, I, p. 412, nous soulignons)

Et cette fonction de restitution d'ordre est particulièrement importante dans un contexte de division du travail, source d'appauvrissement intellectuel et culturel d'une grande partie du « corps de la nation », singulièrement du travailleur parcellaire, dont « la dextérité dans son métier particulier est une qualité qu'il semble avoir acquise aux dépens de ses qualités intellectuelles, de ses vertus sociales » (*ibid.*, p. 406), qui sont autant de facteurs d'instabilité politique et de dégénération de la société :

> Dans certaines circonstances, l'état de la société est tel qu'il place nécessairement la plus grande partie des individus dans des situations propres à former naturellement en eux, sans aucuns soins de la part du gouvernement, presque toutes les vertus et les talents qu'exige ou que peut comporter peut-être cet état de la société. Dans d'autres circonstances [celle de la division du travail, Ph.G.], l'état de la société est tel qu'il ne place pas la plupart des individus dans de pareilles situations, et il est indispensable que le gouvernement prenne quelques soins pour empêcher la dégénération et la corruption presque totale du corps de la nation [...]. Or, cet état est celui dans lequel l'ouvrier pauvre, c'est-à-dire la masse du peuple, doit tomber nécessairement dans toute société civilisée et avancée en industrie, à moins que le gouvernement ne prenne des précautions pour prévenir ce mal. (RDN, V, I, p. 405-406)

Ici, Smith est confronté à un problème inédit pour lui, une contradiction interne à son raisonnement. Jusqu'à présent, l'État, par ses fonctions régaliennes (Défense, Justice), n'opérait qu'en réponse aux défaillances de l'intérêt privé, il agissait là où l'initiative individuelle ne pouvait intervenir, dans le « système de la liberté naturelle » où la fonction *économique* de la division du travail (telle que contenue dans le Livre I, *cf. supra*) était au centre de l'amélioration du bien-être (*i.e.* l'opulence). Avec l'Éducation, il souligne, dans le Livre V, le caractère déshumanisant de cette « même » division du travail, autrement dit ses conséquences *(in)humaines*, les vertus économiques de la division du travail entrant « soudainement » en conflit avec la perte des vertus civiques qu'elle provoque chez les individus. Partant, les propositions de Smith en terme d'éducation revêtent, principalement, des finalités éthiques et morales et non économiques (l'accumulation du capital humain, par exemple), en lien avec l'humanisme civique, où la liberté et la plénitude de l'homme résident dans sa participation à la vie civique, ce qui nécessite des capacités intellectuelles et morales, en termes d'autonomie et d'humanité, à le faire. Or ces dernières ne peuvent être exclusivement motivées par l'utilité et régulées par le juridique, et s'inscrivent en « porte à faux » avec « l'engourdissement des facultés morales » (*ibid.*, p. 406) résultant de la division du travail. Dans ce cadre, le courage et la volonté de servir l'intérêt général se heurtent à la spontanéité des intérêts personnels, et « la masse du peuple » voit s'estomper les caractères les plus nobles du caractère humain :

> Dans les progrès que fait la division du travail, l'occupation de la très majeure partie de ceux qui vivent de travail, c'est-à-dire de la masse du peuple, se borne à un très petit nombre d'opérations simples, très souvent à une ou deux. Or, l'intelligence de la plupart des hommes se forme nécessairement par leurs occupations ordinaires. Un homme qui passe toute sa vie à remplir un petit nombre d'opérations simples [...] n'a pas lieu de développer son intelligence ni d'exercer son imagination [et] l'engourdissement de ses facultés morales le rend [...] incapable d'éprouver aucune affection noble, généreuse ou tendre et, par conséquent, de former aucun jugement un peu juste sur la plupart des devoirs même les plus ordinaires de la vie privée. Quant aux grands intérêts, aux grandes affaires de son pays, il est totalement hors d'état d'en juger, et à moins qu'on n'ait pris quelques peines très particulières pour l'y préparer, il est également inhabile à défendre son pays à la guerre ; l'uniformité de sa vie sédentaire corrompt naturellement et abat son courage [...] ; elle affaiblit même l'activité de son corps, et le rend incapable de déployer sa force avec quelque vigueur et quelque constance, dans tout autre emploi que celui pour lequel il a été élevé. (RDN, V, I, p. 406)

Dès lors, « dans toute société civilisée et avancée en industrie », cette situation, où « tous les plus nobles traits du caractère de l'homme [sont] effacés et anéantis dans le corps de la nation » (*ibid.*, 408), va affecter « la masse du peuple », « à moins que le gouvernement ne prenne des précautions pour prévenir ce mal » (*ibid.*, p. 406). C'est par l'éducation publique, qui œuvre à la pratique des vertus civiques fondamentales, que l'État doit opérer, prioritairement pour les gens du peuple[13] qui « n'ont guère de temps de reste à mettre à leur éducation » et qui « aussitôt qu'ils sont en état de travailler [...] s'adonnent à quelque métier pour gagner leur subsistance », des métiers « simples et uniformes » (*ibid.*, p. 408-409), contrairement aux « gens bien nés » qui exercent des professions « extrêmement compliquées et de nature à exercer leur tête plus que leurs mains [qui] ne sont guère de nature à les enchaîner du matin au soir », leur laissant des « moments de loisirs pendant lesquels ils peuvent se perfectionner dans toute branche de connaissances

---

13   « L'éducation de la foule du peuple, dans une société civilisée et commerçante, exige peut-être davantage les soins de l'État que celle des gens mieux nés et qui sont dans l'aisance [qui] ont, en général, dix-huit ou dix-neuf ans avant d'entrer dans les affaires, dans la profession ou le genre de commerce qu'ils se proposent d'embrasser. Ils ont avant cette époque tout le temps d'acquérir, ou au moins de se mettre dans le cas d'acquérir par la suite toutes les connaissances qui peuvent leur faire obtenir l'estime publique ou les en rendre dignes ; leurs parents ou tuteurs sont assez jaloux, en général, de les voir ainsi élevés, et sont le plus souvent disposés à faire toute la dépense qu'il faut pour y parvenir. » (*ibid.*, p. 408)

DE LA SPONTANÉITÉ AU «SYSTÈME DE LA LIBERTÉ NATURELLE» 67

utiles ou agréables » (*ibid.*, p. 408), alors que le travail parcellisé est « si dur et si constant », qu'il ne laisse aux ouvriers « guère de loisir, encore moins de disposition à s'appliquer, ni même à penser à aucune autre chose.» (*ibid.*, p. 409), fondement du concept marxien d'aliénation[14]. Outre, l'enseignement des « parties les plus essentielles de l'éducation, lire, écrire et compter » que « l'État peut faciliter et encourager », voire « imposer », en s'inspirant des « écoles de paroisse » écossaises, *quasi* gratuites[15], au sein desquelles « le maître est en partie, mais non en totalité, payé par l'État, parce que, s'il l'était en totalité ou même pour la plus grande partie, il pourrait bientôt prendre l'habitude de négliger son métier[16] » (*ibid.*, p. 409), le gouvernement doit être vigilent sur le

---

14 « On admet [chez "les économistes" comme Smith, Say, Mill] que la division du travail provoque l'appauvrissement et la dégradation de l'activité individuelle », et Marx d'ajouter : « *Division du travail* et *échange* sont les deux *phénomènes* qui font que l'économiste tire vanité du caractère social de sa science et que, inconsciemment, il exprime d'une seule haleine la contradiction de sa science, la fondation de la société par l'intérêt privé asocial. » (K. Marx, *Manuscrits de 1844, op. cit.*, p. 118, Marx souligne).

15 « L'État peut faciliter l'acquisition de ces connaissances, en établissant dans chaque paroisse ou district une petite école où les enfants soient instruits pour un salaire si modique, que même un simple ouvrier puisse le donner » (*ibid.*, p. 409).

16 Cette logique d'une rémunération désincitative s'applique également aux universités, dès lors que le salaire (traitement) est basé sur les heures dispensées et non sur la qualité de l'enseignement, ou, plus généralement, l'absence de rémunération en fonction des résultats, ce qui détruit à terme la motivation à bien faire tout travail : « Dans d'autres universités, il est interdit au maître de recevoir aucun honoraire ou rétribution de ses élèves, et son traitement annuel constitue la totalité du revenu de sa place. Dans ce cas, son intérêt se trouve mis en opposition aussi directe que possible avec son devoir. L'intérêt de tout homme est de passer sa vie à son aise le plus qu'il peut, et si ses émoluments doivent être exactement les mêmes, soit qu'il remplisse ou non quelque devoir pénible, c'est certainement son intérêt [...], ou de négliger tout à fait ce devoir, ou bien, s'il est sous les yeux de quelque autorité qui ne lui permette pas d'agir ainsi, de s'en acquitter avec toute l'inattention et toute l'indolence que cette autorité voudra lui permettre. » (*ibid.*, p. 386) d'autant que « Si l'autorité à laquelle il est assujetti réside dans la corporation, le collège ou l'université dont il est membre lui-même, et dont la plupart des autres membres sont, comme lui, des personnes qui enseignent ou qui devraient enseigner, il est probable qu'ils feront tous cause commune pour se traiter réciproquement avec beaucoup d'indulgence, et que chacun consentira volontiers à ce que son voisin néglige ses devoirs, pourvu qu'on lui laisse aussi de son côté la faculté de négliger les siens. Il y a déjà plusieurs années qu'à l'université d'Oxford la plus grande partie des professeurs publics ont abandonné totalement jusqu'à l'apparence même d'enseigner » (*ibid.*, p. 386-387); les universités françaises n'étant pas, dans l'appréciation de Smith, mieux loties : « Il n'y a personne qui ait observé pendant quelque temps l'administration d'une université française, qui n'ait eu occasion de remarquer les [mêmes] effets inévitables [...] Tout ce qui oblige un certain nombre d'étudiants à rester à un collège ou à une université, indépendamment du mérite ou de la réputation des maîtres, tend plus ou moins à rendre

contenu de l'enseignement, afin qu'« au lieu de montrer aux enfants du peuple à balbutier quelques mots de latin [...] ce qui ne peut jamais leur être bon à rien », on leur enseigne « les premiers éléments de la géométrie et de la mécanique », susceptibles d'être appliqués dans l'exercice de leurs futurs métiers, et grâce auxquels ils pourraient « se perfectionner dans ces principes qui sont l'introduction nécessaire aux sciences les plus sublimes, ainsi que les plus utiles[17]. » (*ibid.*, p. 409-410). L'État peut, en outre, encourager, par l'octroi de bourses au mérite[18], les meilleurs enfants du peuple, et l'ensemble de la masse du peuple, par la délivrance de diplômes nationaux dans un contexte de scolarité obligatoire[19]. Il s'agit, en définitive, d'un véritable plaidoyer de Smith en faveur d'une éducation publique faisant appel à l'aide de l'État pour les bâtiments, mais laissant la rémunération des maîtres dépendre, principalement, des frais de scolarité (afin de maintenir une incitation, pour les maîtres, à s'améliorer, *cf. supra*), délivrant des diplômes d'État (et non par l'Eglise assortis, souvent, de limitations strictes de la part des testateurs), dont le but premier est de lutter contre toute espèce de « mutilation morale » (*ibid.*, p. 412), autrement dit de restaurer les vertus

---

ce mérite ou cette réputation moins nécessaire » et de conclure : « Quand les privilèges des gradués dans les arts, dans le droit, dans la médecine et dans la théologie peuvent s'obtenir seulement par une résidence d'un certain nombre d'années dans les universités, ils entraînent nécessairement une quantité quelconque d'étudiants dans ces universités, indépendamment du mérite ou de la réputation des maîtres. » (*ibid.*, p. 387-388).

17 Dans l'esprit de Smith, l'éducation n'a pas pour fonction *première* de former les individus pour le marché du travail, mais d'en faire des citoyens. Dès lors, l'État doit être garant du travail scientifique de production et de diffusion des savoirs, même si ceux-ci ne sont pas en prise directe avec les besoins de l'économie ou ceux du marché : « S'il n'y avait pas d'institutions publiques pour l'éducation, alors il ne s'enseignerait aucune science, aucun système ou cours d'instruction dont il n'y eût quelque demande, c'est-à-dire aucun que les circonstances du temps ne rendissent ou nécessaire, ou avantageux, ou convenable d'apprendre. » (*ibid.*, p. 404). Ce positionnement n'est pas sans lien avec le débat actuel relatif à l'Économie du savoir, l'économie de la connaissance compétitive, facteur d'une croissance durable. À ce propos, *cf.* Ch. Granger, *La destruction de l'université française*, Paris, La Fabrique éditions, 2015, et B. Readings, *Dans les ruines de l'université*, Montréal, Lux Éditeur, 2013.

18 « L'État peut encourager l'acquisition de ces parties les plus essentielles de l'éducation, en donnant de petits prix ou quelques petites marques de distinction aux enfants du peuple qui y excelleraient. » (*ibid.*, p. 410)

19 « L'État peut imposer à presque toute la masse du peuple l'obligation d'acquérir ces parties de l'éducation les plus essentielles, en obligeant chaque homme à subir un examen ou une épreuve sur ces articles avant de pouvoir obtenir la maîtrise dans une corporation, ou la permission d'exercer aucun métier ou commerce dans un village ou dans une ville incorporée. » (*ibid.*, p. 410)

intellectuelles, sociales, civiques et « martiales » (*ibid.*, p. 410-412) afin de former des citoyens libres, respectueux des coutumes, des lois et du gouvernement lui-même :

> Chez un peuple instruit et intelligent, chaque individu a plus le sentiment de ce qu'il vaut et des égards qu'il a droit d'attendre de ses supérieurs légitimes, par conséquent il est plus disposé à les respecter. (RDN, V, I, p. 412)

capables de faire des choix politiques en toute connaissance de cause, prémisses d'une plus grande représentativité démocratique du peuple :

> Le peuple instruit et intelligent est plus en état d'apprécier les plaintes intéressées des mécontents et des factieux ; il est plus capable de voir clair au travers de leurs déclamations ; par cette raison, il est moins susceptible de se laisser entraîner dans quelque opposition indiscrète ou inutile contre les mesures du gouvernement. (*ibid.*)

L'ACTION ÉCONOMIQUE DE L'ÉTAT
Des travaux et services publics aux impôts et à la régulation bancaire

Simultanément à l'exercice de ses fonctions (régaliennes) de restitution d'ordre par la Défense, la Justice et l'Enseignement, l'État doit mener une *action économique*, troisième devoir du souverain ou de la république, c'est-à-dire « élever et entretenir ces ouvrages et ces établissements publics dont une grande société retire d'immenses avantages, mais qui sont néanmoins de nature à ne pouvoir être entrepris ou entretenus par un ou par quelques particuliers, attendu que, pour ceux-ci, le profit ne saurait jamais leur en rembourser la dépense » (RDN, V, I, p. 345). La finalité de ces « dépenses qu'exigent les Travaux et Établissements publics » (*ibid.*) est de nature différente des fonctions régaliennes précédentes, en ce sens que ces investissements et ces services publics (collectifs), destinés à « faciliter le commerce de la société » (*ibid.*), ont pour fonction de pallier les insuffisances, voire les manques, de l'initiative individuelle à stimuler la création de certaines richesses nécessaires à l'intérêt général (*i.e.* l'opulence), nouvelle manifestation des limites de l'efficacité de la spontanéité individuelle à rendre « simple et facile » le « système de la liberté naturelle ».

Smith recense, en premier lieu, ces « travaux et établissements propres à faciliter le commerce de la société » :

> Il est évident, sans qu'il soit besoin de preuve, que l'établissement et l'entretien des ouvrages publics qui facilitent le commerce d'un pays, tels que les grandes routes, les ponts, les canaux navigables, les ports, etc., exigent nécessairement des degrés de dépense, qui varient selon les différentes périodes où se trouve la société. (RDN, V, I, p. 346)

pour, aussitôt, poser le problème du financement de ces investissements et dépenses de travaux publics, qui va conditionner la nature de ces biens :

> Il ne paraît pas nécessaire que la dépense de ces ouvrages publics soit défrayée par ce qu'on appelle communément le *revenu public*, celui dont la perception et l'application sont, dans la plupart des pays, attribuées au pouvoir exécutif. La plus grande partie de ces ouvrages peut aisément être régie de manière à fournir un revenu particulier suffisant pour couvrir leur dépense, sans grever d'aucune charge le revenu commun de la société. (*ibid.*, Smith souligne)

La réponse de Smith est que ces infrastructures doivent être financées par des péages appropriés, payés, principalement, par les usagers[20], proportionnels à l'usage[21] selon la logique « utilisateur payeur », prémisses des modèles d'internalisation des coûts externes et de tarification au coût marginal social[22], l'éventuelle part restante étant financée par

---

20 « une grande route, un pont, un canal navigable, par exemple, peuvent le plus souvent être construits et entretenus avec le produit d'un léger droit sur les voitures qui en font usage ; un port, par un modique droit de port sur le tonnage du vaisseau qui y fait son chargement ou son déchargement. » (*ibid.*)

21 « Quand les voitures qui passent sur une grande route ou sur un pont, ou les bateaux qui naviguent sur un canal, paient un droit proportionné à leurs poids ou à leur port, ils paient alors l'entretien de ces ouvrages publics, précisément dans la proportion du déchet qu'ils y occasionnent […] Quand cette même taxe sur les voitures de luxe, sur les carrosses, chaises de poste, etc., se trouve être de quelque chose plus forte, à proportion de leur poids, qu'elle ne l'est sur les voitures d'un usage nécessaire, telles que les voitures de roulier, les chariots, etc., alors l'indolence et la vanité du riche se trouvent contribuer d'une manière fort simple au soulagement du pauvre, en rendant à meilleur marché le transport des marchandises pesantes dans tous les différents endroits du pays. » (*ibid.*, p. 347)

22 Selon cette approche, les prix (du transport, par exemple) doivent être égaux au coût supplémentaire à court terme créé par un utilisateur additionnel de l'infrastructure, et la tarification au coût social marginal (*i.e.* le coût privé directement lié à l'utilisation des

des ressources locales où leurs exploitations sont circonscrites, cette décentralisation permettant de rationaliser les dépenses (*i.e.* éviter, par exemple, les projets disproportionnés)[23], ou financée par le produit général des impôts (dans le cas de « la poste aux lettres », par exemple, *ibid.*, p. 346-347).

Ces biens sont, donc, en premier lieu, des biens *collectifs*, dès lors qu'ils sont indivisibles, que leurs coûts de production ne peut être imputé à un individu en particulier, et que leur consommation respecte la propriété de *non-rivalité*, puisqu'ils peuvent être consommés simultanément par plusieurs personnes sans que la quantité consommée par l'une diminue les quantités disponibles pour les autres (à la réserve de la saturation ou de l'encombrement près), donc que le coût marginal d'un usage supplémentaire est nul. Par contre, dans l'esprit de Smith, la consommation de ces biens est rendue *exclusive* (*i.e.* la possibilité d'exclure de l'usage un utilisateur), puisque seules les personnes qui s'acquittent d'un « droit ou taxe » (*ibid.*, p. 347) peuvent les utiliser, autrement dit le système de péage s'apparente à un dispositif de contrôle d'accès permettant d'assurer l'exclusivité de ces biens, ceux-ci devenant des biens de club, ou biens à péage[24].

Ces infrastructures, qui facilitent le transport et le commerce de marchandises, permettent l'extension de la taille du marché, donc

---

infrastructures + les coûts externes, perte de temps pour les autres utilisateurs, pollution, *etc.*) conduit à une utilisation plus efficace de l'infrastructure existante. En outre, puisque l'utilisateur paie pour le coût supplémentaire qu'il impose à la société (*i.e.* « la proportion du déchet qu'ils occasionnent », « le déchet que son passage occasionne » pour Smith, *ibid.*, p. 347, 351), une telle tarification contribue à l'équité entre les usagers et les non-utilisateurs (d'autant que « si ce droit ou taxe est avancé par le voiturier, il est toujours payé en définitive par le consommateur, qui s'en trouve chargé dans le prix de la marchandise », *ibid.*) et établit un lien direct entre l'utilisation de ressources communes et le paiement selon le principe «pollueur payeur » ou de « l'utilisateur payeur ».

23 « Lorsque les grandes routes, les ponts, les canaux, etc., sont ainsi construits et entretenus par le commerce même qui se fait par leur moyen, alors ils ne peuvent être établis que dans les endroits où le commerce a besoin d'eux et, par conséquent, où il est à propos de les construire. La dépense de leur construction, leur grandeur, leur magnificence, répondent nécessairement à ce que ce commerce peut suffire à payer. Par conséquent, ils sont nécessairement établis comme il est à propos de les faire. Dans ce cas, il n'y aura pas moyen de faire ouvrir une magnifique grande route dans un pays désert, qui ne comporte que peu ou point de commerce, simplement parce qu'elle mènera à la maison de campagne de l'intendant de la province ou au château de quelque grand seigneur » (*ibid.*, p. 347-348).

24 Pour une précision des termes, *cf.* A. Beitone, « Biens publics, biens collectifs, Pour tenter d'en finir avec une confusion de vocabulaire », *Revue du MAUSS permanente*, 22 avril 2014.

l'intensification de la division du travail et, par là-même, favorisent l'opulence, ne nécessitent pas les mêmes niveaux d'exigence quant à leurs entretiens respectifs, ce qui n'est pas sans incidence sur le choix des systèmes d'exploitation :

> Un grand chemin, quoique entièrement négligé, ne devient pas pour cela absolument impraticable, comme le serait un canal. Par conséquent, les propriétaires des droits perçus sur une route pourraient négliger totalement les réparations, et cependant continuer de lever, à très peu de chose près, les mêmes droits. Il est donc à propos que les droits destinés à l'entretien d'un ouvrage de ce genre soient mis sous la direction de commissaires ou de préposés. (RDN, V, I, p. 348-349)

Autrement dit, les services publics ont pour mission de prendre en charge certaines des activités d'exploitation et d'entretien nécessaires au bon usage de ces équipements, donc, là encore, suppléent les insuffisances de l'intérêt privé face à l'accomplissement de l'intérêt général, même s'il convient de corriger les « abus commis par les préposés à la régie de ces produits » (*ibid.*, p. 349), en étant vigilant sur les recrutements et les conditions de travail d'agents dévoués exclusivement à ces missions[25] (*ibid.*, p. 349-351), soit « une administration particulière » (*ibid.*, p. 354), et sur l'affectation des produits des péages :

> une taxe sur les voitures, proportionnée à leur poids, quoiqu'elle soit son impôt très légal quand son produit n'est appliqué à aucun autre objet qu'à la réparation des routes, devient un impôt très illégal dès qu'on en applique le produit à une autre destination ou aux besoins généraux de l'État. (RDN, V, I, p. 350)

Alors que Smith avait affirmé, avec évidence, à la fin du Livre IV (*Ibid.*, p. 308-309), que seuls « trois devoirs [...] clairs, simples et à la portée d'une intelligence ordinaire » devaient être remplis par le souverain dans « le système de la liberté naturelle », ses fonctions régaliennes et les investissements publics que nous venons de voir, ils sont, en fait, quatre, puisque Smith, dans le Livre II de la RDN, démontre avec force la nécessité d'une régulation étatique dans le domaine bancaire,

---

25 « Si la pauvreté et la basse condition des préposés à l'entretien des routes empêchent aujourd'hui qu'on ne puisse aisément leur faire réparer les fautes de leur administration, dans le cas que l'on suppose ici, leur richesse et leur importance rendraient la chose dix fois plus facile. » (*ibid.*, p. 351).

par l'instauration de « règlements » qui ne sont rien moins, pour lui, qu'« une atteinte manifeste à cette liberté naturelle que la loi a pour objet principal de protéger et non pas d'enfreindre. » (RDN, II, II, p. 410). De quoi s'agit-il ?

Témoin de la crise bancaire écossaise de 1765 (*ibid.*, p. 412) puis, surtout, de la banqueroute de l'*Ayr Bank* en 1772[26], à laquelle furent associés certains de ses proches, et en référence à l'une des interdictions, celle des petites coupures (« de 10 et 5 schellings », *ibid.*), issue de l'acte bancaire écossais de 1765, destinée à protéger les agents contre l'insolvabilité des banques, Smith s'interroge sur le fonctionnement (et les dérives) du système bancaire[27]. Après avoir souligné le rôle des banques dans le développement économique[28], dès lors qu'elles permettent le « soutien de l'industrie » (*ibid.*, p. 379), il relève, en premier lieu, les dangers de l'émission et de l'escompte de titres (*i.e.* les lettres de change) et de la surliquidité lorsque « la proportion dans laquelle la somme d'argent en circulation dans un pays » excède sa capacité d'absorption, c'est-à-dire « la valeur totale du produit annuel » (*ibid.*, p. 379), sachant que « la masse totale de papier-monnaie de toute espèce qui peut circuler sans inconvénient dans un pays ne peut jamais excéder la valeur de la monnaie d'or et d'argent dont ce papier tient la place, ou qui y circulerait (le commerce étant supposé toujours le même) s'il n'y avait pas de papier-monnaie. » (*ibid.*, p. 383).

Ce premier problème se situe, donc, dans la surabondance de papier, lorsqu'il y a « plus de ce papier que n'en exigent les affaires » (*ibid.*, p. 384), ou que « le papier obstrue la circulation » (*ibid.*, p. 385), provoquant, alors, chez les particuliers, une défiance contagieuse (*i.e.* un « *run* ») poussant « beaucoup de gens » à aller « aussitôt en demander aux banques le remboursement [...] pour y être échangé en or ou en

---

26 *cf.* à ce propos l'échange de lettres entre Smith et Hume (Smith, 1987, p. 162-167, par exemple).

27 « Les banques d'Écosse, sans nul doute, payent toutes fort chèrement, leur propre défaut de prudence et d'attention ; mais la banque d'Angleterre payait très chèrement non seulement sa propre imprudence, mais encore l'imprudence beaucoup plus grande de presque toutes les banques d'Écosse. » (*ibid.*, p. 387). Enfin, n'oublions pas que John Law (le « fameux Law », *ibid.*, p. 403) était, également, écossais.

28 « On ne saurait cependant douter que le commerce et l'industrie n'aient fait en Écosse [...] des progrès très considérables, et que les banques n'aient beaucoup contribué à ces progrès. » (*ibid.*, p. 380) et, plus loin : « Si les opérations les plus sages des banques peuvent augmenter l'industrie dans un pays, ce n'est pas qu'elles y augmentent le capital, mais c'est qu'elles rendent active et productive une plus grande part de ce capital que celle qui l'aurait été sans elle. » (*ibid.*, p. 406).

argent » (*ibid.*, p. 384), d'où la nécessité, pour les banques, de respecter des « ratios » d'endettement et de liquidité[29].

Un deuxième problème vient de l'évaluation de la réputation et de la crédibilité des emprunteurs (*i.e.* le risque de contrepartie) et des projets à financer (*ibid.*, p. 393), qui n'est pas sans lien avec le point précédent :

> *The over-trading of some bold projectors in both parts of the united kingdom, was the original cause of this excessive circulation of paper money* (WON, II, II, p. 243)

> « La cause originaire de cette émission surabondante de papier-monnaie, ce furent les entreprises immodérées de quelques faiseurs de projets » (RDN, II, II, p. 387)

En effet, alors que « les compagnies de banque écossaises furent pendant longtemps très attentives à exiger de tous leurs correspondants des remboursements fréquents et réguliers et [à évaluer] la fortune ou le crédit d'une personne », permettant à la banque d'être « en état de porter un jugement assez certain sur la bonne ou mauvaise situation des affaires de ses débiteurs » (*ibid.*, p. 389), l'élargissement de l'accessibilité au crédit a conduit à un accroissement de l'asymétrie d'information entre prêteurs et emprunteurs (*i.e.* un desserrement des affaires dans des bornes moins raisonnables, pour reprendre la terminologie de Smith, *ibid.*, p. 384), facteur de sélection adverse[30] et de mésestimation des risques et de leur traçabilité :

> une banque qui prête de l'argent à peut-être cinq cents personnes différentes, dont la plus grande partie ne peut être que très peu connue des directeurs, n'est vraisemblablement pas dans le cas de choisir plus judicieusement ses débiteurs, que ne le fera un particulier qui prête son argent dans un petit cercle de gens de sa connaissance, et à ceux en qui il voit une conduite sage et économe qui lui donne de justes motifs de confiance. (*ibid.*, p. 402)

---

29   « les dépenses qui sont particulières à une maison de banque consistent principalement en deux articles : 1° la dépense qu'il en coûte pour tenir constamment dans sa caisse, afin de faire face aux demandes éventuelles des porteurs de billets, une grosse somme d'argent dont on perd l'intérêt ; 2° la dépense qu'il en coûte pour remplir la caisse sur-le-champ, à mesure qu'elle se vide en satisfaisant à ces demandes. » (*ibid.*, p. 384).

30   « les débiteurs [...] ne seraient vraisemblablement, pour la plupart, que des gens à projets chimériques, des tireurs de lettres de change circulantes, n'empruntant d'argent que pour l'employer en entreprises extravagantes [au détriment] des débiteurs sages et économes [qui] seraient vraisemblablement disposés à employer l'argent par eux emprunté à des entreprises prudentes, proportionnées à leurs capitaux, et qui, tout en tenant moins du grand et du merveilleux, auraient offert plus de solidité et plus de bénéfice, qui auraient rendu avec un gros profit tout ce qu'on y aurait versé, et qui ainsi auraient fourni un fonds capable d'entretenir une beaucoup plus grande quantité de travail » (*ibid.*, p. 402-403).

D'où une montée des comportements spéculatifs, par des effets de cavalerie ou de montage pyramidal (*i.e.* le système *ponzi*), où des transactions artificielles sur titres, c'est-à-dire l'échange continu de traites entre opérateurs (« on appela cette manœuvre faire de l'argent par circulation », *ibid.*, p. 395), permet d'augmenter artificiellement leurs valeurs :

> sur le refus que les banques firent d'étendre leurs crédits [face à des emprun-teurs et des projets peu crédibles, Ph.G.], quelques-uns de ces spéculateurs recoururent à un expédient qui remplit pour un temps leurs vues, à plus grands frais à la vérité, mais d'une manière aussi efficace qu'eût pu le faire l'extension la plus immodérée des crédits de la banque. Cet expédient n'était autre chose que la pratique bien connue de renouveler ces traites, c'est-à-dire, de tirer successivement des lettres de change l'un sur l'autre, pratique à laquelle ont quelquefois recours de malheureux négociants quand ils sont aux bords de la banqueroute. (*ibid.*, p. 393)

Et cette technique sape les mécanismes de confiance et de trans-parence, pour rendre *quasi* irréductible l'asymétrie informationnelle :

> Quand deux particuliers qui ont ainsi à tirer réciproquement des lettres de change successives l'un sur l'autre les font escompter toujours chez le même banquier, il découvre nécessairement leur manège, et s'aperçoit clairement qu'ils trafiquent avec les fonds qu'il leur avance, et non avec aucun capital qui soit à eux en propre. Mais cette découverte n'est pas tout à fait aussi aisée à faire quand ils font escompter leurs lettres de change tantôt chez un banquier, tantôt chez un autre, et quand ce ne sont pas les deux mêmes personnes qui tirent constamment et successivement l'une sur l'autre, mais que leur manœuvre roule entre un grand cercle de faiseurs de projets [...] qui s'arrangent entre eux en conséquence pour qu'il soit aussi difficile que possible de distinguer une lettre de change sérieuse ; de reconnaître celle qui est tirée par un vrai créancier sur un vrai débiteur, d'avec celle dont il n'y a véritablement de créancier réel que la banque qui l'a escomptée, et de débiteur réel que le faiseur de projets, qui se sert de l'argent. (*ibid.*, p. 397)

tout en amplifiant l'interconnexion des bilans bancaires (« ces paie-ments ne faisaient que mettre dans un des coffres de la banque ce qu'on venait d'ôter de l'autre », *ibid.*, p. 399), accroissant ainsi les phénomènes de contagion, « cercle fatal » dont les banques ne peuvent sortir sans « s'exposer à des pertes considérables, et peut être même aussi [...] compromettre leur crédit. » (*ibid.*, p. 401).

Nous sommes loin, ici, du « système *simple* et *facile* de la liberté naturelle » (*cf. supra*, nous soulignons), et face à cette mise en péril du bien-être collectif, Smith, en accord avec deux de ses principes, les banques sont au service de la *production* qui est la vraie richesse des nations, énonce quelques mesures prudentielles :

> *Such regulations may, no doubt, be considered as in some respect a violation of natural liberty. But those exertions of the natural liberty of a few individuals, which might endanger the security of the whole society, are, and ought to be, restrained by the laws of all governments; of the most free, as well as the most despotical. The obligation of building party walls, in order to prevent the communication of fire, is a violation of natural liberty, exactly of the same kind with the regulations of the banking trade which are here proposed.* (WON, II, II, p. 251-252)

> « Sans contredit les règlements [...] peuvent être regardés, à quelques égards, comme une atteinte à la liberté naturelle ; mais l'exercice de la liberté naturelle de quelques individus, qui pourrait compromettre la sûreté générale de la société, est et doit être restreint par les lois, dans tout gouvernement possible, dans le plus libre comme dans le plus despotique. L'obligation imposée de bâtir des murs mitoyens pour empêcher la communication du feu, est une violation de la liberté naturelle, précisément du même genre que les règlements que nous proposons ici pour le commerce de la banque. » (RDN, II, II, p. 410)

Cette réglementation prudentielle consiste à ce que les banques renouent avec les vertus de la division du travail la plus « avantageuse au public » (*ibid.*, p. 416), celle qui, dans un contexte de concurrence accrue, permet l'accomplissement de l'intérêt général.

La première recommandation est de limiter l'accès aux titres financiers aux seuls banquiers professionnels, industriels et commerçants importants, seuls à même de pouvoir évaluer les risques encourus, en élevant leurs montants minima afin d'exclure le public peu informé, donc vulnérable à ces mêmes risques :

> En empêchant les banquiers d'émettre aucun billet de banque circulant ou billet au porteur au-dessous d'une certaine somme, et en les assujettissant à l'obligation d'acquitter ces billets immédiatement et sans aucune espèce de condition, à l'instant de la présentation, on peut après cela, sans craindre de compromettre la sûreté générale, laisser à leur commerce, à tous égards, la plus grande liberté possible. (RDN, II, II, p. 415-416)

La seconde consiste, à l'image de sa critique du phénomène de concentration des grandes entreprises et de la séparation grandissante entre la propriété et l'exploitation des capitaux investis, à favoriser la concurrence interbancaire :

> La multiplication récente de compagnies de banque, dans toutes les parties des royaumes unis, événement qui a si fort alarmé beaucoup de gens, bien loin de diminuer la sûreté du public, ne fait que l'augmenter. Elle oblige tous ces banquiers à mettre plus de circonspection dans leur conduite ; elle les empêche d'étendre leur émission de billets au-delà de la proportion que comporte l'état de leur caisse, afin de se tenir en garde contre ce reflux de papier que leur suscite malicieusement la rivalité de tant de concurrents toujours prêts à leur nuire ; elle circonscrit la circulation de chaque compagnie particulière dans un cercle plus étroit ; et elle restreint leurs billets circulants à un plus petit nombre. (*ibid.*, p. 416)

Enfin, assurer la compartimentation du marché bancaire afin de limiter les risques de contagion :

> En tenant ainsi la circulation divisée en plus de branches différentes, elle fait que la faillite de l'une de ces compagnies, événement qui doit arriver quelquefois dans le cours ordinaire des choses, devient un accident d'une moins dangereuse conséquence pour le public. (*ibid.*, p. 416)

Afin de permettre l'accomplissement de ces « différents devoirs du souverain » qui « supposent nécessairement, pour les remplir convenablement, une certaine dépense » (RDN, IV, IX, p. 309), la fin de la RDN contient un véritable traité de finances publiques chargé de répondre à deux questions principales :

— « quelles sont les différentes méthodes de faire contribuer la société entière à l'acquit des dépenses qui sont à la charge de la société entière, et quels sont les principaux avantages et inconvénients de chacune de ces méthodes », autrement dit, les « sources du revenu général de la société ou du revenu de l'État », c'est-à-dire les impôts (RDN, V, II, p. 447-550) ;

— « quels sont les motifs et les causes qui ont amené presque tous les gouvernements modernes à aliéner et hypothéquer quelque partie de ce revenu ou à contracter des dettes », en l'occurrence les « dettes publiques » (RDN, III, p. 551-598).

Le chapitre consacré aux impôts débute par les « quatre maximes » qui doivent présider à toute collecte d'impôts, guidées par les principes

d'équité et d'efficacité garants de l'aptitude donc du consentement à payer :
i) « Les sujets d'un État doivent contribuer au soutien du gouvernement,
chacun le plus possible en proportion de ses facultés, c'est-à-dire en proportion du revenu dont il jouit sous la protection de l'État » (RDN, V,
II, p. 456) ; ii) « La taxe ou portion d'impôt que chaque individu est tenu
de payer doit être certaine, et non arbitraire » (*ibid.*, p. 457) ; iii) « Tout
impôt doit être perçu à l'époque et selon le mode que l'on peut présumer
les moins gênants pour le contribuable » (*ibid.*) ; iv) « Tout impôt doit
être conçu de manière à ce qu'il fasse sortir des mains du peuple le moins
d'argent possible au-delà de ce qui entre dans le Trésor de l'État, et en
même temps à ce qu'il tienne le moins longtemps possible cet argent
hors des mains du peuple avant d'entrer dans ce Trésor » (*ibid.*, p. 458).

Considérant ces Principes, Smith est défavorable à l'imposition du
profit puisqu'il « n'est rien de plus qu'une compensation très modérée
des risques et de la peine d'employer le capital » (*ibid.*, p. 481), et qu'il
serait répercuté *in fine* sur le prix des marchandises, « auquel cas le paiement final de l'impôt tomberait totalement sur les consommateurs de
ces marchandises » (*ibid.*, p. 482). Smith est, également, très circonspect
quant à l'imposition des revenus du capital, d'abord en raison des difficultés d'évaluation des patrimoines autres que fonciers (*ibid.*, p. 483),
ensuite en raison de la mobilité internationale du capital :

> Le propriétaire de capital est proprement citoyen du monde, et il n'est attaché
> nécessairement à aucun pays en particulier. Il serait bientôt disposé à aban-
> donner celui où il se verrait exposé à des recherches vexatoires qui auraient
> pour objet de le soumettre à un impôt onéreux, et il ferait passer son capital
> dans quelque autre lieu où il pourrait mener ses affaires et jouir de sa fortune
> à son aise. (RDN, V, II, p. 483)

Smith est, également, opposé à tout « impôt direct sur les salaires »,
dans la mesure où il « ne peut avoir d'autre effet que de faire monter les
salaires de quelque chose plus haut que l'impôt » (*ibid.*, p. 501), directement si la demande de travail est parfaitement inélastique[31] (régime

---

31   « Si les impôts directs sur les salaires de travail n'ont pas toujours occasionné dans ces
      salaires une hausse proportionnée, c'est parce qu'ils ont, en général, occasionné une
      baisse considérable de la demande de travail [une demande élastique, Ph.G.]. Le déclin
      de l'industrie, la diminution des moyens d'occupation pour le pauvre, et le décroissement
      du produit annuel des terres et du travail du pays, sont en général les effets qu'ont amenés
      de pareils impôts. » (*ibid.*, p. 502-503)

de « plein emploi »), et indirectement lorsque cette inflation salariale se répercute sur le « prix moyen et ordinaire des denrées » constitutif de la fixation des salaires (théorie du salaire de subsistance).

Cette analyse de l'incidence (ou des externalités) de ces différents impôts sur l'activité économique conduit Smith à privilégier l'imposition des propriétaires fonciers (*i.e.* « Impôts sur les rentes de terres et loyers des maisons » (*ibid.*, p. 459 et s.) et « Impôts sur la valeur capitale des terres, maisons et fonds mobiliers », *ibid.*, p. 494-501), car ces biens sont aisément identifiables, ce qui est utile pour l'évaluation de « l'assiette de l'impôt territorial ou *taxe foncière* » (*ibid.*, p. 459) et lors de « la transmission des propriétés » (*ibid.*, p. 494), et témoignent de l'inégalité patrimoniale des individus, l'équité fiscale consistant, ici, à épouser ces « degrés différents de fortune » et à contraindre la prodigalité (*cf. supra*) :

> Les premiers besoins de la vie font la grande dépense du pauvre. Il a de la difficulté à se procurer de la nourriture, et c'est à en avoir qu'il dépense la plus grande partie de son petit revenu. Le luxe et la vanité forment la principale dépense du riche, et un logement vaste et magnifique embellit et étale, de la manière la plus avantageuse, toutes les autres choses du luxe et de vanité qu'il possède. Aussi un impôt sur les loyers tomberait, en général, avec plus de poids sur les riches, et il n'y aurait peut-être rien de déraisonnable dans cette sorte d'inégalité. Il n'est pas très déraisonnable que les riches contribuent aux dépenses de l'État, non seulement à proportion de leur revenu, mais encore de quelque chose au-delà de cette proportion. (RDN, V, II, p. 476)

Enfin, Smith soutient le principe des impôts indirects, « sur les objets de consommation » (*ibid.*, p. 507 et s.), « un impôt sur les dépenses, parce qu'on suppose que ces dépenses pour chaque particulier seront le plus souvent, à très peu de choses près, proportionnées à son revenu. On impose les dépenses en imposant les objets de consommation qui font la matière de ces dépenses » (*ibid.*, p. 507), en évitant autant que possible « les objets de nécessité » et en imposant ceux « de luxe », la fixation de ces impôts dépendant, implicitement, de l'élasticité de la demande de ces différents biens.

À côté des impôts, l'autre ressource publique réside dans l'endettement. Smith, fidèle au préjugé classique contre les dépenses publiques (financées par l'impôt et/ou l'émission de Bons d'État) qui détournent nécessairement le travail productif vers des emplois improductifs, notamment vers « ces bagatelles précieuses qui composent la pompe éblouissante, mais vaine, des cours [où] les mêmes passions frivoles qui dirigent la conduite de ces nobles influent sur celle du chef » (RDN, V, III, p. 553), insiste sur cet effet d'éviction particulièrement préjudiciable à l'opulence de la nation :

> [On] a représenté les fonds publics des différentes nations endettées [...] comme l'accumulation d'un grand capital ajouté aux autres capitaux du pays, au moyen duquel son commerce a acquis une nouvelle extension, ses manufactures se sont multipliées, et ses terres ont été cultivées et améliorées beaucoup au-delà de ce qu'elles l'eussent été au moyen de ses autres capitaux seulement. [On] ne fait pas attention que le capital avancé au gouvernement par les premiers créanciers de l'État était, au moment où ils ont fait cette avance, une portion du produit annuel, qui a été détournée de faire fonction de capital pour être employée à faire fonction de revenu, qui a été enlevée à l'entretien des ouvriers productifs pour servir à l'entretien de salariés non productifs, et pour être dépensée et dissipée dans le cours, en général, d'une seule année, sans laisser même l'espoir d'aucune reproduction future. (RDN, V, III, p. 571)

effet d'éviction, d'autant plus important, que ces placements en Bons d'État sont particulièrement attractifs :

> Les besoins de l'État rendent le gouvernement très disposé dans la plupart des occasions, à emprunter à des conditions extrêmement avantageuses pour le prêteur. L'engagement que l'État prend envers le créancier primitif, ainsi que les sûretés accessoires de cet engagement, sont de nature à pouvoir se transmettre à tout créancier et, vu la confiance générale qu'on a dans la justice de l'État, on les vend, pour l'ordinaire, sur la place, à un prix plus haut que celui qui a été payé dans l'origine. Ainsi, en général, le marchand ou capitaliste regarde comme une grâce du gouvernement d'être admis pour une portion dans la première souscription ouverte pour un nouvel emprunt ; de là la bonne volonté ou le désir que les sujets d'un État commerçant ont de lui prêter. (*ibid.*, p. 556)

Et cette facilité pour l'État de lever des fonds ne l'incitant pas à réaliser des économies[32], les États peuvent être confrontés au risque de surendettement[33] voire de défaut ou de faillite souverains :

---

32   « Le gouvernement d'un tel État est très porté à se reposer sur les moyens ou la bonne volonté qu'ont ses sujets de lui prêter leur argent dans les occasions extraordinaires. Il prévoit la facilité qu'il trouvera à emprunter, et pour cela il se dispense du devoir d'épargner. » (*ibid.*, p. 556).

33   lorsque, par exemple, « les nouveaux impôts ont été mis dans la seule vue de payer l'intérêt de l'argent emprunté » (*ibid.*, p. 567).

Le progrès des dettes énormes qui écrasent à présent toutes les grandes nations de l'Europe, et qui probablement les ruineront toutes à la longue, a eu un cours assez uniforme. Les nations, comme les particuliers, ont commencé, en général, par emprunter sur ce qu'on peut appeler le crédit personnel, sans assigner ou hypothéquer de fonds particuliers pour le paiement de la dette ; et quand cette ressource leur a manqué, elles en sont venues à emprunter sur des assignations ou sur l'hypothèque de fonds particuliers [...] Quand la dette nationale s'est une fois grossie jusqu'à un certain point, il n'y a pas, je crois, un seul exemple qu'elle ait été loyalement et complètement payée. Si jamais la libération du revenu public a été opérée tout à fait, elle l'a toujours été par le moyen d'une banqueroute, quelquefois par une banqueroute ouverte et déclarée, mais toujours par une banqueroute réelle, bien que déguisée sous une apparence de paiement. (RDN, V, III, p. 556-557 et 577)

KARL MARX ET *LE CAPITAL.*
CRITIQUE DE L'ÉCONOMIE POLITIQUE

INTRODUCTION
À LA DEUXIÈME PARTIE

Avril 1867 : Marx[1] a terminé la rédaction du Livre I du *Capital*[2] et fait le voyage de Hambourg pour porter lui-même le manuscrit à l'éditeur. Dans une lettre en date du 17 destinée à son ami J. Ph. Becker, militant de la I° Internationale, il l'informe du but de ce voyage et lui demande d'annoncer dans la presse la publication prochaine de son livre : « C'est, à coup sûr, le projectile le plus terrible qui ait jamais été lancé à la tête des bourgeois (propriétaires du sol compris) » (Marx, 1965, p. CXXXII).

Le Capital. Critique de l'économie politique (dorénavant *Le Capital*), du titre original *Das Kapital. Kritik der politischen Oekonomie* (Hamburg, Verlag von Otto Meisner, 1867), « la pensée majeure, la grande obsession de Marx » pour M. Rubel (*ibid.*, p. 537), un travail entretenu de 1844 à sa mort, soit près de quarante années durant lesquelles Marx rédige *le Capital*, en ses quatre livres, mais ne donnant sa forme définitive qu'au livre I, les livres II, III, et IV, demeurés à l'état d'ébauches, ayant été publiés après sa mort.

> L'ouvrage dont je livre au public le premier volume forme la suite d'un écrit publié en 1859 sous le titre *Critique de l'économie politique* [...] J'étudie dans cet ouvrage le *mode de production capitaliste* et les *rapports de production et d'échange* qui lui correspondent [...] Le second volume traitera de la *circulation du capital* (livre II) et des *formes diverses qu'il revêt dans la marche de son développement* (livre III). Le troisième et dernier volume exposera l'*histoire de la théorie* (livre IV). Tout jugement inspiré par une critique vraiment scientifique est pour moi le bienvenu. Vis-à-vis des préjugés de ce qu'on appelle l'*opinion publique*, à laquelle je n'ai jamais fait de concessions, j'ai pour devise [...] : *Segui il tuo corso, e lascia dir le genti !* (Préface, I, I, p. 547 et 551, Marx souligne)[3]

---

1   Né à Trèves en 1818, mort à Londres en 1883.
2   *Das Kapital. Kritik der Politischen Oekonomie*, 1867.
3   Les références bibliographiques relatives au *Capital* renvoient, d'abord, au Livre (I, II, III ou IV) concerné, et, en fonction de celui-ci, au tome (I ou II) des « Œuvres Économie » parus dans « la Pléiade » (*cf. Bibliographie*). Dès lors, (I, I, p. 550), par exemple, se lira : dans *le Capital*, livre I, dans « Œuvres Économie », tome I, page 550.

À l'instar de la RDN de Smith (*cf.* Première Partie), la lecture du *Capital* est exigeante, « une entreprise de grande envergure » pour reprendre Blaug (1986, p. 313), non seulement par sa longueur, son caractère répétitif et inachevé mais aussi par la complexité d'un texte empli d'« énigmes scientifiques » (*ibid.*) susceptible de rendre « assez ardue [sa] lecture » (Marx, Lettre à M. Lachâtre, éditeur français du *Capital*, 18 mars 1872, *ibid.*, p. 542). À côté de cette prolixité et des aspects répétitif et inachevé, relevés également par Schumpeter (1983, II, p. 27), cette fastidiosité du *Capital* s'explique par la volonté de Marx d'écrire un traité scientifique, de concevoir scientifiquement la société par la spécification des lois de fonctionnement du « mode de produc-tion capitaliste » (dorénavant MPC) et d'en dégager la véritable loi de la valeur que « l'esprit humain », *a fortiori* l'économie politique, a, jusqu'à présent, vainement cherchée. Ce recours à l'autorité de la science est manifeste dès la Préface du Livre I : « Dans toutes les sciences, le commencement est ardu. Le premier chapitre, principalement la partie qui contient l'*analyse de la marchandise*, sera donc d'une intelligence un peu difficile » (*ibid.*, p. 547) et Marx de poursuivre :

> le corps organisé est plus facile à étudier que la cellule qui en est l'élément [mais] l'analyse des formes économiques ne peut s'aider du microscope ou de réactifs fournis par la chimie ; l'abstraction est la seule force qui puisse lui servir d'instrument. Or, pour la société bourgeoise actuelle, la *forme marchandise* est la *forme cellulaire économique* [...] comme dans l'*anatomie microscopique* [...] Le physicien [...] étudie les phénomènes lorsqu'ils se présentent sous la forme la plus accusée et la moins obscurcie par des influences perturbatrices, ou [...] expérimente dans des conditions qui assurent autant que possible la régularité de leur marche. J'étudie dans cet ouvrage le *mode de production capitaliste* et [ses] *rapports de production et d'échange*. (Préface, *ibid.*, p. 548, Marx souligne)[4]

Et cette abstraction nécessaire à la spécification des « lois naturelles de la production capitaliste » (*ibid.*, p. 549) et de « la loi naturelle qui préside à son mouvement » (*ibid.*, p. 550) se double, dans *le Capital*, d'un

---

4   plus loin dans son propos (I, I, p. 564), Marx utilisera l'exemple de la « géométrie élé-mentaire » pour expliquer la « valeur d'échange ». De même, il mobilisera la chimie, en l'occurrence les propriétés respectives de l'acide butyrique et du formiate de propyle, pour expliquer la forme relative de la valeur de deux biens (*ibid.*, p. 579), ou encore « la forme gazeuse de l'air » à propos de la valeur des produits du travail (*ibid.*, p. 608) ou « la loi de la pesanteur » pour le temps de travail social nécessaire en tant que loi (*ibid.*, p. 609), *etc.*

recours aux faits et aux exemples historiques, fournis par « la statistique sociale », « qui servent d'illustration au développement des théories » (*ibid.*, p. 548). Dans ce cadre, « le développement de la formation économique de la société est assimilable à la marche de la nature et à son histoire » dont l'étude nécessite une « libre et scientifique recherche sur le terrain de l'économie politique » où, par exemple, le capitaliste et le propriétaire foncier ne sont « des personnes qu'autant qu'elles sont la personnification des catégories économiques, les supports d'intérêts et de rapports de classes déterminés » (*ibid.*, p. 550).

Dans *Le Capital*, Marx conçoit une théorie élaborée du capitalisme en tant que mode de production particulier, le MPC, historiquement daté donc contingent, dont la dynamique renvoie aux conditions et aux mécanismes de l'accumulation du capital, tant microéconomique (le capital individuel) que macroéconomique (le capital social). À ces deux niveaux, l'accumulation est confrontée aux contradictions inhérentes au système capitaliste, synthétisées dans la contradiction entre le caractère social de la production et le caractère privé de la propriété des moyens de production et des décisions économiques, dans un cadre qui rend cette accumulation possible, l'utilisation de l'argent comme capital. Cependant, pour Marx, dans le capitalisme, « *Widerspruch ist nicht Widersinn* », autrement dit « contradiction n'est pas impossibilité », les contradictions du système constituant autant de dynamiques endogènes, où les crises (et leur dépassement) illustrent les capacités du système à surmonter, provisoirement, ses contradictions, s'apparentant à de véritables pulsations. « La crise » apparait alors comme un moyen (en tant que moment propice) pour surmonter, temporairement et brutalement, certaines des contradictions que génère la dynamique du MPC :

> Les crises ne sont jamais que des solutions momentanées et violentes des contradictions existantes, des éruptions violentes qui rétablissent pour un moment l'équilibre troublé. (III, II, p. 1031)

Et la généralisation des crises dans l'espace et la répétition de ce processus de régulation dans l'histoire fondent l'idée de périodicité, donc le concept de « cycle », en saisissant, dorénavant, « la crise » comme moment du cycle (son point de retournement) et en l'analysant par rapport à son retour périodique. Partant, Marx renonce à une conception *pathologique* de « la crise », avec son caractère extraordinaire, pour aboutir à une analyse de la *physiologie* économique dans laquelle « la crise » perd son caractère accidentel pour devenir un moment nécessaire du fonctionnement normal du système capitaliste, renouant, par là même, avec l'acception scientifique première du concept de « crise » contenue dans le *corpus* hippocratique (*cf.* encadré).

Dans les grands Traités de l'École de Cos, rassemblés dans le *corpus* hippocratique, la conception du corps humain est composée, selon la « théorie humorale », de quatre « humeurs fondamentales » (le sang, la pituite (ou phlegme), la bile noire et la bile jaune) qui, lorsqu'elles sont en juste rapport de mélange (« un juste rapport de crase », Hippocrate, 1994, p. 146, soit « l'eucrasie » ou l'équilibre) sont la condition de la santé (« Toutes les humeurs, dans le corps, sont d'autant plus douces et d'autant meilleures qu'elles ont subi plus de mélanges, et l'homme se trouve en l'état le plus favorable […] sans que rien manifeste une qualité prédominante », *ibid.*, p. 179) mais qui provoquent une maladie en cas de dysharmonie, « quand un de ces principes est soit en défaut soit en excès, ou, s'isolant dans le corps, n'est pas combiné avec tout le reste » (*ibid.*, p. 146). Ici, tout déséquilibre (« la dyscrasie ») touchant ces humeurs se traduit par une maladie et, éventuellement, une crise. En effet, la première phase de la maladie, la plus aiguë, est celle des « humeurs crues » ; progressivement elles sont cuites par la chaleur organique : c'est la « coction » (*i.e.* la fièvre). Enfin, les humeurs cuites peuvent être évacuées sans danger : c'est la voie de la résolution-guérison, « la crise » : « Pour toutes les affections périlleuses, il faut examiner, dans les humeurs évacuées, les coctions favorables, quelles qu'elles soient et d'où qu'elles viennent, ou les dépôts louables et critiques. Les coctions indiquent la promptitude de la crise et la certitude du salut ; mais les humeurs qui n'éprouvent point de coction et qui se tournent vers des dépôts fâcheux, annoncent l'absence de crise, ou les souffrances, ou la longueur du mal, ou la mort, ou les rechutes » (*ibid.*, p. 367). Dès lors, *une maladie incurable est celle qui ne parvient jamais à la crise.* Dans le premier domaine scientifique où intervient « la crise », celle-ci est donc un élément nécessaire de régulation de l'organisme (*i.e.* un retour à l'équilibre).

ENCADRÉ 3 – La « crise » dans le *corpus* d'Hippocrate.

Marx, dans *le Capital*, est donc simultanément amené à critiquer et à rejeter le MPC en raison des conséquences de ses antagonismes, et à reconnaître sa formidable dynamique endogène où les contradictions non seulement ne riment pas avec impossibilité mais deviennent des stimuli de développement : « le mécanisme de la production capitaliste écarte spontanément les obstacles qu'il lui arrive parfois de créer » (I, I, p. 1129), ou encore :

> La production capitaliste tend constamment à surmonter ces limites inhérentes ; elle n'y réussit que par des moyens qui dressent à nouveau ces barrières devant elles, mais sur une échelle encore plus formidable [...] Si le mode de production capitaliste est, par conséquent, un moyen historique de développer la puissance matérielle de la production et de créer un marché mondial approprié, il est en même temps la contradiction permanente entre cette mission historique et les conditions correspondantes de la production sociale. (III, II, p. 1032)

On comprend que pour saisir la complexité de ce modèle marxien de la dynamique du capitalisme censé découvrir son mécanisme autogène (Imbert, 1956, II, p. 415-419)[5], Schumpeter (1983, II, p. 27-28) recommande un « guide de lecture » tout en prévenant que « rien ne sert d'aborder Marx sans préparation ». C'est cette préparation qui motive le contenu du prochain chapitre.

---

5 c'est-à-dire le mécanisme qui, doté d'une rationalité intrinsèque, permet de trouver, dans cette dynamique, une constante définie par des lois de changement, autrement dit celui dont le seul fonctionnement, sans recours à des facteurs externes, transforme tel état donné de la société à tel autre état.

DE LA THÉORIE DE LA VALEUR
À LA TRANSFORMATION
DE LA « PLUS-VALUE » EN « PROFIT »

et de la « valeur » en « prix de production »

DU FÉTICHISME DE LA MARCHANDISE
À LA « FORMULE GÉNÉRALE DU CAPITAL »

Marx débute, « classiquement », *Le Capital*. À la suite de Smith (RDN, I, IV, p. 96-97) (*cf. supra*) et de Ricardo (*Principes, op. cit.* p. 25 et s.), il rappelle, dans son chapitre premier « La marchandise », que toute marchandise, qui « est d'abord un objet extérieur, une chose qui, par ses propriétés, satisfait des besoins humains de n'importe quelle espèce » (*ibid.*, I, I, p. 561-562), est incarnée par une valeur d'usage (« l'utilité d'une chose fait de cette chose une valeur d'usage », *ibid.*, p. 562), qui ne se réalise que « dans l'usage ou la consommation » et qui forme « la *matière de la richesse*, quelle que soit la forme sociale de cette richesse » (*ibid.*, p. 563), et une valeur d'échange qui apparaît comme « la proportion dans laquelle des valeurs d'usage d'espèces différentes s'échangent l'une contre l'autre, rapport qui change constamment avec le temps et le lieu » (*ibid.*). Partant, un bien produit ne devient marchandise que s'il est utile, c'est-à-dire répond à un besoin, condition de la valeur, et sur cette base, les marchandises sont l'objet d'un échange qui donne au travail privé qui les a créées un caractère social : « la valeur d'usage des marchandises une fois mise de côté, il ne leur reste plus qu'une qualité, celle d'être des produits du travail » (*ibid.*, p. 565). Mais ce travail échangé abandonne ses « formes concrètes » (celles du tisserand et du tailleur, par exemple), se métamorphose en « sublimé identique », c'est-à-dire devient un travail humain égal et indistinct :

Ce n'est plus, par exemple, une table, ou une maison, ou du fil, ou un objet utile quelconque ; ce n'est pas non plus le produit du travail du tourneur, du maçon, de n'importe quel travail productif déterminé. Avec les caractères utiles particuliers des produits du travail disparaissent en même temps et le caractère utile des travaux qui y sont contenus, et les formes concrètes diverses qui distinguent une espèce de travail d'une autre espèce. (I, I, p. 565)

Et cette uniformisation permet de calculer le *quantum* de travail, « le temps de travail nécessaire socialement » pour produire un bien :

Le temps socialement nécessaire à la production des marchandises est celui qu'exige tout travail, exécuté avec le degré moyen d'habileté et d'intensité et dans des conditions qui, par rapport au milieu social donné, sont normales [...] C'est donc seulement le quantum de travail ou le temps de travail nécessaire, dans une société donnée, à la production d'un article, qui en détermine la quantité de valeur. (*ibid.*, p. 566)

Il en résulte i) que la substance de la valeur se situe dans ce travail socialement indifférencié dont la quantité se mesure par la durée du travail, ii) les valeurs de toutes les marchandises sont des expressions égales d'une même unité, le travail humain, remplaçables les unes par les autres, iii) le travail concret, c'est-à-dire la « dépense de force humaine » destinée à une forme d'activité productive spécifique (tissage ou confection de vêtements, selon l'exemple de Marx, *ibid.*, p. 589), se métamorphose en « travail humain abstrait », le travail socialement égalisé, afin d'exprimer la valeur de la marchandise (*ibid.*, p. 588), iv) afin de comprendre la transformation du produit du travail en marchandise, il faut dévoiler « l'illusion produite sur la plupart des économistes par le fétichisme inhérent au monde marchand, ou par l'apparence matérielle des attributs sociaux du travail » (*ibid.*, p. 617), autrement dit, lever le « secret », le caractère trompeur, « fétiche » (*ibid.*, p. 604 et s.) de la marchandise, logé dans l'échange. Ce dernier semble relever d'un simple rapport entre des choses, alors que derrière cette apparence, il y a un rapport social entre les Hommes :

la valeur utile des choses se réalise pour l'homme sans échange, c'est-à-dire dans un rapport immédiat entre la chose et l'homme, tandis que leur valeur, au contraire, ne se réalise que dans l'échange, c'est-à-dire dans un rapport social. (*ibid.*, p. 619)

Et à mesure que s'accomplit la transformation générale des produits du travail en marchandises, que « l'échange brise ses liens purement locaux » et que « la valeur des marchandises représente de plus en plus le travail humain en général » (*ibid.*, p. 625), s'accomplit simultanément la transformation d'une marchandise en argent.

Après avoir précisé la première fonction de la monnaie, celle de « mesure des valeurs[1] » (*i.e.* d'unité de compte), Marx aborde l'échange des marchandises dans un contexte de « monnaie partielle » au sens de Hicks (*cf.* encadré), c'est-à-dire une monnaie « mesure des valeurs » et « moyen de circulation » (*ibid.*, p. 642 et s., *i.e.* intermédiaire des échanges) :

> L'échange ne s'accomplit pas sans donner lieu à deux métamorphoses opposées et qui se complètent l'une l'autre : transformation de la marchandise en argent et sa transformation d'argent en marchandise. Ces deux métamorphoses de la marchandise présentent à la fois, au point de vue de son possesseur, deux actes : vente, échange de la marchandise comme l'argent ; achat, échange de l'argent contre la marchandise, et l'ensemble de ces deux actes : vendre pour acheter. (*ibid.*, p. 644)

Hicks (1935) propose une « simplification » afin d'intégrer la monnaie dans la théorie de la valeur. Dans ce cadre, les fonctions de la monnaie (unité de compte (« *unit of account* »), moyen d'échange (« *medium of exchange* ») et réserve de valeur (« *store of value* »)) dépendent des choix individuels de demande de monnaie en termes de coût de transaction (que l'échange monétaire permet de minimiser) et d'appréciation de l'incertitude affectant la rentabilité des investissements. En fonction de ces choix, la monnaie est « partielle » lorsqu'elle dispose des deux premiers attributs (unité de compte et moyen d'échange) ou « totale » lorsqu'elle dispose des trois attributs (les deux premiers et la « réserve de valeur »). Cette analyse trouve ses origines dans celle de Keynes (1933 dans 2013, p. 408-411) qui différencie la "*real-exchange economy*" où la monnaie est exclusivement moyen d'échange ("*neutral in its effects*", *ibid.*, p. 408) et la "*monetary economy*" où la monnaie « affects motives and decisions and is, in short, one of the operative factors in the situation, so that the course of events cannot be predicted, either in the long period or in the short, without a knowledge of the behaviour of money » (*ibid.*, p. 408-409). Cette conception de Keynes se retrouve dans la *Théorie Générale* (1936 dans 1969), notamment lorsqu'il expose « Les postulats de l'économie classique » (*ibid.*, p. 34-50) qui reposent « sur l'idée qu'en dehors des effets de frottement, l'action de la monnaie n'a pas d'importance véritable et que la théorie de la production et de l'emploi peut

---

1   « La première fonction [...] consiste à fournir à l'ensemble des marchandises la matière dans laquelle elles expriment leurs valeurs comme grandeurs de la même dénomination, de qualité égale, et comparables sous le rapport de la quantité. » (*ibid.*, p. 630)

être construite tout entière (comme celle de Mill) sur la base des échanges réels, la monnaie étant introduite par acquit de conscience dans un dernier chapitre ; cette opinion est la forme moderne de la tradition classique » (*ibid.*, p. 48), sorte d'économie idéale de troc par l'artifice d'une monnaie neutre qui couvre les valeurs réelles d'un voile qui ne les modifie pas.

ENCADRÉ 4 – « Monnaie totale », « monnaie partielle » au sens de Hicks.

Cet échange de marchandises dans un contexte de « monnaie partielle » est schématisé par la formule $(M - A - M')$ où (M) et (M') sont les marchandises échangées et (A) l'argent, simple intermédiaire neutre des échanges (« forme marchandise, effacement de cette forme dans l'argent, retour à la forme marchandise », *ibid.*, p. 651), où l'argent n'est « que la forme transitoire de la marchandise, sa forme équivalente qui doit s'évanouir et se convertir en valeur d'usage » (*ibid.*). Autrement dit, l'échange n'est qu'une correspondance de valeurs d'usage facilitée (« fluidifiée », *ibid.*, p. 660) par la monnaie, comme « moyen de circulation » (*ibid.*, p. 655), qui recouvre ces valeurs d'un voile[2] sans influer sur elles. L'introduction de l'argent permet donc de desserrer les contraintes spatiales, temporelles et relationnelles du troc, puisque « dans le commerce de troc, personne ne peut aliéner son produit sans que simultanément une autre personne aliène le sien » (*ibid.*, p. 653), alors qu'avec l'argent, « après avoir vendu, je ne suis forcé d'acheter ni au même lieu, ni au même temps, ni à la même personne à laquelle j'ai vendu » (*ibid.*) (*cf. encadré*).

L'ajout du troisième attribut de la monnaie, sa fonction de « réserve de valeur », en fait une « monnaie totale » au sens de Hicks (*cf. supra*), une « monnaie ou argent proprement dit » chez Marx (*ibid.*, p. 671 et s.). Dans ce cas, la monnaie peut être détenue pour elle-même, à fins de thésaurisation où « la monnaie arrêtée à dessein dans sa circulation se pétrifie, pour ainsi dire, en devenant trésor, et le vendeur se change en thésaurisateur », « expression sociale du superflu et de la richesse » (*ibid.*, p. 672), ou se transforme en *capital*, « là où la production marchande et le commerce ont déjà atteint un certain degré de développement » (*ibid.*, p. 691). Dans ce cas, la forme initiale de la circulation des

---

2   « l'argent […] se pose en face de la marchandise comme la figure de sa valeur qui possède ailleurs, dans la poche d'autrui, une réalité dure et sonnante. » (*ibid.*, p. 651)

marchandises ($M - A - M'$), « vendre pour acheter », devient la forme de la circulation de l'argent comme capital ($A - M - A'$), « acheter pour vendre » (*ibid.*, p. 692), où dans le premier cas l'argent est définitivement *dépensé*, alors que dans le second, il est simplement *avancé*. Autrement dit, dans le premier cas, « le reflux d'argent à son point de départ ne dépend pas de ce que la marchandise est vendue plus cher qu'elle n'a été achetée » (*ibid.*, p. 694), où la forme ($M - A - M'$) « a pour point initial une marchandise et pour point final une autre marchandise qui ne circule plus et tombe dans la consommation. La satisfaction d'un besoin, une valeur d'usage, tel est donc son but définitif » (*ibid.*, p. 695) ; alors que la forme ($A - M - A'$), au contraire, « a pour point de départ l'argent et y revient ; son motif, son but déterminant est donc la valeur d'échange » (*ibid.*). Et dans ce second cas, il n'y a aucune différence qualitative entre (A) et (A') mais une différence quantitative, avec ($A' = A + \Delta A$), c'est-à-dire la somme primitivement avancée et un excédent que Marx appelle « *plus-value* » (« *surplus value* ») (*ibid.*, p. 696) (*cf. encadré*).

Formule générale du Troc :
$$\left(\tfrac{M}{a}\right)-\left(\tfrac{M'}{b}\right)$$

(a) et (b), respectivement propriétaires de (M) et de (M'), se rencontrent (unités de temps et de lieu) afin d'échanger leurs biens. L'échange procède d'un calcul d'utilité/désutilité simultané. Cette simultanéité et, plus généralement, cet échange nécessitent une connaissance, voire une confiance mutuelle entre les deux échangistes (a) et (b), soit une information « symétrique » et « complète ». Dans ces conditions, (a) effectue l'échange si l'utilité qu'il confère à l'acquisition de (M') est supérieure à la désutilité de se défaire de (M), et, symétriquement et instantanément, (b) effectue l'échange si l'utilité qu'il confère à l'acquisition de (M) est supérieure à la désutilité de se défaire de (M').

Formule générale de la marchandise :
($M - A - M'$)

Dans le même contexte de correspondance de valeurs d'usage exprimé dans la formule du troc, l'argent (A) est simplement introduit comme « facilitateur », intermédiaire neutre des échanges, afin de desserrer les contraintes géographique et temporelle inhérentes au troc, les agents (a) et (b) étant, dorénavant, indifférenciés ($\forall\, a, b$). C'est la formule « *vendre pour acheter* » de Marx, où l'équivalence de ses deux extrêmes montre l'égalité des valeurs d'usage échangées, et où (A) est une « monnaie partielle » au sens de Hicks, « simple équivalent, moyen de circulation, moyen de paiement » (*ibid.*, p. 718), qui ne peut être détenue pour elle-même. On se situe dans

« l'économie classique » pour Keynes, celui du principe de neutralité de la monnaie, où, dès lors que toute thésaurisation prolongée du revenu est impossible, la loi de Say est toujours vérifiée, d'où l'impossibilité de toute crise de surproduction (Gilles, 2009, p. 16-19).

Formule générale du capital :
$$(A - M - A') \text{ avec } (A' > A)$$

C'est la formule marxienne « *acheter pour vendre* » ou mieux « acheter pour vendre plus cher » (*ibid.*, p. 701), dont le motif est la valeur d'échange, où la monnaie est « totale » au sens de Hicks, elle peut donc être détenue pour elle-même (attribut de « réserve de valeur ») ; (*A*) n'étant plus simplement *dépensé* (comme dans la formule de la marchandise) mais *avancé* sous forme de *capital* susceptible d'être accumulé. La différence quantitative entre (*A'*) et (*A*), soit (Δ*A*), est la « plus-value » : « Non seulement la valeur avancée se conserve dans la circulation ; mais elle y change encore sa grandeur, y ajoute un plus, se fait valoir davantage, et c'est ce mouvement qui la transforme en capital. » (*ibid.*, p. 696)

ENCADRÉ 5 – Formules générales du troc, de la marchandise et du capital.

Cet excédent de valeur est produit par la « puissance de travail » ou « force de travail » (*ibid.*, p. 715) qui ne peut se présenter sur le marché que si « elle est offerte ou vendue par son propre possesseur » (*ibid.*) au « possesseur d'argent » (*i.e.* « l'homme aux écus », *ibid.*, p. 715-716) dans un rapport « classique » où l'un achète et l'autre vend, la force de travail. Le salarié est « libre propriétaire de sa puissance de travail, de sa propre personne » (*ibid.*, p. 715), c'est un « travailleur libre » (*ibid.*, p. 717) qui se comporte comme un « marchand » : il vend « librement » sa force de travail (ses facultés physiques et intellectuelles) à un possesseur d'argent qui l'achète, tous deux étant « des *personnes juridiquement égales* » (*ibid.*, p. 716, Marx souligne). Il est certes contraint socialement de travailler pour vivre, mais n'est pas contraint juridiquement de travailler pour tel ou tel « homme aux écus » qui, pour « métamorphoser ses écus en capital, s'exécute et paye cette valeur » (*ibid.*, p. 722). C'est ce qui le distingue de l'esclave ou du serf, et c'est ce qui contribue à faire la force, la légitimité, d'un système *marchand*. Mais pour que ce rapport d'échange de la force de travail entre marchands perdure :

> il faut que le propriétaire de la force de travail ne la vende jamais que pour un temps déterminé, car s'il la vend en bloc, une fois pour toutes, il se vend lui-même, et de libre qu'il était se fait esclave, de marchand, marchandise.

S'il veut maintenir sa personnalité, il ne doit mettre sa force de travail que temporairement à la disposition de l'acheteur, de telle sorte qu'en l'aliénant il ne renonce pas pour cela à sa propriété sur elle. (*ibid.*, p. 716)

Or ce rapport entre possesseurs d'argent ou de marchandises et possesseurs de leurs propres forces de travail n'a pas de « fondement naturel », c'est un rapport social qui évolue dans l'histoire, et lorsque les produits et la force de travail prennent la forme de marchandises, où la production sociale est entièrement gouvernée par la valeur d'échange, cela caractérise un mode de production particulier, « la production capitaliste » (*ibid.*, p. 718). Et, dans ce cadre, si la force de travail « n'est pas vendue, elle n'est rien » (*ibid.*, p. 722), et lorsqu'elle est vendue, sa valeur est, alors, déterminée par « le temps de travail nécessaire à sa production » (*ibid.*, p. 719), c'est-à-dire la valeur des moyens de subsistance dont le possesseur de la force de travail a besoin « pour son entretien ou pour sa conservation », pour la reproduction de sa propre force de travail et celle de ses « remplaçants », c'est-à-dire sa famille, « pour que cette singulière race d'échangistes se perpétue sur le marché » comme le réclame la transformation continuelle de l'argent en capital, auxquels s'ajoutent, selon la complexité de la force de travail, lorsqu'elle exige « aptitude, précision et célérité », « les frais d'éducation » inhérents (*ibid.*, p. 720-721).

L'EXPLOITATION DE LA FORCE DE TRAVAIL
COMME CONDITION À L'EXTRACTION
DE LA PLUS-VALUE ET DU PROFIT

Suivons, maintenant, le possesseur d'argent et le possesseur de force de travail dans « le laboratoire secret de la production, sur le seuil duquel il est écrit : *No admittance except on business* » où la « plus-value », « ce grand secret de la société moderne » (*ibid.*, p. 725), est fabriquée, en même temps qu'opère « une certaine transformation dans la physionomie des personnages de notre drame » (*ibid.*, p. 726) :

Notre ancien homme aux écus prend les devants et, en qualité de capitaliste, marche le premier ; le possesseur de la force de travail le suit par derrière

comme son travailleur à lui ; celui-là le regard narquois, l'air important
et affairé ; celui-ci timide, hésitant, rétif, comme quelqu'un qui a porté
sa propre peau au marché, et ne peut plus s'attendre qu'à une chose : être
tanné. (*ibid.*, p. 726)

Afin d'étudier ce « laboratoire secret », Marx substitue à la distinction de Smith[3] entre « capital fixe » et « capital circulant » (RDN, II,
I, p. 361-364), celle jugée plus pertinente entre « capital constant » (C)
et « capital variable » (V).

(C) est la fraction du capital total investi (K) qui se transforme en
moyens de production (instruments de travail (machines, équipements,
bâtiments), matières premières, énergie, biens intermédiaires) qui ne
transmettent que leur propre valeur au produit, sans l'accroître directement (*ibid.*, p. 762). (C) diffère de la valeur (c), qui est la somme de
la dépréciation du capital et de l'ensemble des consommations productives, lorsque son temps de rotation (τ_c) est différent de 1 (*i.e.* n'est pas
entièrement consommé lors de la période de production), puisque (C
$= c\ \tau_c$). Le capital variable (V) est la fraction de (K) convertie en force
de travail (*ibid.*) qui, seule, permet un accroissement de la valeur du
capital engagé dans la production, autrement dit la force de travail est
dotée de la vertu spécifique de créer un excédent, une plus-value (*plv*).
(V) diffère de (v), le fonds périodique des salaires, lorsque son temps de
rotation (τ_v) est différent de 1, puisque ($V = v\ \tau_v$).

Le temps de travail est composé, d'une part, du « temps de travail
nécessaire » (correspondant à la valeur des biens de subsistance nécessaires à la reproduction de la force de travail) et, d'autre part, du « temps
extra », ou « *surtravail* », « période d'activité qui dépasse les bornes du
travail nécessaire [qui] ne forme aucune valeur pour l'ouvrier [mais]
forme une plus-value pour le capitaliste » (*ibid.*, p. 770), soit : (travail
total − travail nécessaire = surtravail).

D'où la possibilité de déterminer le taux d'exploitation (ou taux de
plus-value) (σ), soit le rapport $\left(\frac{surtravail}{travail\ nécessaire}\right)$ ou $\left(\frac{temps\ de\ travail\ extra}{temps\ de\ travail\ nécessaire}\right)$ (*ibid.*, p. 771,
787), ou encore $\left(\sigma = \frac{plv}{V}\right)$, si ($\tau_v = 1$). ($\sigma$) est donc « l'expression exacte du
degré d'exploitation de la force de travail par le capital ou du travailleur
par le capitaliste » (*ibid.*, p. 771) et la somme de plus-value (*plv*) est égale

---

3   Pour une présentation critique de l'œuvre de Smith par Marx, voir le Livre II du *Capital*
     (II, p. 730-749).

à « la valeur du capital variable avancé multipliée par le taux de plus-value » (*ibid.*, p. 839), soit : $(plv = \sigma V)$. L'extraction de (plv) représente, simultanément, la condition et le mobile de l'accumulation, donc du développement du MPC, (plv) apparaissant comme la partie de la valeur créée par la force de travail qui ne lui est pas restituée sous forme de salaire, donc du « travail non payé » (*ibid.*, p. 1027), ou « travail mort » (*ibid.*, p. 746) ou encore « travail gratuit du salarié pour son capitaliste » (*ibid.*, p. 1035) :

> La valeur que la force de travail possède et la valeur qu'elle peut créer diffèrent de grandeur. C'est cette différence de valeur que le capitaliste avait en vue lorsqu'il acheta la force de travail […] L'homme aux écus a payé la valeur journalière de la force de travail ; son usage pendant le jour, le travail d'une journée entière lui appartient donc. Que l'entretien journalier de cette force ne lui coûte qu'une demi-journée de travail, bien qu'elle puisse opérer ou travailler pendant la journée entière, c'est-à-dire que la valeur créée par son usage pendant un jour soit le double de sa propre valeur journalière, c'est là une chance particulièrement heureuse pour l'acheteur, mais qui ne lèse en rien le droit du vendeur. (*ibid.*, p. 745)

Et Marx d'ajouter, avec ironie :

> C'est là, sur le marché, que se vend la force de travail, pour être exploitée dans la sphère de la production où elle devient source de plus-value, et tout est ainsi pour le mieux dans le meilleur des mondes possibles. (*ibid.*, p. 746)[4]

On le voit, ce mode particulier d'appropriation du surplus basé sur l'exploitation n'est pas synonyme de vol au sens juridique du terme, puisque ce n'est pas le produit de son travail mais sa force de travail qui est vendue par l'ouvrier ; mais plutôt d'un « vol à visage découvert bien que légal » (« *a barefaced though legalised robbery* ») dans un « système injuste et inique » (« *unjust and iniquitus system* ») selon J. F. Bray (1839, p. 50, 48)[5], chartiste et socialiste radical américain, dont Marx s'est, ici, inspiré.

---

4   Pour le « meilleur des mondes possibles » de Smith, *cf. infra*, 1ʳᵉ Partie, p. 40, 44, et celui de Keynes, *cf.* 3ᵉ Partie, p. 151-152.

5   "The whole transaction, therefore, between the producer and the capitalist, is a palpable deception, a mere farce ; it is, in fact, in thousands of instances, no other than a barefaced though legalised roberry by means of the capitalists and proprietors contrive to fasten themselves upon the productive classes, and suck from them their whole substance." (*ibid.*, p. 50)

Dans un système caractérisé par un « capital affamé de surtravail » (*ibid.*, p. 791), c'est la « production d'une plus-value ou l'extorsion de travail extra » (*ibid.*, p. 831) qui constituent sa finalité, où (*plv*) représente donc l'excédent, en valeur, des recettes brutes par rapport aux coûts fixes et variables, soit si (*Y*) est le produit national brut, ($Y = C + V + plv$), la partie de (*Y*) qui représente la plus-value, ($plv = Y - (C + V)$), forme le « produit net » (« *surplus produce* ») (*ibid.*, p. 784). Et la dynamique du MPC repose sur l'accumulation, c'est-à-dire la « reproduction du capital sur une échelle progressive » (*ibid.*, p. 1084), qui nécessite de « convertir une partie du produit net en capital » dans « des choses propres à fonctionner dans le procès de travail », c'est-à-dire des moyens de production et de subsistance additionnels, au-delà de ceux nécessaires au remplacement du capital avancé (*ibid.*, p. 1083). En définitive, « la plus-value n'est convertible en capital que parce que le produit net, dont elle est la valeur, contient déjà les éléments matériels d'un nouveau capital » (*ibid.*, p. 1083-1084). D'où ce célèbre passage du *Capital*, où « le prolétaire n'est qu'une machine à produire de la plus-value » et « le capitaliste qu'une machine à capitaliser cette plus-value » (*ibid.*, p. 1099-1100) :

> Accumulez, accumulez ! C'est la loi et les prophètes ! [...] Épargnez, épargnez toujours, c'est-à-dire retransformez sans cesse en capital la plus grande partie possible de la plus-value ou du produit net ! Accumuler pour accumuler, produire pour produire, tel est le mot d'ordre de l'économie politique proclamant la mission historique de la période bourgeoise. (*ibid.*, p. 1099)

Un dernier élément, la « donnée la plus importante » (*ibid.*, p. 1121), nous manque quant à la spécification de « la loi générale de l'accumulation capitaliste », la « composition du capital » et les changements qu'elle subit dans le progrès de l'accumulation (*ibid.*). Marx raisonne, dans un premier temps, comme ci-dessus, avec l'hypothèse simplificatrice où ($\tau_c = \tau_v = 1$), c'est-à-dire que le stock de capital (constant et variable) est entièrement consommé et reconstitué à chaque cycle de production (*ibid.*, p. 766)[6]. Dans ce cas, il y a identité entre la composition organique des dépenses ($k = c/v$) et ce que Marx nomme la « composition organique du capital » ($k = C/V$), c'est-à-dire « la proportion suivant laquelle le

---

6   Cette hypothèse sera levée (*cf. infra*) lorsque Marx divisera (*C*) entre ses éléments fixes, assujettis à l'usure et à l'obsolescence, qui ne transmettent donc qu'une partie de leurs valeurs au produit durant le cycle de production, et ses éléments circulants (matières premières, énergie, *etc.*) qui sont, eux, entièrement consommés durant ce cycle, aux stocks près.

capital se décompose en partie constante (la valeur des moyens de production) et partie variable (la valeur de la force de travail, la somme des salaires) », soit la « composition-valeur », et « la proportion [...] entre la masse des moyens de production employés et la quantité de travail nécessaire pour les mettre en œuvre », soit la « composition technique » (*ibid.*, p. 1121). Et l'histoire de toutes les découvertes et innovations, de la division manufacturière avec son « travailleur parcellaire » (*ibid.*, p. 879 et s.) au machinisme et à la grande industrie (*ibid.*, p. 913 et s.), qui surviennent à la suite du progrès de l'accumulation, conduit à une diminution relative de (V) comparativement à (C), ou à « l'accroissement progressif de sa partie constante aux dépens de sa partie variable » (*ibid.*, p. 1134), c'est-à-dire que « la masse de l'outillage et des matériaux augmente de plus en plus en comparaison de la somme de force de travail nécessaire pour les mettre en œuvre » (*ibid.*). Et ce changement dans la composition organique du capital (*i.e.* une hausse de (k)), en faisant décroître la grandeur *relative* de (V), n'en exclut pas moins son accroissement *absolu*, la demande globale de travail augmentant avec les progrès de l'accumulation (*ibid.*, p. 1135), même si « la population productive croît toujours en raison plus rapide que le besoin que le capital peut en avoir » (*ibid.*, p. 1163), d'où un chômage structurel (*i.e.* « l'armée industrielle de réserve » ou « la surpopulation relative », *ibid.*, p. 1141 et s., *cf.* ci-après) doublé d'un paupérisme accru du travailleur[7], desquels il résulte :

> une corrélation fatale entre l'accumulation du capital et l'accumulation de la misère, de telle sorte qu'accumulation de richesse à un pôle, c'est égale accumulation de pauvreté, de souffrance, d'ignorance, d'abrutissement, de dégradation morale, d'esclavage, au pôle opposé, du côté de la classe qui produit le capital même. (*ibid.*, p. 1163)

« où la classe qui produit tout, est chaque jour plus près d'être réduite à ne jouir de rien » selon Sismondi (1827, II, p. 464).

---

7   « *Les mêmes causes qui développent la force expansive du capital amenant la mise en disponibilité de la force de travail, la réserve industrielle doit augmenter avec les ressorts de la richesse.* Mais plus la réserve grossit, comparativement à l'armée active du travail, plus grossit aussi la surpopulation consolidée [les chômeurs de longue durée Ph.G.] dont la misère est en raison directe du labeur imposé. Plus s'accroît enfin cette couche des Lazare de la classe salariée, plus s'accroît aussi le paupérisme officiel. *Voilà la loi générale, absolue, de l'accumulation capitaliste.* » (*ibid.*, p. 1162, Marx souligne)

C'est donc à l'accroissement de (σ), « but déterminant de la production capitaliste » (*ibid.*, p. 784-785), que tend l'action du capitaliste qui « n'a avancé son argent qu'avec l'intention de le multiplier » (*ibid.*, p. 742). Toutefois, il ne juge pas la rentabilité de son capital en le rapportant exclusivement à (*plv*), revenu du seul capital variable (*V*) dans la « sphère de la production », mais l'évalue par rapport à l'ensemble du capital (*K*), ce qui renvoie au *profit* en tant que revenu du capital total produit dans le procès de production puis réalisé (*i.e.* vendu) dans la « sphère de la circulation » (*i.e.* le marché), objet central du Livre III du *Capital* (Avant-propos, II, p. 874 et s.) :

> Peu importe au capitaliste de considérer qu'il avance le capital constant pour tirer profit du capital variable, ou qu'il avance le capital variable pour augmenter la valeur du capital constant ; qu'il investisse de l'argent en salaire pour donner plus de valeur aux marchandises et aux matières premières, ou qu'il avance en machines et en matières premières pour pouvoir exploiter le travail. Bien que seule la partie variable du capital crée de la plus-value, elle ne la crée que si les autres parties, les conditions de production du travail, sont également avancées [...] le taux réel de son gain est déterminé non point par le rapport de celui-ci au capital variable mais par rapport au capital total, non point par le taux de la plus-value, mais par le taux de profit (*ibid.*, p. 892)

C'est donc la recherche d'un taux de profit (*p*) élevé, rapport de (*plv*) à (*K*), « taux de valorisation du capital total » (*ibid.*, 895), qui dynamise le système capitaliste :

$$\left(\rho = \frac{plv}{c+v} = \frac{\sigma V}{c+v} = \frac{\sigma}{c/v+1} = \frac{\sigma}{k+1}\right) \text{ lorsque } (\tau_C = \tau_V = 1).$$

En fait, comme l'indique cette expression, « le capitaliste fait du profit parce qu'il peut vendre quelque chose qu'il n'a pas payé [...] La plus-value mesurée par rapport au capital variable nous donne le taux de plus-value ; mesurée par rapport au capital total, elle nous donne le taux de profit » (*ibid.*, p. 892-893). C'est donc de la conversion de (σ) en (ρ) qu'il faut déduire la conversion de la plus-value en profit, et non l'inverse, « le profit [étant] la manifestation de la plus-value » (*ibid.*, p. 896) ; et cette conversion devient réalité lorsque la plus-value est *réalisée*. Autrement dit, l'appropriation par le capitaliste de la plus-value contenue dans la marchandise nécessite qu'elle soit vendue, c'est-à-dire qu'elle soit réalisée sur le marché (*i.e.* la sphère de la circulation), le profit apparaissant comme la plus-value réalisée (expression de l'exploitation du travail dans le processus de production réalisée dans le processus de circulation) éventuellement assorti d'un « profit commercial » (« du fait d'avoir trompé les acheteurs dans le processus de circulation », *ibid.*, p. 895). Partant, (ρ) est toujours inférieur à (σ), car (V) est toujours inférieur à (K) (*ibid.*, p. 898).

Sur ces bases, Marx suppose que « le degré d'exploitation du travail – donc le taux de plus-value et la longueur de la journée de travail – est de même grandeur dans tous les secteurs de la production » (*ibid.*, p. 935), autrement dit, toutes les branches du « capital social » enregistrent des salaires et des durées de travail identiques. Dès lors, si (k) diffère selon les branches, (ρ) variant à l'inverse de l'intensité capitaliste (*cf. supra*, pour (σ) donné, si (k) augmente [élevé] alors (ρ) diminue [faible]), il en résulte un *problème* (la multiplicité de (ρ), pour une économie et une période données) et une *contradiction* puisque la thèse marxienne de l'accumulation montre que le développement du MPC conduit, par la substitution capital/travail (*cf. supra*), à une hausse de (k) et, conséquemment, une baisse de (ρ), qui est, précisément, le mobile de l'accumulation.

Le *problème* renvoie à la construction d'« un taux général du profit » et à la transformation des valeurs en prix. À cette fin, Marx mobilise l'analyse de Ricardo (1817 dans 1977, p. 77-78, 103) fondant l'égalisation tendancielle des taux de profit[8], autrement dit, en situation de concurrence entre capitalistes, la maximisation de (ρ) provoque une mobilité du capital entre les secteurs selon leurs profitabilités respectives, d'où, à terme, une égalisation des taux de profits sectoriels en un taux de profit général, soit (*mobilité + maximisation = égalisation*)[9] :

> si les marchandises sont vendues à leur valeur, il s'établit des taux de profit très différents [...] dans les divers secteurs de production, suivant la composition organique différente des masses de capitaux qui y sont investies. Mais le capital s'évade du secteur à faible taux de profit pour se précipiter dans celui qui offre un taux de profit plus élevé. Par ce va-et-vient continuel, bref, par

---

8 « Par la hausse ou la baisse du prix, les profits s'élèvent au-dessous de leur niveau général, et par-là les capitaux se rapprochent ou s'éloignent des industries qui viennent d'éprouver l'une ou l'autre de ces variations. Chacun étant libre d'employer son capital comme il lui plaît, il est naturel qu'il cherche à se placer de la manière la plus avantageuse [...] Ce désir inquiet, qu'a tout capitaliste, d'abandonner un placement moins lucratif pour un autre qui le soit davantage, tend singulièrement à établir l'égalité dans le taux de tous les profits » (Ricardo, *Des principes ...*, *op. cit.*, p. 77-78).

9 Le même raisonnement est appliqué pour le « taux général des salaires » (I, I, p. 1153-1154).

la façon dont il se répartit entre les divers secteurs selon que le taux de profit baisse ici et augmente là, le capital crée un rapport entre l'offre et la demande capable d'égaliser le profit moyen dans les différents secteurs de la production, si bien que les valeurs se changent en prix de production. (*ibid.*, p. 986-987)

Dès lors, si (ρ) est le taux général de profit unique et que (k) diffère selon les branches, (σ) ne peut être identique pour tous les secteurs. Autrement dit, les facteurs qui égalisent (ρ) génèrent, simultanément, des taux de plus-value différents d'une branche à l'autre, d'où la nécessité de passer de la « valeur » aux « prix de production[10] » pour résoudre ce problème.

Remarquons, en premier lieu, que les « valeurs » ($C + V + plv = C + V + \sigma V$) diffèrent des « prix de production » ($C + V + \rho(C + V)$), si ($\tau_c = \tau_v = 1$). En posant (P), le profit total pour (n) branches, soit ($P = \sum_{i=1}^{n} \rho_i$), et ($\Sigma\sigma$) la plus-value totale, en posant ($P = \Sigma\sigma$) et (k) la composition organique moyenne du capital pour l'économie concernée, le profit est supérieur à la plus-value dans les secteurs (x) pour lesquels ($k_x > k$), secteurs à forte intensité capitalistique, donc à « faible » production de plus-value. Inversement, le profit est inférieur à la plus-value dans les secteurs (y) où ($k_y < k$), secteurs à faible intensité capitalistique (ou à forte concentration humaine), donc à forte production de plus-value. L'égalisation des taux de profits traduit, *in fine*, la redistribution de la plus-value des branches (y) vers les branches (x) qui vendront leurs produits à des prix supérieurs à leurs valeurs, en s'appropriant de la plus-value générée par les branches (y) qui, elles, ont un profit inférieur à la plus-value qu'elles produisent.

La résolution de la *contradiction* (*cf. supra*) nécessite, quant à elle, d'expliquer les dynamiques de la plus-value et du profit, ce qui renvoie à l'accumulation du capital.

---

10   « la concurrence égalise les taux de profit des différents secteurs de production et produit ainsi un taux de profit moyen ; ce faisant, elle convertit les valeurs des produits de ces différents secteurs en prix de production » (*ibid.*, p. 996).

ACCUMULATION
DU « CAPITAL INDIVIDUEL »
ET ACCUMULATION DU « CAPITAL SOCIAL »

Conditions et mécanismes de la « reproduction simple » et de la « reproduction élargie »

L'analyse marxienne de l'accumulation du capital est, en premier lieu, traitée dans la « sphère de la production », dans le Livre I, chap. XXV, du *Capital* (« La loi générale de l'accumulation capitaliste », *ibid.*, p. 1121-1166), puis étendue à « la circulation monétaire » dans le Livre II du *Capital* relatif au « processus de circulation du capital » (II, p. 499-863). Marx procède en deux temps : d'abord, l'accumulation du « capital individuel », « partie isolée du capital social » (*ibid.*, p. 508), centrée sur la microéconomie des décisions de production qui « s'enchevêtrent et se conditionnent » pour former le « capital social dans son ensemble » :

> chaque capital particulier ne forme qu'une fraction autonome du capital social total, douée, pour ainsi dire, d'une vie individuelle, de même que chaque capitaliste n'est qu'un élément individuel de la classe capitaliste. Le mouvement du capital social se compose de la totalité des mouvements de ses fractions autonomes, des rotations des capitaux individuels [...] la métamorphose du capital individuel, sa rotation, forme un chaînon dans le circuit du capital social. (*ibid.*, p. 728)

LES FONDEMENTS MICRO-ÉCONOMIQUES
DE L'ACCUMULATION DU CAPITAL
La reproduction du « capital individuel »

La reproduction du « capital individuel » renvoie au comportement d'un entrepreneur (γ), ($\forall \gamma$), qui vise à reproduire et à augmenter son capital en transformant du capital productif en « capital-marchandise » (*ibid.*, p. 518), dans le but de s'approprier du travail non payé, afin de maximiser sa plus-value puis son profit lors de la vente de ce qui est redevenu « marchandise » qui se défait de sa « forme d'utilité » pour reprendre la « forme d'une valeur d'échange indépendante » (*ibid.*, p. 521). Toutes ces microdécisions alimentent la reproduction du « capital social », mais celle-ci soulève des problèmes supplémentaires. Alors que la reproduction du « capital individuel » se traduit principalement par une opposition capitalistes/ouvriers, le « rapport entre le travail gratuit et le travail payé » (I, I, p. 1130), synthétisée dans (σ), la reproduction du « capital social » ajoute à cet antagonisme, les luttes entre capitalistes pour le partage de la plus-value et du profit, où au gré des « aléas de la circulation », « tel capitaliste accapare une portion de la plus-value ou même du capital d'autrui » qui donne lieu à « une accumulation et à une centralisation unilatérales du capital-argent aussi bien que du capital productif » (II, II, p. 726).

Soit un capitaliste (γ), ($\forall \gamma$), doté d'un capital initial (K) constitué d'un fonds de salaire (v) et de moyens de production (c). Avec ($\tau_c = \tau_v = 1$), selon une proportion (k) donnée, la production (Y_y) a alors pour valeur :

$$(Y_y = C + V + \sigma V = C + (1 + \sigma)V)$$

Comme, par hypothèse, (Y_y) est entièrement réalisé à sa valeur (*cf. supra*), le capitaliste (γ) doit, pour maintenir ses capacités de production, renouveler, à la période suivante, le capital (constant et variable) consommé, soit, ici, ($c + v$) ou ($C + V$), dès lors que ($\tau_c = \tau_v = 1$). Il lui reste, *in fine*, sa plus-value ($plv_y = \sigma V$). Si cette plus-value est entièrement consommée par (γ), « aussi périodiquement dépensée que gagnée », on a affaire, toutes choses étant égales (*i.e.* avec maintien strict de ses capacités productives) à une *reproduction simple* du « capital individuel » (I, I, p. 1068)[1]. Si, au lieu d'être consommée, (plv_y) est totalement ou partiellement avancée et employée comme capital additionnel, (γ) remplissant « sa fonction de capitaliste, qui est de s'enrichir » (*ibid.*, p. 1095), un nouveau capital (K') se forme et « va se joindre à l'ancien » (*ibid.*, p. 1082), donc $(K' > K)$. Comme le relève Marx (*ibid.*), « on accumule en capitalisant la plus-value », il faut donc « qu'une partie du surtravail annuel ait été employée à produire des moyens de production et de subsistance additionnels, en sus de ceux nécessaires au remplacement du capital avancé » (*ibid.*, p. 1083). Ce contexte d'une « reproduction sur une échelle progressive », ou *reproduction élargie* du « capital individuel », est celui du capitalisme, système dynamique par nature où « plus le capitaliste a accumulé, plus il peut accumuler [...] plus il s'est déjà approprié dans le passé de travail d'autrui non payé, plus il en peut accaparer dans le présent » (*ibid.*, p. 1086), « et ainsi de suite » (*ibid.*, p. 1094). C'est la concurrence entre capitalistes, qui impose « les lois immanentes de la production capitaliste comme lois coercitives externes à chaque capitaliste individuel » (*ibid.*, p. 1096), qui conditionne cette nécessité : pour être compétitif, chaque capitaliste doit produire à moindre coût, augmenter la productivité du travail, introduire de nouvelles machines et méthodes de production. Simultanément, les exigences de rentabilité l'amènent à répartir les coûts des transformations techniques et des instruments de production sur un plus grand nombre de produits, la rentabilité des investissements étant assurée par des rendements croissants. Aussi chaque capitaliste, $(\forall\gamma)$, en tant qu'il est « capital fait homme » (*ibid.*, p. 1096), est-il placé devant cette alternative, accroître sa production ou disparaître, devenant, par là-même, un « agent fanatique de l'accumulation » contraint « à produire pour produire » (*ibid.*, p. 1095). Dans ce cadre, (γ) fonctionne comme « capital personnifié » (*ibid.*), produit du MPC dont il n'est qu'un rouage, et (Y_γ) *doit* être désormais affectée :

— d'une part, au renouvellement de (K) consommé productivement, puisque $(\tau_C = \tau_V = 1)$, condition de la reproduction simple ;
— d'autre part, à un investissement additionnel $(I = \Delta C + \Delta V)$, en proportion de (k), provenant de la fraction épargnée et réinvestie

---

1 « La reproduction simple ne fait que répéter périodiquement la première opération ; à chaque reprise elle devient donc à son tour conversion primitive de l'argent en capital. » (*ibid.*, p. 1087)

de sa plus value ($\alpha(\sigma V)$), avec ($0 < \alpha < 1$), soit ($I = \alpha(\sigma V)$), condition de la reproduction élargie ;
- enfin, sa consommation finale pour le montant restant de sa plus-value, soit (($1 - \alpha)\sigma V$).

Dans ce cas, en supposant (σ, α, k) constants, les fractions (C, V, plv) de même que le produit (Y_y) suivent une progression géométrique de raison ($1 + \alpha\sigma/k + 1$), où ($\alpha\sigma/k + 1 = \alpha\rho = g$), avec ($\rho$) le taux de profit, et (g) le taux d'accumulation (ici, constant, par le jeu des hypothèses), d'autant plus fort que les capacités d'épargne, donc d'investissement, de (γ), soit (α et σ), pour (V) donné, sont élevées, et que l'intensité capitalistique (k) est faible. (α), le taux d'épargne, et (k), la composition organique du capital, dépendant de la décision du capitaliste (γ) en fonction du progrès technique et du niveau d'investissement désiré compte tenu de la concurrence, le taux d'accumulation (g) dépend finalement du taux de plus-value (σ). Partant, si la valeur additionnelle créée au cours d'une journée de travail par l'ouvrier moyen (travail abstrait) est de (T) heures de travail, et si chaque travailleur reçoit au titre de la reproduction de sa force de travail (travail vivant, payé), un salaire journalier qui lui permet d'acheter (B_j) quantités de biens de subsistance de valeur unitaire (δ), le montant du travail nécessaire pour reproduire la force de travail journalière constituée de (n) ouvriers est égal à :

$(V = \sum_{i=1}^{n} \delta_i B_i)$,
la plus-value à : $(plv = Tn - \sum_{i=1}^{n} \delta_i B_i)$,
d'où le taux de plus-value : $(\sigma = Tn - \sum_{i=1}^{n} \delta_i B_i / \sum_{i=1}^{n} \delta_i B_i)$.

Dès lors, (σ) est fonction de trois paramètres qui peuvent se conjuguer :

- l'importance de (B_j), pour un prix unitaire (δ) donné, qui résulte du rapport de force entre capitalistes et ouvriers, de « la proportion différente suivant laquelle la classe ouvrière se décompose en armée active et en armée de réserve, l'augmentation ou la diminution de la surpopulation relative, le degré auquel elle se trouve tantôt "engagée", tantôt "dégagée", en un mot, ses mouvements d'expansion et de contraction alternatifs correspondant à leur tour aux vicissitudes du cycle industriel » (*ibid.*, p. 1153-1154, *cf. infra*). Ainsi, *mutatis mutandis*, (σ) diminue si (B_j) augmente, et réciproquement.

— la valeur de (T) : pour $(T' > T)$, avec un allongement de la durée du travail (schéma extensif), pour un taux de salaire $(\delta_i B_i)$ donné, il vient, pour (n) ouvriers : $(\sigma' = T'n - \sum_{i=1}^{n} \delta_i B_i / \sum_{i=1}^{n} \delta_i B_i > \sigma)$ ce que Marx nomme l'extraction de la *plus-value absolue* : « La journée de travail n'est donc pas une grandeur constante, mais une grandeur variable. Une de ses parties est bien déterminée par le temps de travail qu'exige la reproduction continue de l'ouvrier lui-même [$(\delta_i B_i)$] ; mais sa grandeur totale varie suivant la longueur ou la durée du surtravail. La journée de travail est donc déterminable ; mais, par elle-même, elle est indéterminée [...] dans certaines limites [...] Je nomme *plus-value absolue* la plus-value produite par la simple prolongation de la journée de travail » (*ibid.*, p. 787, 852, Marx souligne).

— la hausse de la « force productive » ou de la « productivité du travail » (*ibid.*, p. 852), c'est-à-dire « un changement dans les procédés de production, abrégeant le temps socialement nécessaire, à la production d'une marchandise, de telle sorte qu'une quantité moindre de travail acquiert la force de produire plus de valeurs d'usage » (schéma intensif). Cela concerne, ici, la propre production de (γ), notamment par incorporation du progrès technique dans (Y_y), d'où une hausse de (k_y) et de (T), selon le même schéma que précédemment, avec $(T'>T)$, où la « transformation du travail nécessaire en surtravail » passe, dorénavant, par une « transformation des conditions techniques et sociales du mode de production » (*ibid.*), comparativement à la situation de plus-value absolue qui laissait « intacts les procédés traditionnels du travail » (*ibid.*). L'autre hausse de la productivité du travail susceptible de faire baisser la valeur de la force de travail et, ainsi, abréger le temps exigé pour sa reproduction, concerne la production de (B_j) : « Pour qu'il fasse baisser la valeur de la force de travail, l'accroissement de la productivité doit affecter des branches d'industrie dont les produits déterminent la valeur de cette force, c'est-à-dire des industries qui fournissent ou les marchandises nécessaires à l'entretien de l'ouvrier, ou les moyens de production de ces marchandises. En faisant diminuer leur prix [δ_j], l'augmentation de la productivité fait en même temps tomber la valeur de la force de travail » (*ibid.*, p. 852-853). Cet accroissement du surtravail (ou diminution du temps de travail nécessaire) par un changement des instruments ou de la méthode de travail renvoie, pour Marx, à la *plus-value relative* : « Je nomme [...] *plus-value relative* la plus-value qui provient de l'abréviation du temps de travail nécessaire et du changement correspondant dans la grandeur relative des deux parties dont se compose la journée » (*ibid.*, p. 852).

Il résulte de cette « loi générale de l'accumulation capitaliste » :

i) Une hausse de la composition organique du capital (k). Les capitalistes remplacent (V) par (C), notamment dans des périodes marquées par de grandes découvertes scientifiques et techniques :

> Le progrès industriel, qui suit la marche de l'accumulation, non seulement réduit de plus en plus le nombre des ouvriers nécessaires pour mettre en œuvre une masse croissante de moyens de production, il augmente en même temps la quantité de travail que l'ouvrier individuel doit fournir. À mesure qu'il développe les pouvoirs productifs du travail et fait donc tirer plus de produits de moins de travail, le système capitaliste développe aussi les moyens de tirer plus de travail du salarié [...] en rendant son labeur plus intense (*ibid.*, p. 1151)

ii) L'existence d'une « surpopulation relative ». Cette décroissance proportionnelle de (V), grâce au « développement de l'industrie mécanique » (*ibid.*, p. 1152) génère une main d'œuvre ne trouvant pas, ou difficilement, à s'employer, condamnée à « l'oisiveté forcée » (*ibid.*, p. 1153)[2]. Cette « partie de la classe salariée à l'oisiveté forcée » constitue la « surpopulation relative » ou « armée industrielle de réserve » (*ibid.*, p. 1148) (*i.e.* les chômeurs). Cette surpopulation est relative car elle ne résulte pas d'un accroissement démographique, mais de la diminution relative des besoins de main-d'œuvre que nécessite la mise en valeur de (C) au fur et à mesure de son évolution :

> Nous l'appelons « relative », parce qu'elle provient, non d'un accroissement de la population ouvrière qui dépasserait les limites de la richesse en voie d'accumulation, mais, au contraire, d'un accroissement accéléré du capital social qui lui permet de se passer d'une partie plus ou moins considérable de ses manouvriers. Comme cette surpopulation n'existe que par rapport aux besoins momentanés de l'exploitation capitaliste, elle peut s'enfler et se resserrer d'une manière subite. (*ibid.*, p. 1146)

---

2   Cette notion d'« oisiveté forcée » sera, également, utilisée par Keynes (« L'économie en 1931 » dans 2009, p. 62, par exemple).

Et ce chômage facilite l'accumulation de chaque « capital individuel », ce « superflu de population » devenant « le levier le plus puissant de l'accumulation », « un ressort régulier de la production des richesses » (*ibid.*, p. 1148-1149) :

— en donnant à (*V*), la mobilité nécessaire au développement des industries existantes et à l'émergence d'industries nouvelles, rendant l'offre de travail fortement élastique, d'une « élasticité merveilleuse » (*ibid.*, p. 1149) ;

— en diminuant le risque, pour le capitaliste, d'une hausse du « taux général des salaires », donc d'une réduction du surtravail appropriable (*ibid.*, p. 1153 et s.) ;

— en permettant aux capitalistes d'augmenter la part du surtravail comparativement au travail nécessaire, « un excès de travail qui enrichit les capitalistes individuels » en maintenant « l'armée industrielle de réserve en équilibre avec le progrès de l'accumulation » (*ibid.*, p. 1153), et en rétribuant l'ouvrier à la simple valeur (voire en dessous) de reconstitution de sa force de travail :

> L'excès de travail imposé à la fraction de la classe salariée qui se trouve en service actif grossit les rangs de la réserve, et, en augmentant la pression que la concurrence de la dernière exerce sur la première, force celle-ci à subir plus docilement les ordres du capital. (*ibid.*, p. 1152)

C'est, principalement, sur cette « surpopulation relative » que Marx édifie sa « loi générale de l'accumulation capitaliste » de laquelle résulte une des contradictions fondamentales du capitalisme entre l'accumulation du capital et la misère du prolétariat, constitué dans « une grande proportion de femmes, d'enfants, d'adolescents, de jeunes gens », accoutumés à « la misère chronique, à des conditions d'existence tout à fait précaires », où « le travailleur est déjà usé à la moitié de sa carrière » avec une « moyenne de vie la plus courte », vivant, dans sa catégorie extrême (enfants des pauvres assistés, orphelins, malades, estropiés, *etc.*, « victimes directes de l'industrie »), dans « l'enfer du paupérisme » (*ibid.*, p. 1158-1161), que nous développerons ci-après. Les polarisations antagoniques qui en découlent (la lutte des classes) compliquent, alors, la réalisation (*i.e.* la consommation) d'une partie du produit global (*Y*) (*i.e.* celle des biens de subsistance (*B*), donc, au niveau agrégé (macroéconomique), menacent l'équilibre du « capital social » qui nécessite de prendre en compte la *nature* de la marchandise (biens de consommation finale, productive, d'investissement, *etc.*) :

> Aussi longtemps que nous avons considéré la production de la valeur et la valeur des produits du capital sur le plan individuel, la forme naturelle du produit-marchandise était, pour l'analyse, tout à fait indifférente ; peu importait que ce fussent des machines, du blé ou des miroirs. Il ne s'agissait que d'exemples, et n'importe quelle branche de production pouvait servir d'illustration […] Ce mode de présentation purement formel ne suffit plus lorsqu'il s'agit d'étudier le capital social dans son ensemble, et la valeur de ses produits. (II, II, p. 754)

L'ANALYSE MACRO-ÉCONOMIQUE
DE L'ACCUMULATION DU CAPITAL
Les schémas de reproduction

L'étude de l'accumulation et de la reproduction du capital social exige, en effet, que soient distingués les biens consommés productivement de ceux qui forment la consommation finale des agents, d'où la décomposition de la « production sociale » en « deux grandes sections » (*ibid.*, p. 754) :

– la section I (S.I) des « moyens de production » ;
– la section II (S.II) des « moyens de consommation » (*ibid.*).

Les « moyens de production » sont les marchandises destinées à la production d'autres biens (de production et/ou de consommation), donc consommés productivement dans le processus de production ; les « moyens de consommation » sont les marchandises qui entrent directement dans la consommation finale des ouvriers comme des capitalistes. La consommation productive (débouchés de (S.I)) n'est assurée, dans le MPC, que par les propriétaires des moyens de production. La consommation finale (débouchés de (S.II)) concerne les deux classes sociales, regroupant les biens de subsistance et les biens de luxe. Le fonctionnement de chacune de ces deux sections requiert du capital constant (éléments fixes et circulants) et du capital variable. Avec l'hypothèse simplificatrice où ($\tau_C = \tau_V = 1$), et en considérant, initialement, que la composition organique du capital des différentes branches agrégées dans chacune des deux sections est identique, il vient :

$(\gamma_I = C_I + V_I + plv_I)$, pour (S.I) ;
$(\gamma_{II} = C_{II} + V_{II} + plv_{II})$, pour (S.II) ;
d'où $(\gamma = C + V + plv)$, le produit total.

Dans ce cadre, Marx mobilise, pour l'étude de la reproduction du « capital social », « simple » comme « élargie », des exemples chiffrés qu'il nomme « schéma » (*ibid.*, p. 756), les « schémas de reproduction » qui, pour Morishima (1973, p. 3), forment « *a two-departmental macroeconomic model* », « *a macro-dynamic model rigorously constructed in a scientific way* » :

> *Marx's theory of reproduction and Walras' theory of capital accumulation should be honoured together as the parents of the modern, dynamic theory of general economic equilibrium [...] It is no exaggeration to say that before Kalecki, Frisch and Tinbergen no economist except Marx, had obtained a macro-dynamic model rigorously constructed in a scientific way [...] Marx's theory of reproduction is very similar to Leontief's input—output analysis. (Or more correctly, we should say conversely that Leontief reproduced Marx as well as Walras in a pragmatic way.) [and] Marx's theory contains in itself a way to the von Neumann Revolution (ibid., p. 2-3)*

> « La théorie de la reproduction de Marx et la théorie de l'accumulation du capital de Walras devraient être reconnues comme les fondements de la théorie moderne de l'équilibre général dynamique [...] Ce n'est pas exagérer que de dire qu'avant Kalecki, Frisch et Tinbergen aucun économiste à l'exception de Marx n'a spécifié de modèle macro-dynamique rigoureusement construit de manière scientifique [...] La théorie de la reproduction de Marx est très similaire à l'analyse input-output de Leontief (ou plus précisément, il faudrait dire au contraire que Leontief a répliqué Marx aussi bien que Walras de manière pragmatique.) [et] la théorie de Marx contient en elle-même une voie vers la Révolution de von Neumann »

Pour la *reproduction simple* du « capital social », Marx prend un exemple chiffré, avec ($\sigma = plv/V = 100\% = 1$), les chiffres pouvant indiquer, indifféremment, « des millions de marks, de francs ou de livres sterling » (II, II, p. 756).

Valeur du capital social initial d'une économie « fermée » (*i.e.* sans relations avec l'extérieur) :

(S.I) : $4000C_I + 1000V_I$
(S.II) : $2000C_{II} + 500V_{II}$

Dès lors, sachant que ($\sigma = 1$), alors, en fin de période de production, ($plv = \sigma V = V$), soit :

$$(\gamma_I = 4000C_I + 1000V_I + 1000plv_I)$$
$$(\gamma_{II} = 2000C_{II} + 500V_{II} + 500plv_{II})$$

La valeur du produit total (y) passe de 7500 à 9000 (soit ($y = y_I + y_{II}$)) à la fin du processus de production. Toutefois, cette croissance n'implique pas la possibilité d'une « reproduction élargie ». Seule la « reproduction simple » reste, dans ce cas, possible. Pourquoi ?

Les capitalistes de (S.II) ont besoin, pour reproduire (C_{II}), entièrement consommé puisque ($\tau_c = 1$), de moyens matériels de production d'une valeur de 2000, et de manière identique, les capitalistes de (S.I) de 4000 pour reproduire (C_I), soit :

$$(C_I + C_{II} = 6000)$$

Or (γ_I), c'est-à-dire l'offre globale de biens de production exprimée en valeur, est précisément égale à 6000. Il n'est donc pas possible pour les capitalistes de (S.I) et de (S.II) de reproduire, en économie fermée, leur capital constant sur une base élargie, les moyens de production disponibles étant quantitativement limités à (y_I) qui est, ici, équivalent au capital constant consommé productivement dans les deux sections. *Les conditions matérielles de la reproduction élargie (i.e. la production de biens de production additionnels aux besoins primaires) n'existent pas.*

Partant, la première formule de la « reproduction simple » du capital social s'énonce comme suit : le produit de (S.I), (y_I), est égal à la somme des moyens de production consommés dans le processus de production, ($C_{I} + C_{II}$), puisque ($\tau_c = \tau_v = 1$) par hypothèse, soit :

$$(\gamma_I = C_I + C_{II})$$

Concernant les flux intersectoriels, les capitalistes de (S.I), sur un produit global de 6000, gardent pour leur propre consommation productive (reconstitution de (C_I)) 4000, et vendent aux capitalistes de (S.II) des moyens de production pour une valeur de 2000 (soit (C_{II})). Ceux-ci les échangent contre des moyens de consommation de même valeur (2000), que les capitalistes de (S.I) consacrent à la reconstitution de la force de travail de leurs salariés (le travail payé, soit (V_I)) et à leur propre consommation (plv_I), consommant l'intégralité de leur revenu ($\alpha = 0$, *cf. supra*). Ainsi, les besoins de consommation productive des capitalistes de (S.II), (C_{II}), sont financés par les besoins en consommation finale exprimés par les capitalistes et les ouvriers de (S.I), respectivement (plv_I) et (V_I), soit la deuxième formule de la reproduction simple :

$$(C_{II} = V_I + plv_I)$$

De cette deuxième formule, on peut immédiatement en déduire une troisième :

$$(\gamma_{II} = V_I + plv_I + V_{II} + plv_{II})$$

Autrement dit, la production totale des moyens de consommation de (S.II), (γ_{II}), est entièrement affectée aux consommations finales des ouvriers et des capitalistes des deux sections, respectivement $(V_I + V_{II})$ et $(plv_I + plv_{II})$.

Marx donne cet exemple de la « reproduction simple » pour présenter, en théorie, le fonctionnement et l'interdépendance des deux sections, c'est donc un cadre hypothétique, « le point de départ indispensable de toute représentation scientifique exacte de la reproduction » pour R. Luxemburg (1913 dans 1969, p. 89), qui ne correspond pas à la réalité du capitalisme, mais à l'état initial de l'accumulation (*in statu nascendi*). Comme le souligne Marx :

> La reproduction simple (sur une échelle constante) apparaît comme une abstraction parce que, d'une part, l'absence de toute accumulation ou de reproduction sur une échelle élargie est, dans l'économie capitaliste, une hypothèse paradoxale et que, d'autre part, les conditions de production ne sont pas les mêmes chaque année (Ainsi que nous le supposons). Toutefois, dans la mesure où il y a accumulation, la reproduction simple en constitue toujours une partie ; elle peut, par conséquent, être étudiée à part en tant que facteur réel de l'accumulation. (II, II, p. 754)

argument repris par R. Luxemburg (*ibid.*) :

> Le caractère défectueux du schéma de la reproduction simple apparaît claire-
> ment : il expose les lois d'une forme de reproduction qui, dans les conditions
> de la production capitaliste, ne peut être qu'exceptionnelle. La règle du
> mode de production capitaliste […] n'est pas la reproduction simple, mais la
> reproduction élargie. Malgré cela, le schéma conserve toute son importance
> scientifique.

On l'a vu, dans la réalité capitaliste, seule la « reproduction élargie »
est concevable dès lors que pour soutenir la concurrence, les capitalistes
de (S.I) et de (S.II) sont sans cesse obligés d'élargir la base de leurs
productions (*cf. supra*). Au lieu de consommer la totalité de leur plus-
value ($\alpha = 0$), ils en réinvestissent une partie ($0 < \alpha < 1$) en capitaux
constant et variable, base de l'accumulation sur une échelle progressive,
expression capitaliste des effets de la productivité croissante des moyens
de production, et, avec le progrès technique, le « travail vivant » est en
mesure de transformer en marchandises, en un temps de plus en plus
court, des masses de plus en plus considérables de moyens de production, d'où ($\alpha \to 1$).

La « reproduction élargie » nécessite donc une quantité additionnelle
de moyens de production fournie lors de la période antérieure, « un
capital constant additionnel, par leur conversion en éléments naturels
du capital productif » prenant la forme d'une « extension du capital
constant en fonction » ou de « l'établissement d'une nouvelle entreprise industrielle » (*ibid.*, p. 824). Autrement dit, elle ne trouve sa base
matérielle que dans une *surproduction relative* de (S.I) comparativement
à (S.II). En conséquence, il faut une *disproportion* permanente entre les
deux sections pour que l'accumulation du capital social puisse se réa-
liser au moyen de la *capitalisation* d'une partie (α) de (plv_I) et de (plv_{II}),
respectivement ($\alpha\sigma V_I$) et ($\alpha\sigma V_{II}$). Et cette conversion d'une fraction de
la plus-value en capital additionnel se traduit nécessairement par une
baisse de la demande effective des moyens de consommation des capitalistes, donc une baisse des débouchés pour (S.II), la partie dorénavant
capitalisée (donc non consommée) de la plus-value excédant l'éventuelle
augmentation du travail payé (*i.e.* « le capital variable additionnel »,
ibid., p. 836) liée à la mise en œuvre des capacités de production addi-
tionnelles, soit ($[(\alpha\sigma V_I) + (\alpha\sigma V_{II})] > [(\Delta V_I) + (\Delta V_{II})]$). La surproduction
relative et *secondaire* de (S.II) qui en résulte est alors conditionnée par la
surproduction *effective* et *préalable* de (S.I).

Afin d'illustrer les conditions et le processus de « reproduction élargie » du « capital social », Marx propose un nouvel exemple chiffré (*ibid.*, p. 846 et s.) qui contient la possibilité d'une accumulation du capital social, sans modification, comparativement au précédent exemple, de la répartition de (γ) et avec les mêmes valeurs globales de (γ_I) et de (γ_{II}), donc du capital total (γ), soit ($\gamma_I + \gamma_{II} = 9000$), avec ($\sigma = 1$) :

$$(\gamma_I = 4000C_I + 1000V_I + 1000plv_I) = 6000$$
$$(\gamma_{II} = 1500C_{II} + 750V_{II} + 750plv_{II}) = 3000$$

Dans ce schéma, le produit de (S.I) est supérieur à la somme des moyens de productions des deux sections usés dans leurs cycles de production respectifs (6000 > (4000 + 1500)), soit :

$$(\gamma_I > C_I + C_{II})$$

première formule de la « reproduction élargie », celle qui permet le processus d'accumulation du capital social sur une échelle progressive. Cette disproportion montre la surproduction effective en moyens de production et, simultanément, la prédominance de (S.I) dans la dynamique du système capitaliste.

Par ailleurs, (γ_{II}), soit (3000), est inférieur à la somme des consommations finales potentielles des travailleurs et des capitalistes des deux sections (3500), soit :

$$(\gamma_{II} < V_I + plv_I + V_{II} + plv_{II})$$

deuxième formule de la « reproduction élargie » qui illustre que la valeur totale de la consommation *solvable* ne se traduit pas par une consommation *effective*, dès lors que ($\alpha \neq 0$), une partie (α) de la plus-value des capitalistes étant capitalisée, seule l'autre partie ($1 - \alpha$) étant, dorénavant, consommée.

Supposons, ici, que la moitié de (plv_I), soit accumulée, soit ($\alpha\sigma V_I = \alpha plv_I = 500$). Les capitalistes de (S.I) fournissent aux capitalistes de (S.II) ($1500C_{II}$), en échange de quoi ils reconstituent leur force de travail ($1000V_I$) et satisfont leur propre consommation finale ($500plv_I = (1 - \alpha)\sigma V_I$), leur part de plus-value consommée productivement égale à ($500plv_I = \alpha\sigma V_I$), ou *surproduit*, constituant la base de l'accumulation. Le capital additionnel qui en résulte, soit ($I = \alpha\sigma V_I =$ 500 = $\Delta(C_I + V_I)$), doit être composé, pour sa valorisation, de capitaux constant et variable, selon une proportion (k_I). Avec, ici, ($k_I = C_I/V_I =$ 4), les capitalistes de (S.I) affectent ($400 = 500 \times 4/5$) à (ΔC_I), et ($100 = 500 \times 1/5$) à (ΔV_I). (ΔV_I) amène les capitalistes de (S.I) à vendre 100 de moyens de production aux capitalistes de (S.II). Ces derniers accumulent alors, à leur tour, ce produit additionnel en capitaux constant (ΔC_{II}) et variable (ΔV_{II}) en proportion de (k_{II}), soit ($k_{II} = C_{II}/V_{II} = 2$) , avec ($\Delta C_{II} = 100 \times 2/3 \approx 67$) et ($\Delta V_I = 100 \times 1/3 \approx 33$).

La nouvelle répartition du « capital social » est alors la suivante :

$$(\gamma_I = 4400C_I + 1100V_I \text{ reste } 500[plv_I = 1 - \alpha\sigma V_I])$$
$$(\gamma_{II} = 1567C_{II} + 783V_{II} \text{ reste } 650[plv_{II} = 1 - \alpha\sigma V_{II}])$$

Le produit social est toujours de 9000, mais le capital social ($C_{I+II} + V_{I+II}$) augmente, passant de 7250 à 7850. Si, comme précédemment, ($\sigma = 1$), le capital social devient, en fin de période :

$$(\gamma_I = 4400C_I + 1100V_I + 1100plv_I = 6600)$$
$$(\gamma_{II} = 1567C_{II} + 783V_{II} + 783plv_{II} = 3133)$$

Le produit social est donc passé de 9000 à 9733, avec la double dispro-portion initiale ($\gamma_I > C_I + C_{II}$) et ($\gamma_{II} < V_I + plv_I + V_{II} + plv_{II}$) caractéristique de la « reproduction élargie », ce qui semble montrer la possibilité d'un développement indéfini du capitalisme, d'une accumulation sans entraves ni limites épousant un régime de croissance régulière. Toutefois, les schémas marxiens de reproduction élargie du « capital social » du Livre II du *Capital*, ne peuvent constituer une démonstration mathématique de la possibilité indéfinie de l'accumulation capitaliste, qu'à la condition d'un respect absolu des disproportions entre (S.I) et (S.II), autrement dit, comme le relève R. Luxemburg (*ibid.*, p. 99-100), que ces « quelques règles faciles », résultant d'« exercices mathématiques avec additions et soustractions » présentant sans « aucune surprise » une accumulation se poursuivant « sans heurts, à l'infini », soient vérifiées dans les faits, alors que « les conditions sociales concrètes de l'accumulation » nous montrent le contraire. Il en est ainsi de l'hypothétique invariance de (k), de l'absence de subdivision entre les éléments fixes et circulants de (C) (*ibid.*, p. 68 et s.), ou du fait que « l'accumulation est menée activement et dirigé par la section I et accepté passivement par la section II » (*ibid.*, 107), soit un « manque de douceur » (*ibid.*, p. 102) à l'encontre des capitalistes de (S.II) dépendants de (S.I) (*ibid.*, p. 106), ou de l'absence de prise en compte de la démographie (*ibid.*, p. 112), ou encore de la « démo-économie » puisque « la société – même sous la domination du capitalisme – ne consiste pas uniquement en capitalistes et en ouvriers. En dehors de ces deux classes, il existe encore une grande masse de la population : propriétaires fonciers, employés, membres de professions libérales [...] et enfin l'État, avec ses fonctionnaires et avec l'armée [qui] doivent être nourries et entretenues par la société » (*ibid.*, p. 113-114).

Le débat relatif aux thèses « dépérissement » *vs* « perpétuation » du capitalisme est loin d'être clos, nous y reviendrons dans le chapitre suivant. En attendant, relevons que ces schémas de reproduction permettent trois avancées théoriques :

- la dynamique du capital social est d'abord assurée par les moyens de production : l'accumulation est effectuée dans (S.I) puis son volume fixe quantitativement les conditions de la reproduction élargie de (S.II) ;
- une double disproportion permanente constitue l'ossature de la reproduction élargie du capital social. Les situations de *surproduction* effective et relative, loin d'être des dysfonctionnements du système, conditionnent et permettent l'accumulation du capital, exerçant, par là-même, une fonction de régulation ;
- La composition organique du capital est très différente entre les deux sections, la part relative de (C_I), donc l'intensité capitalistique de (S.I), étant plus importante que celle de (C_{II}), soit ($k_I > k_{II}$). Il en découle que la masse de profit et celle de la plus-value ne sont pas des grandeurs interchangeables. Le modèle initial de Marx peut, alors, être modifié en substituant le profit à la plus-value :

$$(\gamma_I = 4000C_I + 1000V_I + 1000plv_I) = 6000$$
$$(\gamma_{II} = 1500C_{II} + 750V_{II} + 750plv_{II}) = 3000$$

En mobilisant la loi d'égalisation de Ricardo (*cf. supra*), le taux de profit moyen pour cette économie est :

$$(\rho = plv_I + plv_{II}/C_I + C_{II} + V_I + V_{II}) = (1750/7250), \text{ soit} \approx 24\,\%.$$

La masse de profit (P), équivalente à celle de la plus-value (plv) (*cf. supra*), soit ici (1750), est alors distribuée entre les deux sections comme suit :

$(P_I = [4000C_I + 1000V_I \times 24\%) = 1207$;
$(P_I = [1500C_I + 750V_{II} \times 24\%) = 543$;
au lieu de ($plv_I = 1000$) et ($plv_{II} = 750$).

Comme nous l'avons vu, la réalisation de (plv), soit le passage à (ρ), s'effectue à l'avantage de (S.I), caractérisé par (k_I) élevé, au détriment de (S.II), à faible (k_{II}). Là encore, les moyens de production *via* l'intensité capitalistique exercent un effet d'entrainement du produit social amplifié par l'attraction opérée par (S.I) en fonction des niveaux élevés de profitabilité, l'émergence de nouvelles branches de production dans (S.I), suite au progrès technique notamment, étant susceptible de contrarier l'égalisation tendancielle ricardienne.

Toutefois, le caractère fortement hypothétique des conditions de réalisation des schémas de reproduction ne permet pas de répondre au problème de la *régulation* d'un système soumis à des décisions individuelles d'entrepreneurs isolés, c'est-à-dire en l'absence de coordination *ex ante* des décisions économiques. Marx (III, II, p. 1042) confère à (ρ) le rôle de régulateur en tant que « force motrice », « stimulant » de la « production capitaliste » (seul est produit ce qui rapporte du profit), « condition et mobile de l'accumulation » (*ibid.*). Or cette accumulation du capital implique une hausse de (k) et un accroissement induit de la productivité du travail, autant de mécanismes susceptibles de provoquer la défaillance, voire l'inversion, de la dynamique de (ρ), ce que Marx (III, II, p. 1000-1047) synthétise dans la « loi de la baisse tendancielle du taux de profit ». La démonstration de ce lien étroit entre (ρ) et (k) est aisée, soit :

si, lorsque ($\tau_C = \tau_V = 1$), ($\rho = \sigma/k + 1$) (*cf. supra*), alors toute hausse de (k), pour (σ) constant, diminue (ρ), autrement dit, ($\rho\downarrow$ lorsque $\sigma\rightarrow/k\uparrow + 1$) :

> l'augmentation progressive du capital constant par rapport au capital variable doit nécessairement avoir pour effet une baisse graduelle du taux de profit général, le taux de plus-value, ou degré d'exploitation du travail par le capital, restant le même. Or, il s'est révélé – et c'est une loi du mode de production capitaliste – qu'à mesure que celui-ci se développe, il se produit une diminution relative du capital variable par rapport au capital constant, donc au capital total mis en mouvement [...] Ainsi, la tendance croissante du taux de profit général à la baisse est simplement *une façon, propre au mode de production*

capitaliste, de traduire le progrès de la productivité sociale du travail. (III, II, p. 1001-1002, Marx souligne)

Comme nous l'avons vu, « le taux de plus-value ne peut varier que si le salaire, ou la durée de la journée de travail, ou l'intensité du travail varie » (*ibid.*, p. 902), dans le sens où « le salaire agit sur la grandeur de la plus-value en raison inverse de la durée de la journée de travail et de l'intensité du travail ; que la hausse du salaire diminue la plus-value, tandis que l'allongement de la journée de travail et l'intensification du travail l'augmentent » (*ibid.*, p. 899). Partant, la constance relative de (σ) témoigne des limites de l'exploitation liées aux transformations des rapports entre capital et travail. Ces limites surviennent, d'abord, « mécaniquement » à mesure que l'industrie devient de plus en plus intensive en capital puisque le travail est la source de la valeur :

> La masse de travail vivant utilisé diminue continuellement par rapport à la masse de travail matérialisé qu'elle met en mouvement, c'est-à-dire par rapport aux moyens de production consommés de façon productive ; il s'ensuit que la fraction non payée de ce travail vivant, matérialisée dans la plus-value, doit décroître sans cesse par rapport à la valeur du capital total investi. (*ibid.*, p. 1002)

La constance de (σ) peut s'expliquer, également, par le degré de résistance de la classe ouvrière, qu'elle soit légale (législation et droit du travail), organisée (syndicats), liée au degré de qualification (qui diminue la substituabilité de la « force de travail »), à l'importance croissante de la consommation ouvrière dans les débouchés globaux, et/ou conjoncturelle (le niveau de la « surpopulation relative », *cf. supra*). Enfin, (σ), dans sa version « extensive » (*i.e.* l'extorsion de la « plus-value » absolue, *cf. supra*), est « naturellement » limité par la journée de 24 heures et par le salaire minimal en deçà duquel n'est plus assurée la simple reproduction de la force de travail.

Contrairement à la « loi de gravitation des profits » de Ricardo (1977, p. 104) qui résulte des rendements décroissants dans l'agriculture en lien avec l'évolution démographique, donc d'une insuffisance du progrès technique[3], la « loi de la baisse tendancielle du taux de profit » est l'expression

---

3   « Les profits tendent naturellement à baisser, parce que, dans le progrès de la société et de la richesse, le surcroît de subsistances nécessaires exige un travail toujours croissant. Cette tendance, ou, pour ainsi dire, cette gravitation des profits, est souvent et heureusement

propre au MPC de « la productivité accrue du travail » (*ibid.*, p. 1005). Toutefois, cette « loi » est *relative* en ce sens que la tendance à la baisse de (ρ) *peut* et *doit* (*ibid.*, p. 1006) s'accompagner, dans le capitalisme, d'une hausse de la masse *absolue* de surtravail, donc de la « quantité absolue de profit » (*ibid.*, p. 1007), les capitalistes accroissant le volume du capital avancé et, partant, la masse de plus-value appropriable :

> les lois de la production et de l'accumulation […] engendrent, pour le capital social, une masse de profit absolue croissante et un taux de profit en baisse [et] les causes qui produisent une baisse tendancielle du taux de profit général entraînent une accumulation accélérée du capital et, par conséquent, un accroissement dans le volume absolu, ou la masse totale, du surtravail (plus-value, profit) qu'il s'approprie (*ibid.*, p. 1007)

En outre, trois grands types d'« influences contraires » (*ibid.*, p. 1015 et s.) « contrarient voire annulent » certains effets de la « loi générale » pour la réduire à une simple tendance :

— celles qui élèvent (σ) par l'intensification du travail (plus-value relative) et la prolongation de la journée de travail (plus-value absolue), « cette invention de l'industrie moderne » (*ibid.*, p. 1016), soit (ΔT) (*cf. supra*), et/ou par la baisse des salaires permise par la hausse de « l'armée industrielle de réserve », avec toutes les limites relevées précédemment. À productivité constante, (ρ) est pour Marx, comme pour Ricardo, une fonction décroissante du taux de salaire réel.

— celles qui diminuent (k) en raison de la dépréciation de (C) provoquée par la hausse de la productivité du travail et le « développement de l'industrie » (*ibid.*, p. 1019). En outre, la « surpopulation relative », qui résulte de la substitution capital/travail, peut faire également baisser (k) dans la mesure où elle incite les capitalistes à investir dans les branches à faible intensité capitalistique, celle liées à la « consommation de luxe » ou celles qui offrent « plus de résistance à la transformation du travail manuel en production mécanique » (*ibid.*, p. 1020).

— enfin, le commerce extérieur permet aux capitalistes de se procurer, à « meilleur marché », le capital constant (C) et les moyens

---

arrêtée par le perfectionnement des machines qui aident à la production des choses nécessaires, ainsi que par l'effet des découvertes agronomiques, qui nous donnent le moyen d'épargner une portion de travail, et de diminuer aussi le prix des articles de première nécessité pour la consommation de l'ouvrier. » (Ricardo, *op. cit.*, p. 104)

de subsistance ($\delta_i B_i$) nécessaires à la reconstitution de la force de travail. En outre, les marchés extérieurs élargissent les débouchés des productions nationales susceptibles d'être vendues au dessus de leur valeur (théorie de «l'échange inégal») :

> Les capitaux placés dans le commerce extérieur peuvent procurer un taux de profit plus élevé, parce qu'ils concurrencent des marchandises que les autres pays ne produisent pas avec les mêmes facilités, en sorte que le pays plus avancé vend ses marchandises au-dessus de leur valeur, bien que meilleur marché que les pays concurrents. (*ibid.*, p. 1021)

Malgré ces «influences contraires» Marx conclut à une tendance lourde à la baisse de (ρ) qui, en tant que «moteur de la production capitaliste», agit comme «une menace pour le développement du processus de production capitaliste» (*ibid.*, p. 1024), en favorisant «la surproduction, la spéculation, les crises, le capital excédentaire à côté de la population excédentaire» (*ibid.*). Toutefois, simultanément, «une baisse du taux de profit coïncide avec un accroissement de la masse du profit, une partie plus grande du produit annuel du travail est accaparée par le capitaliste sous la catégorie du capital (en remplacement du capital consommé) et une autre, relativement plus faible, sous la catégorie du profit» (*ibid.*, p. 1027). Partant, les termes du débat «dépérissement» *vs* «perpétuation» du capitalisme différeront selon que le premier effet (de taux) prime, ou non, sur le second effet (de masse).

En outre, les crises dont il est question ici, s'interprètent, également, comme la faculté du capitalisme de surmonter provisoirement mais périodiquement ses contradictions, les crises n'étant pas seulement possibles, dotées d'une survenance «accidentelle» ou résultant du «pur hasard» («*Matériaux pour l'"Économie"*», II, p. 477), mais devenant nécessaires, régulières, et inhérentes à sa régulation :

> Les crises du marché mondial doivent être vues comme la synthèse réelle et l'aplanissement violent de toutes les contradictions de cette économie [...] Toutes les contradictions de la production bourgeoise éclatent collectivement dans les crises générales du marché mondial, et de façon isolée, dispersée, dans les crises particulières (quant à leur contenu et à leur extension). (*ibid.*, p. 476, 497)

C'est la physionomie de cette régulation par la récurrence des crises, comme «moment» du cycle, qui constitue l'objet des développements suivants.

LES EXPLICATIONS
DES CYCLES ÉCONOMIQUES
DANS *LE CAPITAL*

Le schéma des trois temporalités[1]

La théorie marxienne constitue une avancée épistémologique majeure quant à la spécification du paradigme des crises économiques, par une double démonstration : d'une part, celle des conditions de l'équilibre en liaison avec l'accumulation du capital (*cf. supra*) ; d'autre part, celle des processus de déséquilibre et de crise saisis comme phénomènes *inhérents* au système. La crise économique est, donc, tout à la fois, fin et commencement, rupture d'équilibre et rééquilibration soudaine, et devient l'élément essentiel d'une dynamique saisie comme la faculté du système capitaliste à surmonter provisoirement mais *périodiquement* ses contradictions. Ainsi, Marx construit-il le *concept* de « crise » et fournit-il, de par son rôle de régulation, donc sa nécessité, les matériaux conceptuels pour la construction d'une théorie du *cycle* économique (Hansen et Clemence, 1953, p. 129 ; Leontief, 1938, p. 3), « le grand "chapitre non écrit" de son œuvre » (Schumpeter, 1983, III, p. 493), « un chapitre qui reste à écrire » (*ibid.*, II, p. 492). Il permet, ainsi, la spécification de modèles théoriques des mouvements cycliques et périodiques autogènes (*cf. supra*), c'est-à-dire dotés d'une rationalité intrinsèque permettant de trouver des lois de changement, lesquelles opèrent, pour une période *quasi* décennale donnée[2], selon des tempora-

---

1   Les développements qui suivent ont fait l'objet d'une publication spécifique sous forme d'article, Gilles (2017) : « Les explications des cycles économiques dans "Le Capital" : un exemple de temporalités chez K. Marx », *œconomia*, 7-2, 2017, 271-295, DOI : 10.4000/oeconomia.2657. Nous remercions la Revue *œconomia* et l'Éditeur *Openedition* pour leur aimable autorisation de reproduction.

2   Cette périodicité *quasi* décennale, fondement des « cycles classiques » ou « cycle Juglar » depuis Schumpeter (1939, I, p. 169) était esquissée par Marx dès 1848, dans son « *Discours sur le libre échange* » : « En principe, en économie politique, il ne faut jamais grouper les chiffres d'une seule année pour en tirer des lois générales. Il faut toujours prendre le terme

lités différentes[3] : i) les évolutions de « l'armée industrielle de réserve »
qui renvoient à une temporalité conjoncturelle, ii) les dynamiques
du taux de profit et du taux d'intérêt qui rythment une temporalité
financière, iii) la rotation du capital fixe qui scande une temporalité
technologique.

LA CYCLICITÉ
DE « L'ARMÉE INDUSTRIELLE DE RÉSERVE »
Une temporalité conjoncturelle[4]

La temporalité conjoncturelle renvoie à ce que F. Braudel (1969,
p. 112-113) nomme « le récitatif de la conjoncture », la conjoncture
« personnage ignoré, ou presque [...] Est-il assez fort – ou non – pour
brouiller les jeux en profondeur, favoriser ou défavoriser les liens collectifs, resserrer ceux-ci, tendre, briser ceux-là ? ». Dans la loi générale
de l'accumulation capitaliste, une des principales manifestations de
ce récitatif concerne les conditions d'extraction de la plus-value plus
ou moins favorables selon l'importance de « l'armée industrielle de

---

moyen de six à sept ans – laps de temps pendant lequel l'industrie moderne passe par
les différentes phases de prospérité, de surproduction, de stagnation, de crise et achève
son cycle fatal » (I, p. 147). Marx précisera, plus tard, dans *le Capital* (I, I, p. 1150) que
« Jusqu'ici la durée périodique de ces cycles est de dix ou onze ans, mais il n'y a aucune
raison pour considérer ce chiffre comme constant ». Entre temps, Marx avait, dans une
série d'articles publiés dans le *New York (Daily) Tribune*, notamment « *Pauperism and
Free trade. The Approaching Commercial Crisis* » du 1er nov. 1852 et « *The economic crisis in
Europe* » du 9 oct. 1856, décrit une périodicité des cycles de 5/7 ans, et recensé les crises
commerciales de 1817, 1825, 1836, 1846-1847. Dans la pensée marxienne, qui associe
contingence des lois économiques et prégnance de l'histoire, cette périodisation ne peut
pas être une délimitation temporelle précise de chacun des cycles et de leur point de
retournement.

3   Précisons les termes que nous employons. La « période » ou « périodicité » (ici *quasi*
décennale) renvoie à la dimension du *retour*, c'est donc l'intervalle de temps qui revient,
identique à lui-même, soit une indication temporelle quantitative (plus ou moins précise) d'un processus répétant la même forme récurrente. À l'intérieur de celui-ci, opère
l'expression de « temporalités », différences qualitatives prenant la forme de durées et de
comportements particuliers, rythmés par l'émergence ordonnée de qualités distinctes
liées, ici, aux évolutions de « l'armée industrielle de réserve », aux dynamiques du taux
de profit et du taux d'intérêt, et à la rotation du capital fixe.

4   Ce chapitre renvoie à Gilles (2017), p. 275-278.

réserve » (I, I, p. 1121-1166). Celle-ci s'accroit tendanciellement sous les effets conjugués des « changements dans la composition du capital[5] », de sa « concentration » (*ibid.*, p. 1136) et de sa « centralisation » (*ibid.*, p. 1138). Sur cette base, la cyclicité conjoncturelle de la « surpopulation relative » et « les bouleversements continuels, journaliers, du mode de production » (III, II, p. 1043) fixent les taux de salaires et, implicitement, le surtravail appropriable, origine de la plus-value et du profit (*cf. supra*), qui scande, à son tour, les cycles économiques :

> Si l'accumulation, le progrès de la richesse sur la base capitaliste, produit donc nécessairement une surpopulation ouvrière, celle-ci devient à son tour le levier le plus puissant de l'accumulation, une condition d'existence de la production capitaliste [...] Elle forme une *armée de réserve industrielle* [...]. La présence de cette réserve industrielle, sa rentrée tantôt partielle, tantôt générale, dans le service actif, puis sa reconstitution sur un cadre plus vaste, tout cela se retrouve au fond de la vie accidentée que traverse l'industrie moderne, avec son cycle décennal à peu près régulier [...] de périodes d'activité ordinaire, de production à haute pression, de crise et de stagnation. (I, I, p. 1148)

Les variations des taux de salaires dépendent donc de l'évolution de la « surpopulation relative », c'est-à-dire la proportion suivant laquelle la classe ouvrière se décompose entre « armée active » et « armée de réserve » (*ibid.*, p. 1153), liée à la phase du cycle, mais selon une dynamique non linéaire puisque la hausse, durant les phases d'expansion, reste contenue dans des limites imparties par l'accumulation capitaliste : lorsque « le salaire monte [...] le travail gratuit diminue proportionnellement. Mais dès que cette diminution touche au point où le surtravail, qui nourrit le capital, ne paraît plus offert en quantité normale, une réaction survient, une moindre partie du revenu se capitalise, l'accumulation se ralentit et le mouvement ascendant du salaire subit un contrecoup. Le prix du travail ne peut donc jamais s'élever qu'entre des limites qui laissent intactes les bases du système capitaliste et en assurent la reproduction sur une échelle progressive » (*ibid.*, p. 1131)[6]. Autrement dit, le système

---

5   « À mesure que le capital rend le travail plus productif, il en diminue la demande proportionnellement à sa propre grandeur [et] ces changements dans la composition technique du capital se réfléchissent dans sa composition-valeur, dans *l'accroissement progressif de sa partie constante aux dépens de sa partie variable* » (*ibid.*, p. 1134, Marx souligne).

6   ou encore « Pendant les périodes de stagnation et d'activité moyenne, l'armée de réserve industrielle pèse sur l'armée active, pour en réfréner les prétentions pendant la période de surproduction et de haute prospérité. C'est ainsi que la surpopulation relative, une fois

capitaliste est en capacité de surmonter cette contradiction (*cf. supra*) par le constant maintien d'une surpopulation relative[7], en modifiant la composition de la population productive par le recours, si nécessaire, au travail forcé (accroissement du nombre d'heures de travail), au travail des femmes et des enfants (*ibid.*, p. 1163), et en développant l'extraction de la plus-value relative par le progrès technique qui favorise la hausse de la composition organique du capital, donc la substitution capital/travail ; « les puissances scientifiques de la production » faisant du travailleur individuel « l'appendice d'une machine » (*ibid.*). C'est durant les phases de dépression, où l'armée industrielle de réserve est importante, donc « forcée de se laisser dicter la loi » (*ibid.*, p. 948), que le capitaliste peut, facilement, mobiliser le machinisme. L'activation de cette temporalité technologique (*cf.* ci-après) permet, précisément, une appropriation de forces de travail supplémentaires (les enfants et les femmes)[8] favorisée par la dépossession du savoir ouvrier et la parcellisation des tâches[9], un accroissement de la substituabilité du facteur travail, une augmentation du temps de travail (*ibid.*, p. 947-948)[10], et un appauvrissement du contenu

---

devenue le pivot sur lequel tourne la loi de l'offre et la demande de travail, ne lui permet de fonctionner qu'entre des limites qui laissent assez de champ à l'activité d'exploitation et à l'esprit dominateur du capital. » (*ibid.*, p. 1156)

7 « La suprême beauté de la production capitaliste consiste en ceci, que non seulement elle reproduit constamment le salarié comme salarié, mais que *proportionnellement à l'accumulation du capital, elle fait toujours naître des salariés en surnombre*. La loi de l'offre et la demande de travail est ainsi maintenue dans l'ornière convenable, les oscillations du salaire se meuvent entre les limites les plus favorables à l'exploitation, et enfin la subordination si indispensable du travailleur au capitaliste est garantie » (*ibid.*, p. 1229, Marx souligne)

8 « En rendant superflue la force musculaire, la machine permet d'employer des ouvriers sans grande force […] Quand le capital s'empara de la machine, son cri fut : du travail de femmes, du travail d'enfants ! Le travail forcé pour le capital usurpa la place des jeux de l'enfance et du travail libre pour l'entretien de la famille […] En jetant la famille sur le marché, en distribuant ainsi sur plusieurs forces la valeur d'une seule, la machine la déprécie […] C'est ainsi que la machine, en augmentant la matière humaine exploitable, élève en même temps le degré d'exploitation. » (*ibid.*, p. 939-940)

9 « Avec l'outil, la virtuosité dans son maniement passe de l'ouvrier à la machine. Le fonctionnement des outils étant désormais émancipé des bornes personnelles de la force humaine, la base technique sur laquelle repose la division manufacturière du travail se trouve supprimée. La gradation hiérarchique d'ouvriers spécialisés qui la caractérise est remplacée dans la fabrique automatique par la tendance à égaliser ou à niveler les travaux incombant aux aides du machinisme […] Tout enfant apprend très facilement à adapter ses mouvements au mouvement continu et uniforme de l'automate … » (*ibid.*, p. 952-953)

10 « De là, ce phénomène merveilleux dans l'histoire de l'industrie moderne, que la machine renverse toutes les limites morales et naturelles de la journée de travail. De là ce paradoxe

du travail[11] ; autant d'éléments qui permettent de restaurer, sur une base élargie, les mobiles de l'accumulation en soumettant la population active, désormais étendue à tous les membres de la famille, au « bâton du capital » (*ibid.*, p. 939). Conséquemment, c'est la surabondance de la population ouvrière disponible, particulièrement durant les phases de dépression, qui permet la transformation du mode de travail et du « caractère social du travailleur collectif » (*ibid.*, p. 948) de manière à briser toute opposition à l'accumulation et à la valorisation renouvelées du capital, où « le fouet du conducteur d'esclaves est remplacé par le livre de punitions du contremaître. » (*ibid.*, p. 957)

Et ces réponses du capital transforment, radicalement, les conditions matérielles et les réalités sociales : de l'exode rural (*ibid.*, p. 1159) aux phénomènes d'urbanisation (habitat de l'« enfer du paupérisme », *ibid.*, p. 1161), de l'émigration des ouvriers vers d'autres branches d'industrie (*ibid.*, p. 1155) au travail à domicile (*ibid.*, p. 1160), des espérances de vie plus courtes à l'exploitation des enfants et aux mariages précoces nécessaires à la docilité des nouvelles générations (*ibid.*, p. 1159). Ce récitatif scrupuleux du temps réel ponctué par l'évolution des conditions matérielles et des réalités sociales de la civilisation du profit, autrement dit ce « récitatif de la conjoncture », vient épauler la démonstration nécessairement abstraite ou théorique qu'implique le concept de « loi », en l'occurrence « la loi générale de l'accumulation capitaliste » (*cf. supra*), où est, précisément, démontrée cette première explication du cycle classique, en l'occurrence la cyclicité de l'armée industrielle de réserve, tant du point de vue de la dynamique que des « formes d'existence » de la « surpopulation relative ».

économique, que le moyen le plus puissant de raccourcir le temps de travail devient par un revirement étrange le moyen le plus infaillible de transformer la vie entière du travailleur et de sa famille en temps disponible pour la mise en valeur du capital. » (*ibid.*, p. 948)

11   « le travail mécanique surexcite au dernier point le système nerveux […] et comprime toute activité libre du corps et de l'esprit. La facilité même du travail devient une torture en ce sens que la machine ne délivre pas l'ouvrier du travail mais dépouille le travail de son intérêt. » (*ibid.*, p. 956)

LA CYCLICITÉ DES TAUX DE PROFIT
ET DU TAUX D'INTÉRÊT
Une temporalité financière[12]

La temporalité financière renvoie à la capacité des marchés financiers d'accélérer le temps[13], autrement dit de transformer, par la préférence pour le présent et l'affection au risque, un avenir hypothétique en actualité tangible. En outre, cet écrasement des temporalités sur le présent se double d'une dynamique d'accélération provoquée par les anticipations des agents animées par un degré élevé de préférence pour la liquidité et une forme d'amnésie. Cette dernière, qui prend la forme d'un « aveuglement au désastre » (« *disaster myopia* »), est consubstantielle aux marchés financiers, et conduit à des euphories spéculatives[14], sans cesse recommencées mais jamais anticipées, les investisseurs préférant toujours choisir l'opinion qui leur dit que tout va (et ira) bien (*i.e.* une confiance sans réserve dans l'avenir), « c'est pourquoi les affaires paraissent toujours exagérément solides juste à la veille de la débâcle[15] ». Partant, la crise survient de façon inattendue, surprenante, alors qu'elle obéit à des mécanismes récurrents et bien connus ; autrement dit, les marchés

---

12 Ce chapitre renvoie à Gilles (2017), p. 279-285.

13 « Le crédit accélère les diverses phases de la circulation ou de la métamorphose des marchandises et, par suite, la métamorphose du capital ; d'où accélération du processus de reproduction tout court. Par ailleurs, le crédit permet d'espacer les opérations d'achat et de vente et sert ainsi de base à la spéculation. » et plus loin « le crédit accélère les manifestations violentes de cet antagonisme [la mise en valeur du capital sur la base de la nature contradictoire du capitalisme], c'est-à-dire les crises, et, par conséquent, les éléments de dissolution de l'ancien mode de production. » (III, II, p. 1174 et 1180)

14 durant lesquelles « le mouvement autonome de la valeur [des titres], effets publics aussi bien qu'actions, accrédite l'illusion qu'ils constituent un capital réel à côté du capital ou du droit qu'ils ne font que consigner […] la valeur marchande de ces papiers est souvent affaire de spéculation, puisqu'elle est déterminée non seulement par le bénéfice réel de l'entreprise, mais par le bénéfice escompté, que l'on calcule par anticipation. » (*ibid.*, p. 1194)

15 (*ibid.*, p. 1207), et Marx de poursuivre : « La meilleure preuve en est fournie, entre autres, par les *Reports on Banks Acts* de 1857 et 1858, où tous les directeurs de banque, commerçants, bref tous les experts convoqués […] se congratulaient à propos de la prospérité et de la solidité des affaires, exactement un mois avant la crise d'août 1857. Chose curieuse […] l'historien des crises se laisse encore prendre à cette illusion. Les affaires sont toujours foncièrement saines et l'on fait campagne sans jamais se lasser, et voilà que se produit l'effondrement ! » (*ibid.*)

financiers sont oublieux des crises passées, d'où leurs récurrences et, conséquemment, leurs cyclicités. Et cette temporalité basée sur la logique de court terme, le goût du risque et l'urgence décisionnelle de la profitabilité financière est susceptible d'entrer en contradiction avec celle de l'organisation productive et de l'accumulation du capital productif centrées sur le calcul économique de la profitabilité économique.

C'est cette contradiction, expression de la temporalité financière, qui est au centre de la seconde explication marxienne des cycles décennaux (III, II, p. 1180-1233). Elle concerne le capital productif d'intérêt et l'accumulation du capital monétaire et renvoie aux dynamiques respectives du taux de profit et du taux d'intérêt. Marx opère une « distinction qualitative » entre le « capitaliste financier » (« *Geldkapitalisten* ») et le « capitaliste industriel » qui incarnent les deux parties constitutives du profit, respectivement : « *l'intérêt*, produit du capital en soi, de la propriété du capital, indépendamment du processus de production, et *le profit d'entreprise*, fruit du capital en action dans le processus de production, donc du rôle actif joué par l'utilisateur du capital dans le processus de reproduction [...] l'intérêt revient au capitaliste financier, au prêteur, qui n'est que propriétaire du capital et en représente donc simplement la propriété avant le processus de production et en dehors de celui-ci ; tandis que le profit d'entreprise échoit au seul capitaliste industriel » (*ibid.*, p. 1136, nous soulignons). Autrement dit, « le profit de tout capital, donc également le profit moyen résultant de l'égalisation des capitaux entre eux se décompose en deux parties indépendantes et qualitativement différentes – l'intérêt et le profit d'entreprise – toutes deux déterminées par des lois particulières » (*ibid.*).

C'est donc la coexistence entre capitalistes industriels et capitalistes financiers qui transforme une partie du profit en intérêt. Il faut, en conséquence, que le capital se trouve dans le processus de reproduction pour produire du profit *donc* de l'intérêt, les « variations du taux d'intérêt [...] résultant des variations du taux général du profit » (*ibid.*, p. 1218). Il n'y a donc pas de *taux d'intérêt naturel*, mais un *taux d'intérêt momentané du marché* (« *Marktrate des Zinses* », *ibid.*, p. 1127) variable selon les conditions du partage du profit brut entre « deux possesseurs de capitaux, à des titres différents » (*ibid.*), le capitaliste prêteur et le capitaliste entrepreneur. Il y a donc un lien nécessaire et étroit entre le taux de profit et le taux d'intérêt, le problème étant que les deux s'opposent voire s'affrontent quant à ce partage :

le capital productif d'intérêt comme tel s'oppose [...] au capital en fonction ;
le capitaliste prêteur affronte directement le capitaliste réellement actif
dans le processus de reproduction. [Dès lors] le profit d'entreprise s'oppose
à l'intérêt et étant donné le profit moyen, le taux du profit d'entreprise est
déterminé par le taux d'intérêt. *Il varie en raison inverse de celui-ci* [...] De ce
que l'intérêt s'oppose au profit d'entreprise, et vice versa [...] on déduit que
le profit d'entreprise plus l'intérêt, c'est-à-dire le profit, donc la plus-value,
repose sur la forme antithétique de ses deux parties ! (*ibid.*, p. 1140, 1142,
nous soulignons)

Et les dynamiques du taux d'intérêt et du taux de profit d'entreprise
épousent cette relation inverse durant toutes les phases du cycle industriel :

Quand on considère les mouvements cycliques de l'industrie moderne – marché
calme, animation croissante, prospérité, surproduction, krach, stagnation ;
marché calme, etc. [...] on s'aperçoit qu'un faible taux d'intérêt correspond
le plus souvent aux périodes de prospérité ou de surprofits, qu'une hausse de
l'intérêt s'inscrit à la fin de la prospérité et que l'intérêt maximum, allant
jusqu'à l'usure, est le pendant de la crise [...] Le taux d'intérêt atteint son
maximum pendant les crises, quand, pour pouvoir payer, il faut emprunter
coûte que coûte. (*ibid.*, p. 1123, en *fr.* par Marx)

Les phases d'expansion, où le processus de reproduction s'intensifie
sur une base élargie sont les périodes où le crédit est le plus souple et le
plus facile (abondance de capitaux productifs d'intérêt assortie de bas
niveaux de taux d'intérêt). Plus précisément, ces capitaux monétaires
disponibles sont convertis en capital productif, c'est-à-dire en moyens
de production et en force de travail, lesquels alimentent à leur tour
l'accumulation et la consommation, et tant que ce processus de reproduction élargie se poursuit, l'offre et la demande de crédit se maintiennent,
voire s'étendent, mais toute perturbation (engorgements des marchés,
baisse des prix, *etc.*, *ibid.*, p. 1205), même marginale, diminue la capacité
d'absorption financière de l'économie (*ibid.*, p. 1032-1034).

Partant, l'apparition d'une surabondance relative de capitaux monétaires disponibles (surliquidité) engendre deux processus en fin de phase
d'expansion : d'une part, une montée de la spéculation (« les affaires
fictives et les transactions spéculatives suscitées par le système de crédit », *ibid.*, p. 1206-1209, 1217, 1221-1222, 1226-1227), c'est-à-dire une
éviction relative du financement du capital productif vers les placements
financiers (*ibid.*, p. 1212), où le « capital [...] placé à intérêts composés,

dévore tout » (*ibid.*, p. 1156), qui fait hausser les intérêts au détriment du profit d'entreprise dans un contexte de taux de profit toujours élevés (*ibid.*, p. 1227-1228) ; d'autre part, une sous-évaluation des « risques emprunteurs » par la « classe des capitalistes financiers » (banquiers, prêteurs, financiers, *ibid.*, p. 1226) qui accroit leurs vulnérabilités[16] (*ibid.*, p. 1195, 1197-1198) et favorise la défiance envers le système financier (la « circonspection dans la vente à crédit », *ibid.*, p. 1205), le retour brutal à la préférence pour la liquidité (*ibid.*, p. 1195, 1231, 1236, 1257) pouvant prendre la forme d'une *course aux retraits*, d'un « *run* » bancaire, précipitant, par là même, la crise :

> Lorsque dans un système de production où toute cohésion du processus de reproduction repose sur le crédit, celui-ci vient à cesser subitement et que seuls comptent les paiements en espèces, il doit, de toute évidence, se produire une crise, une ruée sur les moyens de paiement. C'est pourquoi, à première vue, toute la crise apparaît comme une simple crise de crédit, une crise monétaire. Et, en fait, il s'agit uniquement de la « convertibilité » des effets de commerce en espèces, mais ceux-ci représentent, pour la plupart, des ventes et des achats réels dont l'extension, dépassant de loin les besoins de la société, est la raison ultime de toute la crise. (*ibid.*, p. 1211)

Et dans ces conditions, le sauvetage du secteur bancaire et financier nécessite l'action du banquier central, par sa fonction de prêteur en dernier ressort et sa politique de rachat de titres, qui n'est pas sans poser un problème d'aléa moral[17] :

> Naturellement, tout ce système artificiel d'extension forcée du processus de reproduction ne peut être sauvé que parce qu'une banque (par exemple la Banque d'Angleterre) fournit, moyennant son papier, à tous les aventuriers le capital qui fait défaut et achète à leur ancienne valeur nominale toutes les marchandises dépréciées. (*ibid.*)

---

16   « Dans ce système de crédit, tout peut doubler et tripler, et se changer en pure chimère ; il en est de même du "fonds de réserve" où l'on croit enfin tenir quelque chose de solide. [...] En dernière instance, tous les fonds de réserve s'incorporent au fonds de réserve de la Banque d'Angleterre [mais] ce département bancaire (*banking department*) peut faire faillite comme en 1847 » (*ibid.*, p. 1198). Dans cette lignée, Marx, en juin-juillet 1856, publie pas moins de trois articles intitulés « *The French Credit Mobilier* » dans le *New York Tribune* (Ledbetter & Wheen *eds.*, 2007, p. 171-188), relatifs aux spéculations financières et politiques de crédit du « Crédit Mobilier » des Frères Pereire, symptomatiques des comportements bancaires à l'origine de la panique financière mondiale de 1857.

17   Il y a « aléa moral » lorsqu'en fournissant une assurance contre un risque donné, on encourage des comportements qui rendent la concrétisation de ce risque plus probable.

Le taux d'intérêt atteint alors son maximum durant la crise sous le double effet conjugué :

- d'une diminution de l'offre de crédit, et ce pour trois raisons principales : i) en raison de l'inactivité du capital bloqué dans une des phases de sa reproduction (A...A') (une des manifestations de la temporalité technologique, *cf.* ci-après) ; ii) parce que la *confiance*[18] dans la continuité du processus de reproduction, *a fortiori* sur une base élargie, est ébranlée ; iii) car la demande de capital industriel diminue (disparition progressive du mobile de l'accumulation) ;
- d'une augmentation de la demande de crédit motivée par les très forts besoins en moyens de paiement (et non en moyens d'achat ou d'investissement) (*ibid.*, p. 1211), les agents empruntant en vue de payer des engagements déjà contractés :

> La chaine des obligations de paiement à échéance fixe est brisée [...] ; la confusion se trouve encore aggravée par l'effondrement inévitable du système de crédit, qui s'est développé simultanément avec le capital, et elle aboutit ainsi à des crises violentes et aiguës, à des dévalorisations soudaines et forcées, à l'arrêt effectif du processus de reproduction et, par suite, au déclin total de la reproduction. (*ibid.*, p. 1036)

Cette phase de dépression est alors caractérisée, en premier lieu, par un rationnement du crédit (*ibid.*, p. 1184-1185)[19] amplifiant la récession économique, donc la surabondance du capital industriel :

> Dès que la crise éclate, l'intérêt est de nouveau à son maximum : le crédit cesse brusquement, les paiements sont suspendus, le processus de reproduction est paralysé et [...] une surabondance de capital industriel oisif apparaît côte à côte avec une absence presque totale de capital de prêt. (*ibid.*, p. 1209)

Et cette récession économique se double d'une crise boursière[20] qui, associées au rationnement du crédit, accroissent le taux d'intérêt et la

---

18 véritable ressort de la temporalité financière, Marx parlant de « la confiance [qui] renaît » après la crise (I, I, p. 1130) et souligne ici : « la confiance croissante après la crise » (*ibid.*, p. 1210) ou encore l'« état de la confiance » (*ibid.*, p. 1218).

19 « C'est précisément l'énorme développement du système de crédit durant la période de prospérité, donc aussi l'accroissement énorme de la demande de capital de prêt et la promptitude avec laquelle l'offre répond dans ces périodes, qui suscite le resserrement du crédit pendant la période de stagnation. » (*ibid.*, p. 1185)

20 « le prix des titres montera ou baissera en raison inverse du taux de l'intérêt [...] S'il y a resserrement du marché monétaire, ces titres subiront une double baisse : 1° à cause de la

masse de capitaux monétaires disponibles pour lesquels le contexte de
dévalorisation voire de « mise en friche » (*ibid.*, p. 1036) du capital productif, et de faillites constitue autant d'opportunités d'investissement :

> Dans les phases défavorables du cycle industriel, le taux d'intérêt peut atteindre
> un niveau tel que, pour un temps, il absorbe complètement le profit de
> certaines branches particulièrement mal placées. Il se produit en même
> temps une baisse des fonds publics et des autres valeurs mobilières. C'est le
> moment où les capitalistes financiers achètent en masse ces titres dépréciés
> qui ne tarderont pas à remonter à leur niveau normal, voire à le dépasser [...]
> Les titres non vendus rapportent des intérêts parce qu'ils ont été achetés au-
> dessous de leurs prix. Mais tout le profit réalisé par les capitalistes financiers
> et reconverti en capital est converti d'abord en capital monétaire de prêt.
> (*ibid.*, p. 1220-1221)[21]

Cette reconstitution permettra le financement de la reprise[22] puis de
la prochaine phase d'expansion, mais la partie conservée par les capitalistes financiers, notamment les banques (*ibid.*, p. 1158-1159) au sein
de « sociétés par actions qui se développent avec le système de crédit »
(et transforme l'entrepreneur en « *manager*[23] », *ibid.*, p. 1148), associée

---

hausse du taux d'intérêt ; 2° parce qu'on les jette en grande quantité sur le marché pour
les convertir en argent [...] Dès que l'orage est passé, ces titres grimpent à leur niveau
antérieur, à moins qu'ils ne représentent des entreprises ruinées ou frauduleuses. Leur
dépréciation en temps de crise agit comme un puissant stimulant de la centralisation
des fortunes monétaires. » (*ibid.*, p. 1195)

21 ou encore : « Comme une hausse de l'intérêt implique une baisse de la valeur des titres,
c'est là une excellente occasion, pour ceux qui disposent de capital-argent, d'acquérir à
vil prix ces valeurs qui, normalement, doivent remonter au moins à leur prix moyen, dès
que le taux d'intérêt baisse à nouveau. » (*ibid.*, p. 1123)

22 « une fois que le processus de reproduction a retrouvé l'état de prospérité qui précède
l'état de tension extrême, le crédit commercial acquiert une très grande extension ;
celle-ci devient alors la base "saine" pour des rentrées faciles et une production étendue.
Dans cette situation, le taux d'intérêt reste toujours bas, bien qu'il soit au dessus de
son minimum. C'est en fait le *seul* moment où l'on puisse dire qu'un taux d'intérêt peu
élevé et, conséquemment, une abondance relative de capital de prêt coïncident avec une
extension réelle du capital industriel. » (*ibid.*, p. 1209, Marx souligne)

23 « on voit, après chaque crise, bon nombre d'anciens manufacturiers diriger, contre un
faible salaire, leurs anciennes fabriques pour le compte des nouveaux propriétaires qui
sont souvent leurs créanciers [...] Le seul propriétaire du capital, le capitaliste financier,
se trouve face à face avec le capitaliste actif et, grâce à l'extension du crédit, le capital
monétaire prend un caractère social : il est concentré dans les banques et prêté par celles-
ci et non plus directement par ses propriétaires ; d'autre part, le seul directeur, n'étant
possesseur du capital à aucun titre [...] remplit effectivement toutes les fonctions qui
reviennent au capitaliste actif en tant que tel. C'est alors que, personnage superflu, le

à leur puissance financière grandissante sont susceptibles d'engendrer « un système bancaire », degré ultime de financiarisation, où le système capitaliste atteindrait la forme extrême de son aliénation et de son fétichisme du capital à intérêt, où « l'argent crée de l'argent [...] le capital y apparait comme une source mystérieuse, créatrice d'intérêt, source de son propre accroissement sans l'intervention des actes de production et de circulation [...] Dès lors, c'est dans le capital productif d'intérêt que ce fétiche automatique trouve son expression parfaite, la valeur qui s'engendre elle-même, l'argent qui enfante l'argent : sous cette forme, nulle cicatrice ne trahit plus sa naissance. » (*ibid.*, p. 1151-1152)

Et, une nouvelle fois, contradiction n'est pas impossibilité dans le capitalisme puisque la phase de récession de ce cycle des taux de profit et du taux d'intérêt, par la dévalorisation voire la destruction du capital fixe surabondant, l'élévation de la surpopulation relative donc la baisse des salaires (manifestation de la temporalité conjoncturelle), la baisse des prix et la « lutte concurrentielle », et en permettant l'expérimentation de « machines nouvelles, de nouvelles méthodes de travail perfectionnées, de nouvelles combinaisons » (*ibid.*, p. 1037) (manifestation de la temporalité technologique) permet de réamorcer la dynamique du taux de profit et, partant, l'accumulation sur une base nouvellement élargie de la reproduction :

> La stagnation survenue dans la production aurait préparé – dans les limites capitalistes – une expansion subséquente de la production. Ainsi, le cycle aurait été, une fois de plus, parcouru. Une partie du capital déprécié par la stagnation retrouverait son ancienne valeur. Au demeurant le même cercle vicieux serait à nouveau parcouru, dans des conditions de production amplifiées, avec un marché élargi, et avec un potentiel productif accru. (*ibid.*)

Toutefois, la cyclicité du taux de profit et du taux d'intérêt illustre la nature *ambivalente* du système de crédit comme réponse du capitalisme à la nature contradictoire de la mise en valeur du capital :

> le système de crédit tend, d'une part, à développer l'élément moteur de la production capitaliste – l'enrichissement par l'exploitation du travail d'autrui – pour l'ériger en un pur et colossal système de jeux et de tripotages, et à restreindre toujours davantage le petit nombre de ceux qui exploitent la richesse

---

capitaliste disparaît du processus de production et seul subsiste le fonctionnaire » (*ibid.*, p. 1148-1149), idée qui n'est pas sans rappeler le « crépuscule de la fonction d'entrepreneur » de J. A. Schumpeter.

sociale ; d'autre part, à constituer la forme de transition vers un nouveau mode de production. C'est précisément cette ambivalence qui confère aux principaux porte-parole du crédit, de Law jusqu'à Isaac Pereire, ce caractère plaisamment hybride d'escrocs et de prophètes. (*ibid.*, p. 1179-1180)

LES CYCLES DE ROTATION DU CAPITAL
Une temporalité technologique[24]

La temporalité technologique renvoie à la caractéristique principale du mode de production capitaliste, à savoir « la subordination réelle » ou « la sujétion directe » du travail au capital, et c'est sur cette base que s'élève « un mode de production technologique bien spécifique, qui transforme la nature et les conditions réelles du processus de travail » (« *Matériaux pour l'"Économie"* », II, p. 379) où la science et la technique, *via* le progrès technique qui permet un accroissement relatif du capital constant comparé au capital variable (III, II, p. 1371), sont assujetties au développement des forces productives au service du capitalisme :

> En examinant la machine-outil, nous retrouvons [...] les appareils et les ins-truments qu'emploie l'artisan ou l'ouvrier manufacturier, mais d'instruments manuels de l'homme ils sont devenus instruments mécaniques d'une machine [...] C'est précisément cette dernière partie de l'instrument, l'organe de l'opération manuelle, que la révolution industrielle saisit [...] laissant à l'homme, à côté de la nouvelle besogne de surveiller la machine et d'en corriger les erreurs de sa main, le rôle purement mécanique de moteur [où] l'homme agit comme simple force motrice [...] Dans l'époque de la grande industrie, il devient évident qu'ils sont des machines en germe, même sous leur forme primitive d'outils manuels. (I, I, p. 916-918)

La temporalité technologique ne renvoie donc pas à une narration des découvertes techniques et scientifiques appliquées à la produc-tion, considérées comme autonomes au changement social, elle montre l'évolution des conditions techniques d'extraction de la plus-value (rela-tive) tournée vers la *dépossession minutieuse et systématique du savoir ouvrier au service du profit* :

---

24   Ce chapitre renvoie à Gilles (2017), p. 285-294.

> jusqu'au XVIIIᵉ siècle les métiers portèrent le nom de *mystères* [...] les différentes branches d'industrie, issues spontanément de la division du travail social, formaient les unes vis-à-vis des autres autant d'enclos qu'il était défendu au profane de franchir. Elles gardaient avec une jalousie inquiète les secrets de leur routine professionnelle dont la théorie restait une énigme même pour les initiés. Ce voile, qui dérobait aux regards des hommes le fondement matériel de leur vie, la production sociale, commença à être soulevé durant la période manufacturière et fut entièrement déchiré avec l'avènement de la grande industrie [qui] créa la science toute moderne de la technologie. (*ibid.*, p. 989-990)

Dans le système capitaliste, la temporalité technologique scande la mutation de l'invention en innovation, soit le moment de la concrétisation de sa valorisation capitaliste, apanage de la bourgeoisie moderne :

> La bourgeoisie ne peut exister sans bouleverser constamment les instruments de production, donc les rapports de production, donc l'ensemble des conditions sociales [...] Ce qui distingue l'époque bourgeoise de toutes les précédentes, c'est le bouleversement incessant de la production, l'ébranlement continuel de toutes les institutions sociales, bref la permanence de l'instabilité et du mouvement. («*Le Manifeste communiste*», II, p. 164)

Et dans cette configuration, où les dissensions et les conflits sont constitutifs de l'ordre social, où les exigences techniques de la grande industrie (parcellisation de tâches répétitives dévolues à une force de travail aisément substituable) menacent l'existence même du travailleur « toujours menacé de se voir retirer, avec le moyen de travail les moyens d'existence et d'être rendu lui-même superflu par la suppression de sa fonction parcellaire » (*ibid.*, p. 991), l'évolution des rapports sociaux épouse les spasmes de ce que P. Dockès et B. Rosier (1988) ont nommé la « dialectique innovation-conflit », autre manifestation de la temporalité technologique. Celle-ci assimile alors le progrès technique ou le développement des forces productives à « *une production sociale*, fruit de conjonctures particulières, qui apparaît à la fois comme enjeu et issue aux affrontements et aux crises économiques et sociales dans le cadre d'un mouvement dialectique de l'innovation majeure et du conflit. Il y a, par conséquent, *marquage social* des technologies [...] qui traduit concrètement les intérêts en cause, l'orientation du système économique vers la production de marchandises sur la base du seul critère du profit. » (*ibid.*, p. 178, Dockès et Rosier soulignent)

C'est dans ce cadre que s'inscrit l'explication marxienne des cycles économiques centrée sur les « cycles de rotation » du capital (II, II, p. 611-617) :

> Le capital industriel est le seul mode d'existence du capital où celui-ci n'a pas seulement pour fonction l'appropriation, mais également la création de la plus-value ou du surproduit. Il est, par conséquent, la condition du caractère capitaliste de la production ; son existence implique l'antagonisme de classes entre capitalistes et travailleurs salariés. À mesure qu'il s'empare de la production sociale, la technique et l'organisation sociale du processus de travail sont bouleversées, entraînant le bouleversement du type économique et historique de la société. (*ibid.*, p. 556-557)

Le raisonnement est centré sur la formule générale du capital individuel, extension de la formule $(A - M - A')$ précédemment étudiée, soit :

$$A - M \begin{cases} ft = V \\ mp = C \end{cases} - P \begin{cases} v \\ k = C/v \\ C = \alpha Cf + Cc \end{cases} - M'(= C + V + \sigma V) - A' (= A + \Delta A = A + \rho(C + V), \text{ avec } A' > A)$$

où (σ), (ρ) et (k) sont, comme précédemment, respectivement, le taux de plus-value (ou taux d'exploitation) ; le taux de profit ; et la composition organique du capital qui mesure l'intensité capitalistique du procès de production (P).

Le cycle de rotation du capital $(A...A')$, en tant que processus périodique[25], est donné par la somme du temps de production[26] contenu dans (P) et des temps de circulation[27] contenus dans $(A - M)$ et $(M'$

---

25 « *Le circuit du capital, défini non pas comme opération isolée, mais comme processus périodique, s'appelle sa rotation.* » (*ibid.*, p. 587, Marx souligne)

26 c'est-à-dire « le temps pendant lequel le capital produit des valeurs d'usage et se valorise lui-même, par conséquent fonctionne comme capital productif » (*ibid.*, p. 564). Le processus de production apparaît, donc, comme un moyen de valorisation du capital (*ibid.*, p. 526) et commence « par l'entrée en fonction du capital productif, c'est-à-dire par le processus de production, et [...] cesse avec lui. Il en exprime le renouvellement, la répétition, bref la continuité en tant que *processus de reproduction* permanent [...] le capital qui se manifeste sous la forme de *capital productif* doit de nouveau fonctionner dans le processus de production afin de se maintenir comme capital et de fructifier comme tel. » (*ibid.*, p. 528-529, Marx souligne)

27 « Il est de l'essence de la circulation que l'échange y apparaisse comme un processus, comme un tout mouvant d'achats et de ventes [...] En tant que réalisation des valeurs d'échange, la circulation implique : que mon produit n'existe que dans la mesure où il est pour autrui ; que le produit n'est pour moi que [...] s'il est devenu produit pour

– *A'*) (*ibid.*, p. 560), c'est-à-dire « le laps de temps qui va du moment où la valeur-capital est avancée [...] jusqu'au moment où, après s'être enrichie, elle revient sous la même forme [...] la production capitaliste [ayant] toujours comme but déterminant de faire fructifier la valeur engagée, que celle-ci soit avancée sous la forme argent, ou en tant que marchandise » (*ibid.*, p. 585). La maximisation du profit (ΔA) nécessite, alors, deux conditions cumulées, à savoir la continuité[28] et la minimisation temporelle de ce temps de rotation[29], et de prendre en compte la spécificité des rotations des éléments fixes (*Cf*) et circulants (*Cc*) du capital constant (*C*) (*Ibid.*, p. 599).

(*Cc*), c'est-à-dire les matières premières, l'énergie, les produits semiouvrés, *etc.*, ne pose pas de problème particulier puisqu'il transmet l'intégralité de sa valeur aux biens finaux produits durant le temps de rotation du capital constant (τ_c), étant remplacé au fur et à mesure qu'il est consommé, aux stocks près, soit ($\tau_{Cc} = 1$)[30]. (*Cf*), c'est-à-dire les machines, les équipements, *etc.*, de par sa nature durable, ne transfère qu'une partie de sa valeur (αCf), soit l'usure, aux biens finaux, une autre

---

d'autres ; [...] donc que la production n'est pas pour moi une fin en soi, mais un moyen. » (*ibid.*, p. 505-506)

28 « Dans la mesure où il se trouve dans la phase de circulation, le capital ne peut être dans la phase de production, les deux mouvements étant parfaitement distincts [...] Si le passage d'une phase dans l'autre s'effectue difficilement [...], il se produit un arrêt de la reproduction et de la circulation du capital. Le processus total se présente comme l'unité fluide des processus de production et de circulation, chacun étant le moment médiateur de l'autre » (*ibid.*, p. 550), Marx évoquant les nécessaires « enchevêtrement » et « entrelacement » des processus de production et de circulation pour assurer la valorisation du capital et qui, en cas contraire, contiennent la crise en puissance. (« *Matériaux pour l'"Économie"* », *op. cit.*, p. 476-477)

29 Cette minimisation temporelle concerne : le *temps de production* : « plus le temps de production et le temps de travail coïncident, plus sont grandes la productivité et la valorisation d'un capital productif donné dans un temps donné. D'où la tendance de la production capitaliste à réduire au minimum l'excédent du temps de production sur le temps de travail [...] le temps de production [englobant] le temps où le capital demeure latent, ou produit sans se valoriser. » (*ibid.*, p. 563-564) et le *temps de circulation* où le capital « est soustrait à ses fonctions productives et ne forme donc ni produit, ni valeur, ni plus-value. Fixé dans sa forme argent, le capital est improductif » (*ibid.*, p. 563). Dès lors, « le temps de circulation agit négativement sur le temps de production et, partant, sur le processus de valorisation du capital, qu'il restreint en raison de sa propre durée. » (*ibid.*, p. 565)

30 « La valeur du capital circulant [...] n'est avancée que pour le temps nécessaire à la fabrication du produit, suivant l'échelle de la production qui se mesure à l'importance du capital fixe. Cette valeur entre en totalité dans le produit, et, par la vente de celui-ci, elle revient donc en totalité de la circulation et peut être engagée de nouveau. » (*ibid.*, p. 598)

partie restant fixée dans les moyens de production (*mp*) qui continue à fonctionner malgré l'usure, soit ($\tau_{cf} > 1$), jusqu'à, *toutes choses égales par ailleurs*, son usure totale ($\sum_{i=1}^{n} \alpha_i = 1$, *avec* $\tau_{cf} = n$), ayant à ce moment final « perdu toute valeur avec sa valeur d'usage. Il a cessé d'être porteur de valeur », sa rotation étant accomplie (*ibid.*, p. 593, 596) :

> Par suite du fonctionnement et, donc, de l'usure des moyens de travail, une partie de leur valeur est transférée au produit et une autre reste fixée dans le moyen de travail, donc dans le processus de production. La valeur ainsi fixée diminue constamment, jusqu'à ce que le moyen de travail ne puisse plus servir et que sa valeur se soit répartie […] sur une masse de produits sortis d'une série de processus de travail constamment renouvelés. Mais, tant qu'il fonctionne comme moyen de travail et qu'il n'a donc pas besoin d'être remplacé par un nouvel exemplaire de même espèce, une certaine valeur-capital constante y reste fixée, tandis qu'une autre partie de la valeur primitivement fixée en lui passe au produit… (*ibid.*, p. 590, *cf.* également p. 592-593, 595-596, 599-600, 612)

En fonction de son taux d'usure[31], chaque élément de (*Cf*) a une rotation particulière. Mais si l'usure de (*Cf*) est régulière, son remplacement s'effectue, quant à lui, par saccades, par poussées discontinues en fonction du taux d'accumulation (*g*), du taux d'exploitation (σ), du niveau de concurrence (*ibid.*, p. 1044-1045), des capacités de financement des firmes, du taux d'intérêt, et du progrès technique[32], autant d'éléments de la valorisation du capital liés aux trois temporalités inter-reliées. Et dans ce cadre, le capital, contraint par sa partie fixe (*Cf*), manifestation centrale de la temporalité technologique[33], conditionne l'ampleur des

---

31   « Plus le moyen de travail s'use lentement et prolonge sa durée, plus longtemps la valeur-capital constante reste fixée sous cette forme d'usage. Mais, quelle que soit sa durée, la proportion dans laquelle il transfère de la valeur est toujours en raison inverse du temps total de son fonctionnement. » (*ibid.*, p. 590)

32   « The necessity of technical progress for the maintenance of the capitalist system is deduced in Marxian economics by showing that only in a progressive economy can capitalist profit and interest exist. » (Lange, 1935, p. 198)

33   Ce n'est donc pas un progrès technique désincarné, mais, au contraire, celui qui permet à l'invention de devenir innovation au sein du capital productif avec les conditions d'*exploitation* que cela suppose et nécessite : « Le fait que la partie du capital investie dans la force de travail appartienne à l'élément circulant du capital productif […] par contraste avec l'élément fixe de ce capital […] est sans aucun rapport avec le rôle que cette partie variable du capital joue dans la création de la valeur […] ce n'est que dans le processus de production que la valeur avancée en force de travail se transforme (non pour l'ouvrier, mais pour le capitaliste) d'une grandeur définie, constante, en une grandeur variable,

crises, « les crises étant d'autant plus fortes que le capital fixe est plus important et dans les branches d'industrie où il l'est le plus » (Hilferding, 1970, p. 361). Afin d'évaluer le temps de rotations de (Cf), soit (τ_{Cf}), Marx distingue l'usure (« partie de la valeur que, par suite de son utilisation, le capital fixe transmet peu à peu au produit », *ibid.*, p. 601-602) de « l'usure morale », c'est-à-dire l'obsolescence, qui sous la pression de la concurrence, des crises, et de nouvelles innovations (*cf. supra*), se traduit par une usure accélérée et, conséquemment, un renouvellement prématuré de l'élément de (Cf), subitement dépassé en termes de productivité, donc de valorisation du capital, soit $\left(\sum_{i=1}^{n} \alpha_i < 1, avec\ \tau_{Cf} < n \right)$:

> Les progrès de l'industrie révolutionnent constamment la plupart des moyens de travail. On ne les remplace donc pas dans leur forme primitive, mais dans la forme renouvelée [...] la concurrence, surtout quand il s'agit d'innovations décisives, oblige à remplacer les vieux moyens de travail encore utilisables par les nouveaux. (*ibid.*, p. 601)

La temporalité technologique, en tant qu'elle permet l'étude du « capital prisonnier de son élément fixe » (*ibid.*, p. 614), façonne donc la base matérielle des crises périodiques, et fournit quelques éclaircissements sur la durée des cycles.

Si la temporalité technologique est très active, caractérisée par une forte dévalorisation précipitée de (Cf), « abrégée [...] par le progrès incessant des moyens de production, qui va de pair avec le développement du mode de production capitaliste » (*ibid.*, p. 614), elle prend la forme d'un raccourcissement de (τ_{Cf}) et d'une accélération de la substitution capital/travail, d'où une élévation de (k) et donc une baisse du taux de profit (p), dès lors que l'augmentation de la « surpopulation relative », de « la quantité de surtravail » et/ou de « la durée et de l'intensité de la journée de travail » (*ibid.*, p. 1008), expressions de la temporalité conjoncturelle[34] qui élèvent (σ), ne la compensent

---

et que la valeur avancée se convertit en valeur-capital, en capital, en valeur créatrice de valeur » (*ibid.*, p. 635). C'est cette conception qui permet de saisir « l'intelligence du mouvement réel de la production capitaliste, donc de l'exploitation capitaliste » où la création de plus-value, *i.e.* la capitalisation de la valeur avancée, « a pour origine l'échange d'une valeur contre une force créatrice de valeur, la conversion d'une grandeur constante en une grandeur variable. » (*ibid.*, p. 639, 640)

34 ici, « la dégradation du travailleur, et l'épuisement de ses forces vitales » peuvent entraîner une exacerbation de la temporalité conjoncturelle pouvant se traduire par « des explosions » et « des crises » sociales, qui « parce qu'elles reviennent régulièrement et se

que partiellement[35]. Dans ce cas, les besoins de financement, liés au renouvellement sans cesse prématuré de (*Cf*), augmentent plus que proportionnellement face aux capacités de financement contraintes par la masse de profit (*i.e.* les capacités d'autofinancement) et le resserrement du crédit, « le profit [étant] la limite maximale de l'intérêt » (*ibid.*, p. 1121)[36], première manifestation de la temporalité financière. En outre, les périodes de crise et de récession économiques offrent, dans ce contexte, de nombreuses opportunités d'investissements dans l'industrie pour les capitalistes financiers en quête de capitaux dévalorisés, « les manipulateurs d'argent qui font fortune en achetant à vil prix » (*ibid.*, p. 920), deuxième manifestation de la temporalité financière. *In fine*, lorsque la temporalité technologique est très active, on doit assister à un raccourcissement de la durée des cycles (ou un accroissement de leurs fréquences d'occurrence), puisque ($\tau_{Cf} \rightarrow 1$), doublée d'une financiarisation de l'économie dès lors que (ρ) diminuant, « la masse de profit absolue » (*ibid.*, p. 1007) peut ne plus suffire aux besoins de l'accumulation.

On se situe, ici, dans une lecture « usuelle » du *Capital*, celle du dépérissement du MPC où la prospérité industrielle conduite par l'amélioration, notamment technique, des conditions de mise en valeur du capital inclut en elle les forces qui aggravent progressivement ces mêmes conditions, suggérant une aggravation de l'intensité des crises dans le temps, et une accélération de leurs récurrences :

---

produisent chaque fois sur une plus grande échelle, […] aboutiront en fin de compte au renversement violent du capital. » (« *Principes d'une critique de l'économie politique* » (1857-1858), *ibid.*, p. 273)

35 Sur ce lien controversé, *cf.* Robinson (1942, p. 42 et s.) pour l'impact des innovations sur le niveau de l'emploi, et Rosier (1984, p. 149-152), notamment pour l'exposé du « théorème d'Okishio » : dans un modèle en prix de production, à taux de salaire réel donné, le changement technique (qui élève (k)), destiné à baisser les coûts, ne peut faire baisser (p), et, généralement, sous ces conditions, il tend à augmenter par les gains de productivité. Le « théorème marxien fondamental » (« *the Fundamental Marxian Theorem* ») initié par Okishio a été systématisé par Morishima (1973, p. 53-55) : « l'exploitation des travailleurs par les capitalistes est une condition nécessaire et suffisante à l'existence d'un ensemble de prix et de salaires garantissant des profits positifs ou, en d'autres termes, à la possibilité de maintenir [*conserving*] l'économie capitaliste » (« the exploitation of labourers by capitalists is necessary and sufficient for the existence of a price-wage set yielding positive profits or, in other words, for the possibility of conserving the capitalist economy », *ibid.*, p. 53). Pour une actualisation et un exposé des controverses de ce théorème, cf. Nakatani & Hagiwara (1997).

36 thèse reprise par Hilferding (1970, p. 151) : « Comme l'intérêt est […] une partie du profit, le profit est la plus haute limite possible de l'intérêt. »

L'importance que [les économistes] éprouvent devant le taux de profit décroissant, c'est qu'ils s'aperçoivent que le mode de production capitaliste rencontre, dans le développement des forces productives, une limite qui n'a rien à voir avec la production de la richesse comme telle. Et cette limite particulière démontre le caractère étroit, simplement historique et transitoire, du mode de production capitaliste ; elle démontre que ce n'est pas un mode de production absolu pour la production de la richesse, mais qu'à un certain stade il entre en conflit avec son développement ultérieur. (III, II, p. 1025)

Cependant, Marx soutient, à de nombreuses reprises[37], que pour les branches les plus importantes de la grande industrie, une valeur moyenne de (τ_{cf}) égale à 10 ans pouvait être dégagée de l'évolution capitaliste :

À mesure que la valeur et la durée du capital fixe engagé se développent avec le mode de production capitaliste, la vie de l'industrie et du capital industriel se développe [...] et se prolonge sur une grande période, disons en moyenne dix ans [...] On peut admettre que, pour les branches les plus importantes de la grande industrie, ce cycle de vie est aujourd'hui de dix ans en moyenne. Nous nous abstenons cependant de donner ici un chiffre précis. Un point est acquis : ce cycle de rotations qui s'enchaînent et se prolongent pendant une série d'années, où le capital est prisonnier de son élément fixe, constitue une des bases matérielles des crises périodiques. (*ibid.*, p. 614)

Ici, le schéma des trois temporalités permet de montrer certaines des conditions à l'« invariance » de la durée des cycles, et ainsi à la régularité décennale de leur récurrence. Celle-ci nécessite une temporalité technologique peu active, soit une stabilisation relative des valeurs de (τ_{cf}) et de (k), donc du taux de profit (ρ). Dans ce cas, c'est l'activation de certaines « influences contraires » (*ibid.*, p. 1015 et s.) qui doit également contrarier la baisse tendancielle de (ρ) par la hausse de (σ). Pour des valeurs de (τ_{cf}) et de (k) données, c'est l'augmentation de « l'intensité de l'exploitation du travail » par la temporalité conjoncturelle (« prolongation de la journée de travail », « emploi massif du travail des femmes et des enfants », « abaissement des salaires », hausse de « la surpopulation relative », *ibid.*, p. 1016-1020) qui peut accroitre (σ). Il en va de même de la « concentration des capitaux et des moyens de production » (*ibid.*, p. 1028, 1046), manifestation combinée des temporalités financière et technologique, c'est-à-dire l'« accumulation des gros capitaux par la destruction des petits » qui permet la « dissolution des chaînons

37 *Le Capital*, Livre II, *op. cit.*, p. 602, 612, 613, 614, 615, par exemple.

intermédiaires entre le capital et le travail » et de corriger la « dissé-
mination » du capital (*ibid.*, p. 1033), sources d'économies d'échelle,
transforment la production en « production sociale » même si elle
demeure « la propriété privée des capitalistes » (*ibid.*, p. 1046). C'est
alors la correspondance entre la « masse du profit » ainsi dégagée et les
besoins de financement de l'accumulation (*ibid.*, p. 1012) qui devient
la condition première à la perpétuation « à l'identique » de la durée des
cycles. Et si (ρ), condition seconde, n'est pas « parfaitement » stabilisé
(variations de sens opposé non proportionnelles de (ρ) et de (σ)), il en
résulte une variabilité à la marge de la durée des cycles, d'où le cycle
« *quasi* » décennal (*cf. infra* notes p. 125-126). Enfin, la répartition de la
masse du profit entre capitalistes industriels *vs* capitalistes financiers (« le
rapport entre l'intérêt et le profit total », *ibid.*, p. 1122) permet d'évaluer
les dynamiques comparées des temporalités financière et technologique,
donc le degré de financiarisation de l'économie. Quoi qu'il en soit, dans
ce cas, « le cycle aurait été, une fois de plus, parcouru » (*ibid.*, p. 1037),
mais avec une moindre amplitude sous l'effet des « influences contraires »
(*cf. supra*), suggérant, ici, la perpétuation du capitalisme, sans exclure le
« schéma d'une société stationnaire » pour reprendre Schumpeter (1983,
III, p. 493 ; II, p. 253, 368), et évoqué par Marx (I, I, p. 1132), où la
stationnarité de long terme de (σ), (ρ) et (k), donc du taux d'accumulation
(g) (*cf. supra*), serait symptomatique de l'épuisement de l'opérativité des
trois temporalités ou d'une neutralisation (compensation) globale de
leurs effets respectifs par des « tendances contraires » (*ibid.*, p. 1028).

En définitive, en saisissant la crise comme moment d'un cycle, Marx
permet de saisir la dynamique du capitalisme caractérisée par une
« périodicité quasi régulière des crises » (« *Matériaux pour l'"Économie"* »,
I, p. 465), donc, en premier lieu, de s'abstraire de « bavardages prétendument théoriques », émanant des « apologistes » du capitalisme[38],
relatifs à l'impossibilité de crises générales de surproduction : « Le
retour régulier des crises a réduit les inepties de Say, etc., à une simple
phraséologie qui a cours en temps de prospérité pour être abandonnée
en temps de crise » (*ibid.*, p. 466). Marx montre que c'est dans les crises

---

38   « La phraséologie apologétique visant à nier les crises a son importance parce qu'elle
prouve le contraire de ce qu'elle veut prouver. Pour nier la crise, elle affirme l'unité là où
il y a contradiction et opposition. À la vérité, on pourrait dire que, si les contradictions
arbitrairement niées par les apologistes n'existaient pas, il n'y aurait pas de crise. Mais
en réalité la crise existe parce que ces contradictions existent. » (*ibid.*, p. 484)

qu'éclatent les contradictions et les antagonismes du MPC, à savoir que la production est motivée par la maximisation du profit et non, en premier lieu, par la satisfaction des besoins, et que cette maximisation est incompatible avec celle du bien-être collectif. Dans ce cadre, la crise comme « moment » du cycle, donc sa périodicité, s'interprète comme la faculté du système capitaliste de surmonter provisoirement mais périodiquement ses contradictions. Mais la physionomie de cette régulation par la récurrence des crises, comme « moment » du cycle, par son mécanicisme, fait problème, sauf à considérer la dynamique de réponse du capitalisme à ses contradictions comme un « modèle » infaillible. Partant, tout en conservant cette démonstration de la nécessité de la crise dans le capitalisme, associée au caractère contingent des lois économiques et à l'observation des crises (et de leur récurrence) dans l'histoire, l'intérêt du schéma des trois temporalités est de montrer le cadre institutionnel, économique et idéologique[39] au sein duquel le capitalisme, en surmontant périodiquement ses contradictions par l'engrenage de ces temporalités, c'est-à-dire par l'interconnexion de mécanismes conjoncturels, technologiques et financiers, jouit de davantage de liberté de manœuvre, où les dynamiques de « l'armée industrielle de réserve », des taux de profit et d'intérêt, et du capital fixe, sont en mesure de lui octroyer un sursis.

---

39   qui n'est pas sans lien avec le « cadre institutionnel » d'O. Lange (1935) pour qui : « The superiority of Marxian economics on the problem of the evolution of Capitalism is due to the exact specification of the institutional datum which distinguishes Capitalism from "einfache Warenproduktion". It was thus that Marx was able to discover the peculiarities of the capitalist system and to establish a theory of economic evolution. » (*ibid.*, p. 196)

JOHN MAYNARD KEYNES
ET LA *THÉORIE GÉNÉRALE DE L'EMPLOI, DE L'INTÉRÊT ET DE LA MONNAIE*

INTRODUCTION
À LA TROISIÈME PARTIE

Lorsque J. M. Keynes[1] s'interroge, en 1930, sur les *« Perspectives économiques pour nos petits-enfants »* (*« Économic possibilities for our grandchildren »*), contenues dans ses *Essays in persuasion*, il commence par relever l'absence de bien-fondé du grave *accès* de pessimisme économique résultant de la « Grande crise » :

> Nous souffrons non pas des rhumatismes de la vieillesse mais des troubles de croissance dus à des changements d'une rapidité excessive, […] des difficultés que provoque la réadaptation à une phase économique nouvelle. Le rendement technique a augmenté plus vite que nos moyens d'absorber la main-d'œuvre rendue disponible de la sorte ; l'élévation du niveau de vie a été un peu trop rapide ; le système bancaire et monétaire mondial a empêché le taux de l'intérêt de diminuer aussi vite que les nécessités de l'équilibre l'exigent. (1930 dans 2009, p. 163-164)

Tout en remarquant, simultanément, avec une extrême lucidité que :

> Nous sommes actuellement affligés d'une maladie nouvelle dont certains lecteurs peuvent bien ignorer encore le nom, mais dont ils entendront beaucoup parler dans les années à venir, et qui est le *chômage technologique*. Il faut entendre par là le chômage qui est dû au fait que nous découvrons des moyens d'économiser de la main-d'œuvre à une vitesse plus grande que nous ne savons trouver de nouvelles utilisations du travail humain. (*ibid.*, p. 171)

En effet, bien que la crise de 1929 s'inscrive dans un « cycle classique » après la crise d'assainissement de 1920 (Gilles, 2009, p. 145 et s.), elle est « une année mémorable », « la propriété des économistes » selon Galbraith (1981, p. 21-22), « une des plus grandes catastrophes économiques de l'histoire moderne » pour Keynes (« *La grande crise de 1930* », 1930 dans 2009, p. 43), dans la mesure où elle marque une rupture dans la dynamique du capitalisme en raison, i) de l'absence de reprise spontanée (la dépression

---

1   Né à Cambridge en 1883, mort à Firle en 1946

dure une décennie [1929-1939]) (*Ibid.*, p. 56), ii) de l'effondrement de la production et des prix, et du chômage massif, qui lui donnent une ampleur jusque-là inégalée (*ibid.*, p. 45). L'explication et la résolution de ces problèmes, véritables infirmations empiriques de la croyance à l'automaticité des économies de marché à engendrer le plein-emploi, constituent alors un double défi théorique et pratique que la « Révolution keynésienne » va relever. Le premier l'est directement par Keynes qui démontre, dans la *Théorie générale de l'emploi, de l'intérêt et de la monnaie*[2] (désormais TG ou GT pour, respectivement, les versions française et anglaise), que non seulement il n'existe pas de mécanisme dans une économie concurrentielle qui *garantisse* le plein-emploi, mais que le « sort normal » de cette économie est d'être piégée dans un état chronique de « *sous emploi*[3] » :

> *it is an outstanding characteristic of the economic system in which we live that, whilst it is subject to severe fluctuations in respect of output and employment, it is not violently unstable. Indeed, it seems capable of remaining in a chronic condition of sub-normal activity for a considerable period without any marked tendency either towards recovery or towards complete collapse. Moreover, the evidence indicates that full, or even approximately full, employment is of rare and short-lived occurrence [...] an intermediate situation which is neither desperate nor satisfactory is our normal lot.* (GT, p. 250)

> « c'est une caractéristique marquante du système économique où nous vivons qu'il n'est pas violemment instable, tout en étant sujet en ce qui concerne la

---

2   *The General Theory of Employment, Interest and Money*, 1936.

3   Le concept d'*équilibre* de sous-emploi n'est pas, explicitement, de Keynes mais s'apparente plutôt à une conjecture prenant la forme d'un défi qu'il lance implicitement à l'économie standard, celui de démontrer la possibilité d'un équilibre général avec chômage involontaire persistant (*i.e.* un « équilibre stable pour un volume de N [emplois] inférieur au plein emploi », TG, p. 57, « *stable equilibrium with N at a level below full employment* », GT, p. 30) dans le cadre d'une économie de concurrence parfaite avec prix et salaires flexibles. C'est Hicks (1937, 1939) qui relève, le premier, ce défi en développant l'idée d'un équilibre temporaire, un équilibre distinct de l'équilibre de plein emploi, mais au prix d'une « traduction » de la TG compatible avec la formalisation de l'équilibre général walrasien, de laquelle résultera le modèle (IS-LM). Dans cette lignée, les théoriciens du déséquilibre s'éloignent également du système keynésien en excluant les déséquilibres de système (contenus dans la TG) pour ne concevoir que des déséquilibres de fonctionnement (qui renvoient au « système traditionnel »). Comme le relève Barrère (1983, p. 296), « Depuis la publication de la *Théorie générale* de J.M. Keynes, le chômage involontaire est considéré comme un déséquilibre, si ce n'est même *le* déséquilibre majeur [...] S'il est un déséquilibre de système, il n'est pas simplement d'importance majeure pour l'analyse économique, il l'est aussi et plus encore pour la politique économique ; il est même, pour prendre le vocabulaire actuel, un problème de société. Celle-ci comporte-t-elle une régulation spontanée de l'emploi par le marché ou faut-il rechercher cette régulation par une politique ? »

production et l'emploi à des fluctuations sévères. À la vérité, ce système paraît capable de se maintenir pendant un temps considérable dans un état chronique d'activité inférieure à la normale, sans qu'il y ait de tendance marquée à la reprise ou à l'effondrement complet. En outre, il apparaît que le plein emploi, ou une situation voisine du plein emploi, est rare autant qu'éphémère […] notre sort normal est une situation intermédiaire qui n'est ni désespérée ni satisfaisante. » (TG, p. 255)

L'enseignement de Keynes devient alors une *mise en garde*, celle de ne pas s'en remettre au mécanisme d'ajustement automatique de la concurrence dans le but de réaliser des objectifs de politique économique comme le plein emploi. Et cette « leçon » engage la responsabilité de la « théorie classique acceptée par l'Économie politique » en raison de son incapacité à « résoudre les problèmes économiques du monde concret » (*ibid.*, p. 371), en premier lieu « les deux vices marquants du monde économique où nous vivons », à savoir i) que « le plein emploi n'y est pas assuré » et ii) que « la répartition de la fortune et du revenu y est arbitraire et manque d'équité » (*ibid.*, p. 366) ; incapacité qui relève moins « d'erreurs logiques dans son analyse » que du fait que « ses hypothèses implicites ne sont jamais ou presque jamais vérifiées » (*ibid.*, p. 371). Parmi celles-ci, figure, à côté de l'utilitarisme (l'esprit calculateur comme force du capitalisme), la croyance dans l'autorégulation des marchés, où dans une économie caractérisée par une distribution idéale des ressources productives, le maximum de bien-être collectif résulte de la poursuite rationnelle par chaque individu de son intérêt personnel, donc que la fameuse « main invisible » du « système simple et évident de la liberté naturelle » de Smith (*cf. supra*, Première Partie) opère. Or, écrit Keynes :

il n'est *nullement* vrai que les individus possèdent, à titre prescriptif, une « liberté naturelle » dans l'exercice de leurs activités économiques […] Le monde n'est *nullement* gouverné par la providence de manière à faire toujours coïncider l'intérêt particulier avec l'intérêt général. Et il n'est *nullement* organisé ici-bas de telle manière que les deux finissent par coïncider dans la pratique. Il est *nullement* correct de déduire des principes de l'économie politique que l'intérêt personnel dûment éclairé œuvre toujours en faveur de l'intérêt général. Et il n'est pas vrai non plus que l'intérêt personnel est en général éclairé ; il arrive bien plus souvent que les individus agissant isolément en vue de leurs propres objectifs particuliers soient trop ignorants ou trop faibles pour pouvoir atteindre seulement ceux-ci. L'expérience ne démontre *nullement* que les individus, une fois réunis en une unité sociale, sont toujours moins clairvoyants que lorsqu'ils agissent isolément. (« *La fin du laisser-faire* », 1926, dans 2009, p. 149-150, Keynes souligne)

Autrement dit, face à l'efficacité illusoire de la « main invisible » dans le « meilleur des mondes » du laisser-faire[4], les solutions concrètes doivent venir de l'exercice de la liberté individuelle encadrée et soutenue par la main visible des politiques. D'où la nécessité de savoir « le partage à faire entre ce que l'État doit prendre à sa charge pour y appliquer la sagesse civique, et ce qu'il doit abandonner à l'industrie des individus en évitant autant que possible de s'en mêler » (Burke cité par Keynes, *ibid.*, p. 150).

Voilà comment relever le second défi pratique, par l'action de « l'État moderne », ayant « pour seul critère d'action [...] le bien public » (*ibid.*, p. 151), en coopération avec « l'initiative privée » (TG, p. 371) :

> Les *agenda* les plus importants de l'État concernent non pas les activités que des personnes privées sont déjà en train d'assurer, mais les fonctions qui échappent aux prises de l'individu et les décisions que personne ne prendra si l'État ne les prend pas. L'important pour le gouvernement et l'administration n'est point d'accomplir ce que des individus sont déjà en train d'accomplir, et de s'y prendre un peu moins bien ou un peu mieux qu'eux, mais d'accomplir des choses qui pour le moment ne sont pas exécutées du tout (« *La fin du laisser-faire* », *op. cit.*, p. 156)

C'est dans ce cadre que la politique économique (budgétaire et moné-taire) peut remédier à la dépression et au chômage, ce qui marque la fin de la « doctrine du laissez-faire » (« *The end of laissez-faire* ») au profit

---

4   « Une harmonie nouvelle se faisait entendre du haut des célestes sphères. "Il est curieux d'observer que, grâce à la sagesse et à la bienveillance de la Providence, l'individu se rend le plus utile au public lorsqu'il n'a rien d'autre en tête que son propre gain" ; voilà ce que chantaient les anges. » (« *Les effets sociaux des fluctuations de la valeur de la monnaie* », 1923, dans 2009, p. 18-19), et d'ajouter, dans la TG (p. 59-60, GT, p. 33) : « *The celebrated optimism of traditional economic theory, which has led to economists being looked upon as Candides, who, having left this world for the cultivation of their gardens, teach that all is for the best in the best of all possible worlds provided we will let well alone, is also traced, I think, to their having neglected to take account of the drag on prosperity which can be exercised by an insufficiency of effective demand.* » : « Quant au fameux *optimisme* de la théorie économique traditionnelle, optimisme en raison duquel on a fini par considérer les économistes comme des Candide, qui, ayant abandonné le monde pour cultiver leur jardin, enseignent que tout est pour le mieux dans le meilleur des mondes possibles pourvu qu'on le laisse aller tout seul, il a pour origine, selon nous, la méconnaissance de l'obstacle qui peut être opposé à la prospérité par l'insuffisance de la demande effective. »

d'une « nouvelle donne » (« *New Deal* ») (TG, p. 331) face à la « Grande
Dépression », véritable plaidoyer en faveur des « travaux d'infrastructure,
sous réserve que ces travaux aient une utilité quelconque » (« *L'économie
de 1931* » dans 2009, p. 77) financés *via* le « déficit du gouvernement »
par « une politique d'emprunts gouvernementaux », donc par la « dette
publique » (*ibid.*, p. 76-77), déniant toute efficacité à la baisse des salaires
nominaux pour lutter contre le chômage, thèse prônée par l'orthodoxie
dominante représentée par ceux que Keynes appelle les « économistes
classiques », c'est-à-dire tout auteur qui défend la « loi de Say », en
vertu de laquelle tout accroissement de la production engendre automatiquement un accroissement équivalent du revenu et de la dépense
de façon à maintenir l'économie au niveau du plein emploi. Au-delà des
circonstances de la « Grande dépression », à défaut de transformer « la
nature humaine » fortement empreinte de « la passion du lucre », l'État
moderne se doit d'exercer le « gouvernement de cette nature » (TG,
p. 368), dicté par « la sagesse et la prudence » afin que le capitalisme se
pratique « sous certaines règles et dans certaines limites » (*ibid.*), avec
« un contrôle central sur certaines activités aujourd'hui confiées en
grande partie à l'initiative privée », comme la propension à consommer
et l'incitation à investir *via* la politique fiscale et la fixation du taux
d'intérêt par exemple, tout en laissant « inchangés de vastes secteurs de
la vie économique » (*ibid.*, p. 371).

Nous sommes, ici, au fondement même de l'hétérodoxie de Keynes,
celle du « réformisme pragmatique » prenant la forme de ce qui est
aujourd'hui appelé « l'économie mixte », que Keynes nomme le « semi-
socialisme » (« *La fin du laisser-faire* », *op. cit.*, p. 154), et consistant à
trouver « des améliorations qu'il est possible d'apporter à la technique
du capitalisme moderne au moyen de l'action collective » (*ibid.*, p. 158).
Ce réformisme se situe entre, d'une part, les « nombreuses personnes
qui sont, en fait, opposées au capitalisme comme mode de vie [qui]
argumentent comme si elles lui reprochaient son incapacité à réaliser
ses propres ambitions » (*ibid.*, p. 160) et, d'autre part, les « zélateurs
du capitalisme [...] souvent conservateurs de manière déplacée [qui]
repoussent les moyens de réformer sa technique [...] tant ils craignent
que ces réformes soient les premiers pas qui nous éloigneraient du
capitalisme lui-même » (*ibid.*). Autrement dit, entre deux pessimismes,
celui « des révolutionnaires qui croient les choses si mauvaises que seule

une mutation violente pourra nous sauver » et celui « des réactionnaires qui jugent l'équilibre de notre vie économique et sociale si précaire que nous devons éviter le risque de toute expérimentation » (« *Perspectives économiques* … », *op. cit.*, p. 165).

L'autre volet de l'hétérodoxie de Keynes est de nature épistémologique et théorique. Ici, l'hétérodoxie keynésienne s'inscrit comme « l'abandon de l'orthodoxie » (TG, p. 5), i) celle de la « loi des débouchés » et du sophisme selon lequel « la demande serait créée par l'offre » (*ibid.*, p. 8), et en vertu duquel « le système économique travaille constamment à pleine capacité », d'où l'impossibilité de concevoir, *a fortiori* de traiter les problèmes du chômage et du cycle économique (*ibid.*, p. 9), et ii) celle de la « Théorie Quantitative » qui nous a « induit en erreur » sur le niveau et la fixation des prix (*ibid.*, p. 8) afin de lui substituer une théorie *qualitative* de la monnaie et du taux d'intérêt où la demande et l'offre de monnaie renvoient à « la demande d'*argent liquide* et [aux] moyens d'y satisfaire » (*ibid.*, Keynes souligne) qui gouvernent le taux d'intérêt et, joint à d'autres facteurs (la confiance, par exemple), l'incitation à investir, puis le niveau des revenus, de la production et de l'emploi et, *in fine*, le niveau général des prix.

Voilà l'ampleur du programme de la TG, rompre avec la foi dans l'aptitude des forces de la concurrence à conduire l'économie dans une situation stable de plein-emploi sans intervention de l'État, et proposer une théorie *générale*, avec la théorie classique comme « cas limite », permettant de spécifier, pour toute période, les principaux déterminants du niveau d'emploi. Ce qui explique que Keynes dédie son livre surtout aux « confrères économistes » (*ibid.*, p. 10), tout en souhaitant « qu'il puisse être intelligible à d'autres personnes » (*ibid.*), l'assimilant même à un message *urbi et orbi* (« à la Ville et au Monde ») adressé « directement au grand public » (*ibid.*, p. 5). Dans ce cadre, l'intitulé « Théorie générale » renvoie à la double dimension macroéconomique de l'analyse keynésienne, i) avec la nécessité d'étudier le système économique « envisagé globalement » :

> Nous avons donné à notre théorie le nom de « théorie générale ». Par là nous avons voulu marquer que nous avions principalement en vue le fonctionnement du système économique pris dans son ensemble, que nous envisagions les revenus globaux, les profits globaux, la production globale, l'emploi global, l'investissement global et l'épargne globale bien plus que les revenus, les

profits, la production, l'emploi, l'investissement et l'épargne, d'industries, d'entreprises ou d'individus considérés isolément. (TG, Préface, p. 6)

et ii) pour montrer le caractère indissociable et interactif des comportements individuels et des configurations macroéconomiques de ce « système pris dans son ensemble » où « la demande créée par la consommation et l'investissement d'un individu est la source du revenu des autres individus et que par suite le revenu en général n'est pas indépendant, bien au contraire, de la propension des individus à dépenser et à investir » (*ibid.*, p. 6-7). Où l'état macroéconomique devient la résultante « des décisions courantes de produire, [...] des décisions d'investir et de l'estimation actuelle des montants de la consommation courante et future [...] c'est-à-dire des penchants psychologiques individuels [*the individual psychological inclinations*, GT, p. XXII] concernant la manière d'employer des revenus d'un certain montant » (*ibid.*, 7) qui dépendent eux-mêmes de la situation du « système tout entier » (*ibid.*).

C'est sous cet angle de la « macro-économie moderne » que Schumpeter (1983, III, p. 542-543) considère la *Théorie générale*, « le livre qui a connu le plus grand succès de notre époque », écrit par un « guide de l'opinion publique » qui a accompli, avec ce livre, « son destin de chef de file » ; ouvrage salué par « la performance intellectuelle, épicée par une liaison, réelle ou supposée, avec les problèmes brûlants de l'époque » (*ibid.*, p. 556). La TG offre donc, pour Schumpeter, un « appareil analytique » (*ibid.*, I, p. 74), un « appareil conceptuel » (*ibid.*, III, p. 578) consistant à donner une traduction appropriée des « caractéristiques marquantes du système économique où nous vivons » (TG, p. 255), même si « ces faits d'expérience ne procèdent pas d'une nécessité logique » (*ibid.*), d'où la nécessité d'un « raisonnement très abstrait » et l'exposé de « controverses multiples » (*ibid.*, p. 10) qui fait dire à Blaug (1986, p. 780, 798), que la TG est « un livre ambigu et plein de digressions, partant dans toutes les directions », « un livre mal écrit et construit à la diable qui contient non pas un ou deux, mais trois ou quatre "modèles" du fonctionnement d'une économie moderne ». Autrement dit, la TG est « un ouvrage qui ne relève d'aucune catégorie particulière » puisqu'il n'est ni un « livre grand public », comme *The Economic Consequences of the Peace* (1920) par exemple, ni un « traité savant », comme le *Treatise on Money* ou le *Treatise on Probability*, ni un « manuel », même si ce livre est,

dans le domaine de l'économie, « le plus célèbre et le plus influent du
XXe siècle » (Dostaler, 2009, p. 389-390) ; appréciations que Samuelson
(1946, p. 190) résume par :

> the General Theory [...] is a badly written book, poorly organized ; any layman
> who, beguiled by the author's previous reputation, bought the book was cheated of
> his 5 shillings. It is not well suited for classroom use. It is arrogant, bad-tempered,
> polemical, and not overly-generous in its acknowledgments. It abounds in mares' nests
> and confusions [...]. In it the keynesian system stands out indistinctly, as if the author
> were hardly aware of its existence or cognizant of its properties [...]. Flashes of insight
> and intuition intersperse tedious algebra. An awkward definition suddenly gives way
> to an unforgettable cadenza. When it finally is mastered, we find its analysis to be
> obvious and at the same time new. In short, it is a work of genius.

> « La *Théorie générale* [...] est un livre mal écrit, mal construit ; tout profane
> qui, attiré par la renommée de son auteur, achèterait le livre se ferait escro-
> quer de cinq shillings. Il est mal adapté à l'enseignement. Il est arrogant,
> déséquilibré, polémique [...] et peu reconnaissant de ses prédécesseurs. Il
> est plein de pièges et de passages confus [...] Le système keynésien en sort
> sans contours, comme si son auteur était à peine conscient de son existence
> et instruit de ses propriétés [...] Des éclairs de perspicacité et d'intuition
> traversent une algèbre fastidieuse. Une définition maladroite ouvre soudain la
> route à un passage inoubliable. Quand finalement on parvient à le dominer,
> on trouve que son analyse est évidente et en même temps nouvelle. En bref,
> c'est une œuvre de génie. »

En définitive, comme le souligne Halbwachs (1940 dans 2016, p. 68),
Keynes, « le plus ésotérique des économistes anglais » (*ibid.*, p. 83), « fidèle
à la méthode dialectique abstraite », « méthode qui ne peut être bien
comprise que par un petit groupe d'initiés » (*ibid.*, p. 68), nous propose
avec la TG « une doctrine, construite en apparence dans le monde des
abstractions pures, [mais qui] n'est pas cependant sans rapport avec la
pratique et avec les préoccupations de l'heure » (*ibid.*, p. 83) ; d'où la
recommandation de Galbraith (1956, p. 91-92, 95), selon laquelle la TG
« ne peut être lue, normalement, même par un profane intelligent, sans
une initiation préalable à la terminologie, et surtout aux abstractions
de la science économique » afin que puisse être comprise sa « principale conclusion », celle qui « veut que la dépression et le chômage ne
soient en aucun sens anormaux », détruisant, ainsi, « la foi ancienne en
un équilibre de plein emploi ». C'est cette « initiation » qui motive les
développements qui suivent.

LA *THÉORIE GÉNÉRALE* COMME FONDEMENT DE LA MACROÉCONOMIE MODERNE

De la démonstration du sous-emploi aux propositions de politique économique de retour au plein emploi

DES CRITIQUES DES « POSTULATS CLASSIQUES » AU PRAGMATISME KEYNÉSIEN

Vers 1935, le profane – qu'il soit ouvrier, industriel, agriculteur ou chômeur – s'était sans doute fait une opinion personnelle sur le fonctionnement du capitalisme. Si on lui avait demandé si l'équilibre des prix stables et le plein emploi caractérisaient le modèle concurrentiel, il aurait confié son interrogateur aux soins d'un bon médecin. Mais de même que les idées, pour avoir de l'influence, ont besoin d'être confirmées par l'expérience, l'expérience a besoin d'être exprimée par les idées. Ce n'est qu'alors qu'elle devient le point de départ d'une généralisation, d'une théorie. On peut concevoir que la Grande Dépression aurait pu être considérée comme un grand accident si les idées n'étaient pas intervenues de nouveau [...] Les idées qui permirent l'interprétation de la dépression et qui montraient que la dépression ou l'inflation pouvaient tout aussi bien caractériser l'entreprise libre que ne le faisait un plein emploi stable, étaient celles de John Maynard Keynes (Galbraith, 1956, p. 89-90)

Ce passage de Galbraith illustre « *the social philosophy towards which the General Theory might lead* », « la philosophie sociale à laquelle la théorie générale peut conduire » (GT, p. 372-384, TG, p. 366-376) où Keynes montre la nécessité d'être (ce qu'il sera), *à la fois*, un théoricien et un praticien engagé de l'économie, les deux étant indissociablement liés, afin de spécifier « *the practical measures in which they might be gradually clothed* », « les mesures pratiques qu'on pourrait échafauder progressivement sur ces idées » (*ibid.*, p. 383, p. 375), et de répondre aux défis du monde qui « se trouve aujourd'hui dans une impatience extraordinaire d'un diagnostic mieux fondé » (*ibid.*), celui selon lequel « lorsque la demande effective est insuffisante, non seulement le gaspillage de ressources cause dans le public un scandale intolérable, mais encore l'individu entreprenant qui cherche à mettre ces ressources en œuvre a les chances contre lui » (*ibid.*, p. 373), et qui admet pour corollaire que « si la demande effective était suffisante, il suffirait pour réussir d'une chance et d'une habileté moyennes » (*ibid.*). Et la « théorie classique » est incapable de concevoir, *a fortiori* de traiter de ce « gaspillage », le « chômage involontaire », en raison des « postulats » de « la théorie classique de l'emploi », supposée si « simple et évidente » (*ibid.*, p. 35) qu'elle n'est jamais questionnée, en dépit des faits, n'admettant qu'un « chômage de frottement » (*i.e.* frictionnel), résultant de « divers défauts d'ajustement qui s'opposent au maintien continu du plein emploi » en raison d'« un déséquilibre temporaire des ressources spécialisées » (*ibid.*, p. 36), et un « chômage volontaire » dû « au refus d'une unité de main-d'œuvre d'accepter une rémunération équivalente au produit attribuable à sa productivité marginale » (*ibid.*). Il en résulte que cette théorie ne s'applique qu'à un « cas spécial » (et non au « cas général » de « la société économique où nous vivons réellement », celui des « faits que nous connaissons », *ibid.*, p. 33), le « plein emploi », c'est-à-dire « la quantité *maximum* d'emploi compatible avec un salaire réel donné » (*ibid.*, p. 42) atteignable par l'activation, dans un cadre concurrentiel, de la « loi de Say » en vertu de laquelle « l'offre crée sa propre demande » (*ibid.*, p. 53) et qui veut que « pour tout volume de la production considérée dans son ensemble, le prix de la demande globale soit égal au prix de l'offre globale » (*ibid.*, p. 54). Dans ce cadre de débouchés garantis, le calcul maximisateur du demandeur de travail (*i.e.* l'entrepreneur) se limite à l'égalisation de la productivité marginale du travail au taux de salaire réel (w/p) et, partant, à augmenter l'emploi si les offreurs de travail (*i.e.* les salariés) consentent une baisse de (w/p), d'où la possibilité pour eux d'influer sur le niveau d'emploi qui, en situation de flexibilité des prix et des salaires, ne peut être que le « plein emploi » (validation du second postulat de la « théorie classique », *ibid.*, p. 35-36). Partant, dans cet univers doctrinaire des « postulats classiques » qui n'est « applicable qu'au cas du plein emploi », le chômage involontaire ne peut exister (*ibid.*, p. 45). On le voit, cette « inaptitude » de la « théorie classique » à permettre la « prédiction scientifique » vient du fait que ces postulats,

THÉORIE GÉNÉRALE ET MACROÉCONOMIE MODERNE

ces « hypothèses implicites », qui conduisent naturellement à un emploi optimum des ressources productives, n'ont jamais été vérifiées au regard « des faits d'observation courante » (*ibid.*, p. 58-59) :

> For professional economists, after Malthus, were apparently unmoved by the lack of correspondence between the results of their theory and the facts of observation ; – a discrepancy which the ordinary man has not failed to observe, with the result of his growing unwillingness to accord to economists that measure of respect which he gives to other groups of scientists whose theoretical results are confirmed by observation when they are applied to the facts [...] It may well be that the classical theory represents the way in which we should like our economy to behave. But to assume that it actually does so is to assume our difficulties away (GT, p. 33-34)

> « depuis Malthus les économistes professionnels paraissent avoir été insensibles au désaccord entre les conclusions de leur théorie et les faits d'observation. Le public au contraire n'a pas manqué de relever ce désaccord et c'est ce qui explique sa répugnance croissante à accorder aux économistes le tribut de respect qu'il alloue aux autres catégories de savants dont les conclusions théoriques sont confirmées par l'expérience, chaque fois qu'elles sont appliquées aux faits [...] Il se peut que la théorie classique décrive la manière dont nous aimerions que notre économie se comportât. Mais supposer qu'elle se comporte réellement ainsi, c'est supposer toutes les difficultés résolues » (TG, p. 59-60)

La *Théorie générale* se conçoit, dès lors, comme un manifeste exprimant la volonté de Keynes de persuader les économistes de « procéder à un nouvel examen critique de leurs hypothèses fondamentales » (*ibid.*, p. 10), donc de revoir leur représentation du monde, afin que la théorie économique regagne « son influence pratique » (*ibid.*, p. 11), redevienne opérationnelle, ce que Lavialle (2001, p. 47 et s.) nomme avec justesse la « logique thérapeutique » de la TG qui anime l'« attitude pragmatique » de Keynes au service d'une « épistémologie pragmatique », « un travail de "désensorcellement" » avec comme « objectif affiché d'invalider la théorie classique, au nom de son applicabilité limitée » (*ibid.*, p. 58).

C'est dans ce cadre que Keynes ose relever le défi des faits de la crise de 1929 et de la Grande Dépression qui constituent, pour lui, aussi bien un domaine opératoire pour les politiques économiques curatives qu'un démenti cinglant aux vertus prétendument infaillibles de la concurrence soutenues par les « Classiques » qui se trouvent, quant à eux, totalement démunis avec leur conception traditionnelle d'un équilibre stabilisé au niveau de plein emploi des ressources et l'idéologie du « laissez-faire ». C'est cette mise en défaut des *idéaux* de « l'équilibre de plein emploi » et du « laissez-faire », bien illustrée par la formule d'H. Guitton (1979, p. 59) relative à « l'ambition du savoir parfait », selon laquelle « quand on se rapproche de la réalité, on s'éloigne de l'équilibre. Et quand on démontre l'équilibre, on n'est plus dans la réalité », et la nécessité de proposer une alternative théorique, qui expliquent que les *thirties* soient, simultanément, les années les plus sombres de l'histoire économique (« *black decade* ») et des « années de haute théorie » (Shackle, 1967). L'ampleur et la gravité de la Grande Dépression influent, également, sur la construction théorique de la TG, laquelle s'inscrit dans une perspective de sous-emploi durable (« l'insuffisance de la demande effective » qui arrête « l'augmentation de l'emploi avant qu'il ait atteint son maximum » et qui « met un frein au progrès de la production alors que la productivité marginale du travail est encore supérieure à sa désutilité », ce qui explique « le paradoxe de la pauvreté au sein de l'abondance » dès lors que « plus la communauté est riche, plus la marge tend à s'élargir entre sa production potentielle et sa production réelle », TG, p. 57), et n'aborde que marginalement le « cycle économique », étudié dans une des « notes succinctes suggérées par la Théorie générale » (*ibid.*, p. 315-332, GT, p. 313-332), les fluctuations s'amortissant par le jeu de « conditions de stabilité » (TG, p. 255)[1] liées à la propension marginale à consommer *via* le multiplicateur, aux variations du « rendement escompté du capital » et/ou du taux d'intérêt et/ou des salaires nominaux (*ibid.*, p. 256) (*cf.* ci-dessous).

Face aux extraordinaires défis posés par la Grande Dépression, la baisse générale des prix, l'effondrement des cours des actions, une contraction de la production industrielle et du commerce mondial, un fort chômage et d'importantes crises monétaires (Gilles, 2009, p. 168-169), autant de problèmes types appelant des solutions, la TG se doit de proposer un modèle, voire une méthode de l'action politique (avec l'économiste comme « conseiller du Prince »), où les connaissances de l'économiste sont basées sur la connaissance des acteurs et de leurs comportements (*i.e.* les motifs d'agir), en premier lieu la décision d'investir de l'entrepreneur. Pour une période (t, $\forall t$), ces comportements sont en interaction avec des « variables dépendantes », comme « la compétence et la quantité des forces de travail », le « volume et la qualité de l'équipement », le « degré

---

1   « le monde où nous vivons [...] oscille autour d'une situation intermédiaire sensiblement inférieure au plein emploi et sensiblement supérieure à l'emploi minimum au-dessous duquel l'existence serait menacée. » (*ibid.*, p. 259)

de concurrence », les « goûts et habitudes des consommateurs », *etc.* (TG, p. 251), et des « variables indépendantes », comme « la propension à consommer », « l'efficacité marginale du capital » et le « taux d'intérêt » (*r*), animées par « trois facteurs psychologiques fondamentaux », respectivement « la propension psychologique à consommer[2] », « l'estimation psychologique du rendement futur des capitaux[3] » et « l'attitude psychologique touchant à la liquidité[4] » (*ibid.*, p. 252). Et l'axiomatisation de cet ensemble de comportements, de variables, de motifs, de croyances, de circonstances et de situations par l'activation du « principe de la demande effective » (*ibid.*, p. 51, 53), soit le « modèle keynésien » de la TG, permet d'obtenir le « montant de revenu national » correspondant au « volume de l'emploi », « le revenu national [étant] gouverné par le volume de l'emploi » (*ibid.*, p. 252) :

> « Notre propos est de découvrir ce qui, dans un système économique donné, détermine à tout moment le revenu national et (ce qui revient presque au même) le volume de l'emploi ; c'est-à-dire, dans une matière aussi complexe que l'économie, où il serait vain d'espérer faire des généralisations en tout point

2   « *The fundamental psychological law, upon which we are entitled with gret confidence both a priori from our knowledge of human nature and from the detailed facts of experience, is that men are disposed, as a rule and on the average, to increase their consumption as their income increases, but not by as much as the increase in their income.* » (GT, p. 96), « La loi psychologique fondamentale, à laquelle nous pouvons faire toute confiance, à la fois *a priori* en raison de notre connaissance de la nature humaine et *a posteriori* en raison des enseignements détaillés de l'expérience, c'est qu'en moyenne et la plupart du temps les hommes tendent à accroître leur consommation à mesure que leur revenu croît, mais non d'une quantité aussi grande que l'accroissement du revenu. » (TG, p. 117)

3   « l'efficacité marginale du capital dépend du rendement *escompté* du capital, et non pas simplement de son rendement courant » (TG, p. 158) d'où un premier risque, « celui de l'entrepreneur ou emprunteur [qui] naît des doutes qu'il conçoit lui-même quant à la probabilité d'obtenir effectivement le rendement futur qu'il espère » (*ibid.*, p. 161), assorti, en cas de prêts, du « risque du prêteur » causé par « l'insuffisance possible de la marge de garantie, c'est-à-dire par une carence involontaire résultant d'une prévision déçue », second risque qui impacte le calcul du « minimum de rendement escompté qui décide à investir » (*ibid.*). L'ensemble de ces « prévisions de l'avenir », qui détermine « le rendement escompté du capital », est, enfin, conditionné par « l'état de la prévision à long terme » (*ibid.*, p. 163), lequel dépend de « la confiance avec laquelle on la fait, c'est-à-dire la probabilité que l'on assigne au risque que sa prévision la mieux établie se révèle tout à fait fausse » (*ibid.*, p. 164)

4   « Un état quelconque de la prévision étant donné, il existe dans l'esprit du public une inclination potentielle à détenir plus d'argent liquide que n'en requièrent le motif de transactions et le motif de précaution, inclination potentielle qui se réalise en détention effective dans une mesure qui dépend des conditions auxquelles l'autorité monétaire est disposée à créer de la monnaie. » (*ibid.*, p. 215)

exactes, les facteurs qui déterminent *principalement* l'objet de notre enquête. Quant à notre tâche finale, elle pourrait être de choisir les variables que l'autorité centrale est capable de contrôler ou de gouverner délibérément dans le genre de système où nous vivons réellement. » (TG, p. 253, Keynes souligne)

LE MODÈLE DE KEYNES

En opposition à l'École de l'ajustement automatique, celle de l'équilibre de plein emploi et du modèle classique enfermé dans la « loi de Say », le « modèle keynésien » repose sur quatre lemmes (*L*) principaux, dont l'interaction conduit à deux démonstrations (*D*) :

L1. Une économie de décisions en avenir incertain et risqué[5] spécifiée par les « variables indépendantes » du modèle liées à des facteurs (ou lois) psychologiques qui conditionnent certains comportements en termes de liquidité, d'investissement et de consommation (*cf. supra*), encadrées par des variables institutionnelles (l'exogénéité de l'offre de monnaie supposée maîtrisée par les Autorités monétaires, TG, p. 215) et conventionnelles, où la « convention » s'apparente à un mode de coordination (ou de socialisation) hors prix qui assure une certaine continuité et stabilité du système.

---

5   La représentation de l'incertitude et du risque dans la vie économique (Gilles, 1992) part de la distinction, désormais classique, opérée par Knight (1921 dans 1964, p. 233) : « La différence pratique entre les deux catégories, le risque et l'incertitude, est que, s'agissant de la première, la distribution du résultat parmi un ensemble de cas est connue (soit par le calcul *a priori*, soit par des statistiques fondées sur les fréquences observées), tandis que ceci n'est pas vrai de l'incertitude en raison de l'impossibilité de regrouper les cas, parce que la situation à traiter présente un degré élevé de singularité. » ("The practical difference between the two categories, risk and uncertainty, is that in the former the distribution of the outcome in a group of instances is known (either through calculation *a priori* or from statistics of past experience), while in the case of uncertainty this is not true, the reason being in general that it is impossible to form a group of instances, because the situation dealt with is in a high degree unique."). En situation de risque les agents peuvent donc associer à chacune de leur stratégie une distribution de probabilités des résultats, alors qu'en situation d'incertitude, le décideur n'est pas en mesure d'établir de telles distributions. Cette dichotomie permet de faire correspondre à une situation de risque, le critère de maximisation de l'espérance utilité, et à une situation d'incertitude, celui de la théorie statistique de la décision.

In practice we have tacitly agreed, as a rule, to fall back on what is, in truth, a convention. The essence of this convention [...] lies in assuming that the existing state of affairs will continue indefinitely, except in so far as we have specific reasons to expect a change (GT, p. 152)

« Dans la pratique, nous sommes tacitement convenus, en règle générale, d'avoir recours à une méthode qui repose à vrai dire sur une pure *convention*. Cette convention consiste essentiellement [...] dans l'hypothèse que l'état actuel des affaires continuera indéfiniment à moins qu'on ait des raisons définies d'attendre un changement. » (TG, p. 167, Keynes souligne)

L'apport majeur de Keynes est, ici, de montrer que la dynamique macroéconomique repose sur des fondements microéconomiques à savoir l'adaptation et la prise de décision des agents dans un environnement changeant voire incertain. D'où la nécessité de prendre en compte les effets déstabilisants de l'incertitude et du risque et de la volatilité des anticipations (visions des agents sur le futur) et des comportements qui, désormais, mobilisent deux facteurs : l'évaluation d'une probabilité et le degré de confiance dans les méthodes et les critères d'évaluation adoptés, soit une probabilité à deux niveaux utilisée par Keynes et Knight afin de cerner l'incertitude :

a judgment of probability is actually made in such cases. The business man himself not merely forms the best estimate he can of the outcome of his actions, but he is likely also to estimate the probability that his estimate is correct. The "degree" of certainty or of confidence felt in the conclusion after it is reached cannot be ignored, for it is of the greatest practical significance. The action which follows upon an opinion depends as much upon the amount of confidence in that opinion as it does upon the favorableness of the opinion itself. The ultimate logic, or psychology, of these deliberations is obscure, a part of the scientifically unfathomable mystery of life and mind. We must simply fall back upon a "capacity" in the intelligent animal to form more or less correct judgments about things, an intuitive sense of values. We are so built that what seems to us reasonable is likely to be confirmed by experience, or we could not live in the world at all. Fidelity to the actual psychology of the situation requires, we must insist, recognition of these two separate exercises of judgment, the formation of an estimate and the estimation of its value. (Knight, 1921 dans 1964, p. 226-227)

Une évaluation des probabilités est effectivement réalisée dans ces circonstances. L'homme d'affaires lui-même ne réalise pas seulement sa meilleure estimation possible du résultat de ses actions, mais il est vraisemblable qu'il estime également la probabilité que son estimation soit correcte. Le « degré » de certitude ou de confiance associé à l'estimation réalisée ne peut être ignoré, parce qu'il a des conséquences pratiques manifestes. L'action choisie à partir d'une opinion dépend autant du degré de confiance dans cette opinion que du caractère favorable de cette opinion lui-même. La logique ultime, ou la psychologie, de ces mécanismes est obscure, part des mystères de la vie et de l'esprit inaccessibles à la connaissance scientifique. Nous en revenons à une « capacité » des animaux intelligents à former des jugements plus ou moins adéquats sur les choses, de manière intuitive. Nous sommes ainsi faits que ce qui nous semble raisonnable est généralement confirmé par l'expérience, ou nous ne pourrions pas vivre dans ce monde. La confiance en la psychologie des situations requiert, nous insistons sur ce point, la reconnaissance de ces deux manifestations distinctes de l'exercice du jugement, la formation d'une estimation, et la valeur associée à cette estimation.

où le taux d'intérêt (r) (« phénomène hautement psychologique », TG, p. 213), non pas « le niveau absolu de (r) » mais « l'écart qui le sépare du niveau qui paraît offrir une sécurité raisonnable à la lumière des calculs de probabilité auxquels on se fie » (TG, p. 212), est une mesure de notre doute quant aux méthodes d'évaluation utilisées, dans le sens où plus le degré de confiance est élevé, plus le niveau de (r) et cet écart sont faibles. Et, dans ce cadre, (r) s'apparente au coût de cette « sécurité » et la monnaie en tant que convention suprême, celle à laquelle les agents se rattachent lorsque l'insécurité est grande, en situation de défiance et de pessimisme généralisés, une forme de protection face à l'incertitude.

Deux points principaux peuvent être, ici, soulignés, assurant un lien analytique entre le *Treatise on Probability* et la TG.

En premier lieu, l'utilité de raisonner dans un cadre inter-temporel, où les décisions impliquent des événements situés à des périodes différentes, avec des comportements susceptibles d'être guidés en fonction d'horizons temporels différents. Ainsi, pour Keynes, par exemple, la propension à consommer dépend, entre autres, des « changements dans les prévisions concernant le rapport entre les revenus futurs et les revenus présents » (TG, p. 116), d'où :

> Pour réaliser pleinement ses préférences psychologiques relatives au temps un individu a deux sortes de décisions à prendre. La première a trait à cet aspect de la préférence relative au temps [...] appelée la *propension à consommer*, force qui [...] détermine pour chaque individu la partie de son revenu qu'il consomme et la partie qu'il réserve sous la forme d'un droit *quelconque* à une consommation future. Mais une fois cette décision prise, une autre lui reste à prendre. Il doit choisir *la forme* sous laquelle il conservera le droit à une consommation future qu'il s'est réservé soit dans son revenu courant, soit dans ses épargnes antérieures. Désire-t-il lui conserver la forme d'un droit

immédiat, liquide ? Ou au contraire est-il disposé à aliéner ce droit immédiat pour une période spécifiée ou définie (TG, p. 180, Keynes souligne)

Autrement dit, quel est le degré de sa *préférence pour la liquidité* ? On le voit, la consommation dépend positivement du revenu tout au long du cycle de vie, mais l'effet du taux d'intérêt est indéterminé. De même, certains des « facteurs objectifs » (*ibid.*, p. 113) qui influent sur la propension à consommer, comme « les variations du taux auquel on escompte le temps, c'est-à-dire du taux auquel les biens présents s'échangent contre les biens futurs » (*ibid.*, p. 114, soit, approximativement, le taux d'intérêt) et/ou « les changements dans les prévisions concernant le rapport entre les revenus futurs et les revenus présents » (*ibid.*, p. 116) et/ou « les variations de la politique fiscale » (*ibid.*) s'inscrivent, typiquement, dans un cadre inter-temporel, même si l'incertitude perturbe ces choix et est susceptible d'entraîner un défaut de coordination des agents.

En second lieu, l'action économique se manifeste dans le cadre d'une pluralité d'actions menées par une pluralité d'acteurs, ces pluralités conjuguées nous empêchant de connaître avec certitude les conséquences de nos actes. Il y a donc nécessité de définir la rationalité du comportement économique en présence d'incertitude.

Keynes raisonne, dans un premier temps (*i.e.* dans le *Treatise on Probability*), pour un individu donné, et, après avoir cité Leibniz (« J'ai dit plus d'une fois qu'il faudrait une nouvelle espèce de logique, qui traiterait des degrés de Probabilité »), entend par « probabilité » toute connaissance obtenue indirectement par construction intellectuelle (« *argument* ») :

> *Part of our knowledge we obtain direct ; and part by argument. The Theory of Probability is concerned with that part which we obtain by argument, and it treats of the different degrees in which the results so obtained are conclusive or inconclusive*

> « Une partie de ce que nous savons est obtenue directement ; et une autre partie par construction intellectuelle. La théorie des probabilités concerne la partie qui est obtenue par construction intellectuelle, et elle traite des degrés auxquels les résultats ainsi obtenus sont conformes ou non à la réalité du processus décrit » (1921, p. 2)

Partant, Keynes suppose que la rationalité procède d'une validation de la relation entre des éléments connus avec certitude et les conséquences de ces éléments qui sont, elles, probables ; autrement dit, c'est l'aptitude des individus à percevoir, dans leur environnement réel immédiat, les relations logiques unissant la situation présente aux évolutions futures probables, et de mesurer le degré d'effectivité de ces évolutions. La rationalité s'apparente donc, ici, non à un calcul maximisateur (de l'utilité espérée) mais aux capacités (à l'expertise empirique) de l'individu i) de percevoir et de traiter les informations et les éléments présents pertinents, ii) de déduire les résultats des interrelations possibles entre ces éléments et ces informations :

> *We are merely reminding ourselves that human decisions affecting the future, whether personal or political or economic, cannot depend on strict mathematical expectation, since the basis for making such calculations does not exist ; and that it is our innate urge to activity which makes the wheels go round, our rational selves choosing between the alternatives as best we are able, calculating where we can, but often falling back for our motive on whim or sentiment or chance* (GT, p. 162-163)

> « les décisions humaines engageant l'avenir sur le plan personnel, politique ou économique ne peuvent être inspirées par une stricte prévision mathématique, puisque la base d'une telle prévision n'existe pas ; c'est que notre besoin inné d'activité constitue le véritable moteur des affaires, notre cerveau choisissant de son mieux entre les solutions possibles, calculant chaque fois qu'il le peut, mais s'effaçant souvent devant les impulsions dues au caprice, au sentiment ou à la chance. » (TG, p. 177)

L'intuition au service de l'expertise empirique est donc au centre de la prise de décision et du comportement de l'individu chez Keynes, formant une « rationalité humanisée » en opposition à la « rationalité standard » basée sur une approche « calculatoire » (donc probabiliste) de l'avenir, fondé sur la conception de l'École de Laplace (1921, p. 47), système qui exclut les « sentiments » au profit d'une rationalité dictée par les mathématiques (*ibid.*, p. 56), notamment par le « principe d'indifférence » (*ibid.*, p. 90) : « No other formula in the alchemy of logic has exerted more astonishing powers, For it has established the existence of God from the premiss of total ignorance ; and it has mesured with numerical precision the probability that the sun will rise tomorrow » (*ibid.*, p. 91). Et cette rationalité humanisée ancrée dans l'empirisme renvoie pour Keynes aux « poids des arguments » (« *The weight of arguments* », *ibid.*, p. 78-86), le Chapitre VI du *Treatise on Probability* auquel fait référence Keynes dans sa célèbre note de bas de page de la TG (*ibid.*, p. 164) appuyant la nécessité d'écarter les « choses très incertaines » dans la formation des prévisions, précisant que « en disant "très incertaines" nous ne voulons pas dire "très improbables" ». Très prosaïquement, Keynes nous signifie par-là que les informations certaines et/ou relativement complètes pèsent plus lourd dans notre raisonnement que les informations incertaines (ou peu crédibles) et/ou incomplètes. Reste que l'individu est un être social, d'où la nécessité de prendre en compte, voire de coordonner, son comportement avec celui des autres afin d'appréhender le fonctionnement sociétal du capitalisme. Ainsi, qu'advient-il lorsqu'un individu *en société*, en situation critique où l'incertitude est irréductible (*i.e.* où le futur est non probabilisable), ne détient aucun critère de discrimination entre différentes propositions ou différents types de comportement possibles au sein desquels il doit choisir (le retrait temporaire pouvant être une autre solution) ? Dans ce cas, le mimétisme (ou comportement grégaire) devient *le* comportement rationnel car il permet de profiter de l'information véhiculée par le marché, selon une logique de rationalité bien définie par Orléan (1987, p. 163) : « en état d'incertitude, dès lors que je n'ai aucune idée sur le phénomène que je cherche à évaluer, copier l'autre ne peut qu'améliorer mes performances. En effet, de deux choses l'une, ou l'autre partage mon ignorance et ma position reste alors inchangée, ou il sait quelque chose et, en l'imitant, j'améliore ma situation. » L'argumentaire de Keynes est précisé dans son important article « *The General Theory of Employment* » (1937, p. 214, Keynes souligne) :

> *Knowing that our own individual judgment is worthless, we endeavor to fall back on the judgment of the rest of the world which is perhaps better informed. That is, we endeavor to conform with the behavior of the majority or the average. The psychology of a society of individuals each of whom is endeavoring to copy the others leads to what we may strictly term a conventional judgment*

> « Conscients du peu de valeur de notre propre jugement individuel, nous veillons à l'aligner sur le jugement de tous les autres, sans doute mieux informés. Cela signifie que nous cherchons à nous conformer à l'attitude de la majorité ou de la moyenne. La psychologie d'une société faite d'individus qui, tous, cherchent mutuellement à s'imiter, nous conduit à ce qu'il convient d'appeler très précisément un jugement de *convention*. »

Cette forme hétérodoxe de la rationalité proposée par Keynes s'oppose à celle de l'*homo oeconomicus* optimisateur des Classiques et de leurs successeurs (*ibid.*, p. 212), basée sur « l'individualisme méthodologique », qui évolue dans un univers stable défini par des lois économiques certaines, donc connues de tous (information symétrique et complète), où les anticipations sont aisément calculables et où l'incertitude est réduite à une expression, elle-même, calculable (*ibid.*, p. 213). Dans un processus d'imitation généralisée où le fonctionnement des marchés opère selon une dynamique où chacun copie l'autre, le prix devient la résultante de « la psychologie de masse du marché » (TG, p. 170) où le coût de la singularité (*i.e.* s'enhardir à faire différemment) devient exorbitant, la « psychologie de masse », même lorsqu'elle émane « d'un grand nombre d'individus ignorants », devenant « une évaluation conventionnelle » (*ibid.*, p. 169), avec donc une impérieuse nécessité de la suivre :

> La sagesse universelle enseigne qu'il vaut mieux pour sa réputation échouer avec les conventions que réussir contre elles. (TG, p. 172).

En outre, un processus d'anticipations auto-réalisatrices (« *self-fullfilling expectations* ») peut opérer, dans et par lequel un prix va s'auto-confirmer même s'il diffère de son niveau d'équilibre fondamental, autrement dit une forme d'incertitude non fondamentale (basée sur les croyances des agents) influençant les grandeurs d'équilibre. Conséquemment, à chaque opinion moyenne du marché correspond un équilibre différent, et des déplacements successifs d'un équilibre à un autre *via* les anticipations, ce que la théorie contemporaine qualifie d'équilibres conjecturaux (ou multiples), voire d'équilibres de « taches solaires », qui invalident la conception standard selon laquelle les dynamiques de marchés, notamment financiers, convergent vers un équilibre stationnaire stable et unique.

L2. Une économie de la demande effective. Posons, d'emblée, le problème de la traduction de « *effective demand* » par « demande effective », expression pour le moins équivoque puisque Keynes désigne, non pas la demande *effectivement réalisée* ou *présente* sur le marché, mais une demande *anticipée* par les entrepreneurs :

> soit D le « produit » que les entrepreneurs *espèrent* [*expect*] tirer de l'emploi de N personnes ; la relation entre D et N, que nous appellerons la Fonction ou Courbe de la Demande Globale [*the aggregate demand function*], étant représentée par D = *f* (N). Ceci étant, si pour un certain volume de l'emploi N le « produit » *attendu* [*expected proceeds*] est supérieur au prix de l'offre globale […] il y aura un mobile qui *incitera* [*incentive*] les entrepreneurs à accroître

l'emploi [...] Nous appellerons *demande effective* le montant du « produit » attendu D [*entrepreneurs' expectation of profits*] au point de la courbe de la demande globale où elle est coupée par celle de l'offre globale. (TG, p. 53, nous soulignons, GT, p. 25)

C'est, conséquemment, la demande effective globale (*AD*), c'est-à-dire le revenu (ou « produit ») global que « les entrepreneurs *espèrent* tirer du volume d'emploi courant » (*ibid.*, p. 79), qui détermine le niveau de production mis en œuvre, soit l'offre globale (*AS*). Les prévisions à court et long termes des entrepreneurs (celles sur les coûts de production *via* le coût d'usage [TG, p. 89-97][6] et celles sur les recettes), en tant qu'elles déterminent « le volume de la production et de l'emploi » (*ibid.*, p. 71-72), sont assujetties aux même problèmes que ceux relevés précédemment (*cf. L1*), d'où si ces prévisions sont entachées d'erreurs, la possibilité de fluctuations de l'emploi et des stocks. À ces réserves près, (*AD*) correspond à la prévision de profit maximum des entrepreneurs, donc assure l'optimum des producteurs, mais pas nécessairement celui des salariés. La quantité de main d'œuvre que les entrepreneurs décident d'employer (*N*) résulte donc de ($AD = f(N) = AD_1 + AD_2$), avec (AD_1) le montant de la consommation globale *attendu, i.e.* « la somme qu'on peut s'attendre à voir dépensée par une communauté pour sa consommation » (*ibid.*, p. 55-56), qui dépend de la « loi psychologique fondamentale » (« *psychological law* », Keynes, 1937, p. 220) (*cf. supra*), et (AD_2) le montant de l'investissement nouveau *attendu, i.e.* « le montant qu'on s'attend à voir consacré par une communauté à l'investissement nouveau » (*ibid.*, p. 56), lié à « l'estimation psychologique du rendement futur des capitaux ». La théorie générale de l'emploi est, alors, celle-ci : le niveau d'emploi (*N*) est fixé afin de réaliser la production *prévue* par les firmes, autrement dit est déterminé à partir des débouchés anticipés constitutifs de la demande effective :

> We have shown that when effective demand is deficient there is under-employment of labour sense that there are men unemployed who would be willing to work at less than the existing real wage (GT, p. 289)

---

6   « Le coût d'usage constitue un des liens entre le présent et le futur » (TG, p. 93) puisque l'entrepreneur se trouve dans l'alternative « ou d'utiliser immédiatement son équipement ou de le réserver pour un usage futur » (*ibid.*). Partant, « c'est l'évaluation du bénéfice futur sacrifié du fait de l'utilisation immédiate qui détermine le coût d'usage. » (*ibid.*)

> « Nous avons démontré que, en cas d'insuffisance de la demande effective, la main d'œuvre est sous-employée, en ce sens qu'il y a des hommes sans emploi désireux de travailler pour moins que le salaire réel en vigueur. » (TG, p. 294)

L3. Une économie de chômage involontaire. Il résulte de (*L2*) que la cause première du chômage n'est pas une dysfonction (rigidité) du mécanisme d'ajustement des salaires réels sur un hypothétique marché du travail, autrement dit « l'égalité du salaire réel et de la désutilité marginale de l'emploi [...] correspond lorsqu'elle est interprétée dans le monde réel à l'absence de chômage "involontaire" » (TG, p. 44). Cette antiphrase de Keynes peut s'expliquer comme suit : tout en admettant le premier « postulat fondamental » de la théorie classique de l'emploi (*ibid.*, p. 35), selon lequel « le salaire est égal au produit marginal du travail », Keynes refuse le second, en vertu duquel « l'utilité du salaire quand un volume donné de travail est employé est égale à la désutilité marginale de ce volume d'emploi » (*ibid.*). Autrement dit, Keynes accepte la fonction de demande de travail des « Classiques » mais rejette la courbe d'offre, d'où l'impossibilité de concevoir un « marché du travail », l'initiative de l'emploi appartenant aux entrepreneurs. Dans ce cadre, le chômage involontaire se définit comme suit :

> Il existe des chômeurs involontaires si, en cas d'une légère hausse du prix des biens de consommation ouvrière par rapport aux salaires nominaux, l'offre globale de main d'œuvre disposée à travailler aux conditions courantes de salaire et la demande globale de main d'œuvre aux mêmes conditions s'établissent toutes deux au-dessus du niveau antérieur d'emploi. (TG, p. 44)

On le voit, le chômage involontaire émerge, ici, avec une baisse du salaire réel (résultant non d'une baisse du salaire nominal, privilégiée par les « Classiques », mais d'une hausse des prix des biens de consommation, soit $[\downarrow (^{w}/p)$ avec $(w \rightarrow /p \uparrow)]$) qui engendre un niveau d'emploi plus élevé (*via* l'augmentation de la demande de travail) par l'absorption d'une offre de travail jusque-là sans emploi. L'origine de cette baisse est importante car, pour Keynes, les individus n'adoptent pas nécessairement le même comportement face à des situations qui, elles, engendrent le même effet, ici la baisse de leur pouvoir d'achat $(\Delta(w/p) < 0)$:

> si une réduction du salaire nominal existant provoque le retrait d'une certaine quantité de travail, il ne s'ensuit pas qu'une baisse du salaire nominal

existant exprimée en biens de consommation ouvrière produirait le même effet si elle résultait d'une hausse du prix de ces biens. En d'autres termes, il est possible que dans une certaine limite les exigences de la main-d'œuvre portent sur un minimum de salaire nominal et non sur un minimum de salaire réel [...] Alors que la main-d'œuvre résiste ordinairement à la baisse des salaires nominaux, il n'est pas dans ses habitudes de réduire son travail à chaque hausse du prix des biens de consommation ouvrière. (TG, p. 38)

Ces différentes interprétations du même phénomène s'expliquent par l'imperfection de l'information (ou une « illusion monétaire » quant à son traitement[7]) qui impacte le calcul d'optimisation opéré par chaque agent consistant à égaliser son taux marginal de substitution « consommation *vs* loisir » au taux de salaire réel donné comme condition à sa participation au marché du travail. Une autre explication réside dans ce que l'on peut nommer la sensibilité à « l'équité » (TG, p. 273), c'est-à-dire qu'une baisse du salaire nominal (w) peut être perçue comme une mesure individuelle ou catégorielle, voire disciplinaire (*i.e.* une sanction) par l'agent concerné, alors qu'une diminution de (w/p) par l'inflation affecte « pareillement tous les travailleurs » (TG, p. 43), apparaissant ainsi comme plus « équitable » (ou moins discriminatoire) : en l'absence d'une « réduction uniforme des salaires nominaux dans toutes les industries [...] chaque travailleur a intérêt à s'opposer à la réduction de son cas particulier. En fait l'effort des entrepreneurs pour réviser les contrats de salaires dans le sens de la baisse rencontre beaucoup plus de résistance que la baisse graduelle et automatique des salaires réels qui résulte d'une hausse des prix. » (TG, p. 269). Enfin, le « consentement » à la baisse des salaires (réels ou nominaux) par la main-d'œuvre dépend des niveaux (ou de la dynamique) de l'emploi (N) (TG, p. 40) et de la manière dont ils sont perçus par les agents. Les comportements découlant de ces diverses situations sont différents : quand (w) diminue, l'agent n'en conclut pas hâtivement qu'il en est, de même, dans les autres entreprises. Il peut être incité à démissionner pour

---

7   Cette « illusion monétaire » opère chez les salariés, par la sous-estimation de la perte de pouvoir d'achat liée à une hausse plus que proportionnelle de (p) comparativement à celle (éventuelle) de (w), soit une baisse de (w/p), mais peut, également opérer côté entrepreneurs : « La hausse des prix, par les illusions qu'elle fait naître chez les entrepreneurs, peut les amener au moins pendant un certain temps à accroître l'emploi au-delà du volume qui porte au maximum leurs profits individuels mesurés en unités de production. » (TG, p. 294)

chercher ailleurs un emploi mieux rémunéré. Quand (p) augmente, les salariés pensent que la baisse de (w/p) affecte l'ensemble des activités. Faute d'opportunité, ils conservent leur emploi. D'où la rigidité à la baisse de (w) et la déconnexion relative du « niveau existant des salaires réels » avec la « désutilité marginale du travail » (TG, p. 38), soit le contraire des présupposés des « économistes classiques », desquelles il s'ensuit que « dans une certaine limite les exigences de la main-d'œuvre portent sur un minimum de salaire nominal et non sur un minimum de salaire réel » (*ibid.*), d'autant que si « les accords conclus entre les entrepreneurs et les ouvriers pour la fixation du salaire nominal » déterminent effectivement (w) et non (w/p), « il n'y a plus de raison de supposer que le salaire réel et la désutilité marginale du travail s'ajustent spontanément l'un à l'autre » (*ibid.*, p. 40-41), *in fine* « les travailleurs se montrant plus raisonnables que les auteurs classiques » (*ibid.*, p. 43).

On le voit, le chômage s'explique non par les caractéristiques de fonctionnement d'un hypothétique « marché du travail » mais par celles du marché des biens et du marché de la monnaie qui conditionnent le pouvoir d'achat de l'agent, la valeur de (w/p) :

> Ce n'est donc pas la désutilité marginale du travail, exprimée en salaires réels, qui détermine le volume de l'emploi, sauf dans la mesure où l'offre de main-d'œuvre disposée à travailler en échange d'un certain salaire réel fixe un *maximum* que l'emploi ne saurait dépasser. Ce sont la propension à consommer et le montant de l'investissement nouveau qui déterminent conjointement le volume de l'emploi et c'est le volume de l'emploi qui détermine de façon unique le niveau des salaires réels – et non l'inverse. (TG, p. 57)

Partant, c'est la propension à consommer et le montant de l'investissement nouveau, en tant que déterminants de la demande effective (*cf. L2*), qui fixent (N) (et non le « prix » du travail que serait le salaire), et c'est l'insuffisance de cette demande effective globale (AD) (TG, p. 294) qui est à l'origine du chômage involontaire, établissant une équivalence entre chômage involontaire et déficience de la demande effective, l'insuffisance de l'anticipation des recettes attendues de la vente de la production suscitant une création d'emplois inférieure au « plein emploi » :

> le volume de l'emploi (et par conséquent le niveau de la production et du revenu réel) est fixé par l'entrepreneur en vue de rendre maxima ses bénéfices

présents et futurs [...] et le volume de l'emploi qui rendra ses bénéfices maxima dépend de la fonction de la demande globale que lui donnent ses prévisions de la somme des produits respectivement de la consommation et de l'investissement dans les diverses hypothèses [...] La fonction de l'emploi [relie] chaque montant de la demande effective mesurées en unités de salaires, que cette demande soit dirigée vers une seule entreprise ou industrie ou vers l'industrie tout entière, au volume de l'emploi pour lequel le prix d'offre de la production qui en résulte est égal audit montant de la demande effective. (TG, p. 101, 285)

L4. Une économie de la monnaie et de l'intérêt au sein d'une économie de production qui s'oppose à la conception « classique » d'une économie d'échanges, au sein de laquelle la monnaie revêt la même importance que les biens dans la formation et la jouissance de la richesse. Ainsi les salaires monétaires caractérisent une *prévision* de monnaie-liquidité permettant d'acquérir une quantité non encore déterminée de biens, c'est « un pouvoir d'achat *avancé*, donc incertain devant porter sur la valeur monétaire des biens dont la production va être entreprise » (Barrère, 1985, p. 103). Parallèlement, le recrutement d'un salarié se caractérise par l'*avance* de ce salaire monétaire par l'entrepreneur qui *espère* qu'il sera au moins égal à la productivité marginale de ce salarié qui ignore, quant à lui, avec précision le pouvoir d'achat dévolu à ce salaire, donc le niveau de compensation de la désutilité associée à ce travail. On le voit, ici encore, à l'instar de (*L1*), (*L2*) et (*L3*), les événements futurs éclairent les décisions présentes de consommer ou de produire, qui dépendent, en outre, de l'intensité du désir de détenir et d'accumuler de la richesse. Conséquemment, chaque agent a deux décisions à prendre pour réaliser ses préférences relatives au temps : la première concerne la propension à consommer (*cf. supra*), la seconde renvoie à la partie non consommée de son revenu (*i.e.* son « droit à une consommation future », TG, p. 180) qu'il peut conserver sous forme liquide (« droit immédiat ») ou placer en « aliénant ce droit immédiat pour une période spécifiée ou indéfinie », en fonction de son « degré de préférence pour la liquidité » (*ibid.*). Côté entrepreneur, la prise en compte du temps s'avère, également, nécessaire en raison i) des délais de production, ii) de la dépendance des décisions présentes de production aux choix entre l'emploi immédiat ou différé des ressources disponibles. Dans les deux cas, la monnaie, en tant que « liquidité *par excellence* » (*ibid.*, p. 242), constitue « un lien entre le présent et l'avenir » (*ibid.*, p. 297), elle permet de pallier notre légitime

inquiétude quant à l'avenir en nous donnant, par son attribut de liquidité, donc sa totale disponibilité, son caractère universel et sa capacité
à être accumulé « sans limites » (en l'absence de coûts de conservation
et de stockage, TG, p. 235), une emprise sur les biens et les titres, une
sécurité visant à apaiser nos inquiétudes (« *lulls our disquietude* », Keynes,
1937, p. 216) inhérentes au fait que nous n'avons que « la plus vague
idée » (*ibid.*, p. 213) des conséquences directes de nos actes (*ibid.*), notre
connaissance de l'avenir étant, contrairement aux postulats classiques,
« fluctuante, vague et incertaine » (*ibid.*), dès lors que des facteurs comme
la crainte, l'espoir, le désenchantement, *etc.* conditionnent le comportement
humain (*ibid.*, p. 215). La contrepartie de cette « assurance » réside dans
une « prime de liquidité » (TG, p. 235), sorte de coût d'opportunité payé
par ses détenteurs (*ibid.*, p. 235). Considérant le statut particulier de
la monnaie, le taux d'intérêt monétaire (r) devient central en tant que
récompense pour la renonciation à la liquidité, (r) devenant un élément
purement monétaire, le « prix » de la liquidité, la prime nécessaire pour
compenser le coût de sa séparation. Face à cette séparation, l'unicité de
(r), pour une période donnée, s'apparente plutôt à une commodité, une
simplification de la « gamme de taux d'intérêt » (*ibid.*, p. 154), où la
diversité des taux, expression des anticipations des agents, s'expliquent
par la durée pour laquelle on renonce à la liquidité :

> Pour la simplicité de l'exposé nous avons négligé le fait que l'on a affaire à une
> gamme de taux d'intérêt et de taux d'escompte correspondant aux périodes
> différentes [*complexes of rates of interest and discount corresponding to the different
> lengths of time*] qui doivent s'écouler avant que les divers rendements du capi-
> tal apparaissent [...] les prévisions faites sur les gammes de taux d'intérêt
> à différents termes destinés à prévaloir aux époques futures se reflètent en
> partie dans la gamme des taux d'intérêt à différents termes qui prévalent
> aujourd'hui (TG, p. 154, 160, GT, p. 137)

(r) est donc un « prix », celui de la liquidité pour une masse monétaire donnée ($\overline{M}$), celui nécessaire à l'agent pour consentir à la désutilité
marginale de réduire ses détentions liquides :

> le taux d'intérêt à tout moment, étant la récompense pour renoncer à la
> liquidité [*the reward for parting with liquidity*], mesure la répugnance [*unwil-
> lingness*] des personnes qui possèdent la monnaie à renoncer à leur pouvoir
> inconditionnel d'en disposer. Le taux de l'intérêt n'est pas le « prix » qui
> amène à s'équilibrer la demande de ressources à investir et le consentement

à s'abstenir de consommations immédiates. Il est le prix qui équilibre le désir de détenir la richesse sous forme de monnaie et la quantité de monnaie disponible ; ce qui implique que, si le taux de l'intérêt était moins élevé, si en d'autres termes la récompense pour se dessaisir de la monnaie était réduite, le montant global de monnaie que le public désirerait conserver serait supérieur à la quantité offerte et, si le taux de l'intérêt était majoré, il y aurait un excédent de monnaie que personne ne voudrait conserver. (TG, p. 181, GT, p. 167)

La fixation du taux d'intérêt en lien avec les « préférences psychologiques » des agents fait l'objet d'une « théorie générale » spécifique (chap. 13 de la TG) par laquelle Keynes s'oppose, dans un premier temps, à la tradition classique du « taux d'intérêt naturel », en affirmant que « le taux de l'intérêt ne peut être une récompense pour l'épargne ou l'abstinence en tant que telle » (*ibid.*, p. 180) qui permettrait d'équilibrer « la demande d'investissement et le consentement à épargner » (*ibid.*, p. 188), en mobilisant un argument simple : « lorsqu'un homme accumule ses épargnes sous forme d'argent liquide, il ne gagne aucun intérêt bien qu'il épargne tout autant qu'un autre » (*ibid.*), alors que cette thésaurisation peut (et doit) être comprise comme « une première approximation du concept de préférence pour la liquidité », facteur de détermination du niveau de (r) auquel « le désir global de thésauriser » devient compatible avec « la quantité de monnaie » disponible (*ibid.*, p. 187), d'où l'idée d'un taux d'intérêt comme « récompense de la non-thésaurisation » et non comme « récompense de la non dépense » (*ibid.*). Ensuite, à l'instar des taux de rendement des prêts et des investissements, (r) ne peut pas être une récompense de l'abstinence, mais celle de « l'acceptation du risque » :

il n'y a pas de frontière marquée entre ces taux de rendement et ce qu'on appelle le taux de l'intérêt « pur », ils sont tous la récompense pour l'acceptation du risque d'incertitude d'une sorte ou d'une autre. Ce n'est que dans le cas où la monnaie servirait exclusivement pour les transactions et ne serait jamais utilisée comme réserve de valeur qu'une théorie différente deviendrait appropriée (TG, p. 194)

Et dans ce cadre, à côté des motifs « rationnels » de transaction et de précaution, il existe des motifs « instinctifs » (Keynes, 1937, p. 216) de détenir des liquidités en tant que réserve de valeur, que l'on trouve au niveau le plus profond de nos motivations, qui agissent comme « un baromètre de notre degré de confiance quant à nos propres calculs et conventions concernant l'avenir » (*ibid.*). La monnaie prend le relais

(« *takes charge* ») dans les moments où les conventions les plus échafaudées et les plus précaires se sont affaiblies (*ibid.*). En définitive, la possession de monnaie apaise notre inquiétude, et la prime (r) que nous requérons pour nous faire nous séparer de la monnaie est la mesure du degré de notre inquiétude (« *degree of our disquietude* », *ibid.*, p. 216).

L'interaction de ces quatre lemmes {L1…L4}, soit une économie 1) de décisions en avenir incertain et risqué, 2) de la demande effective, 3) de chômage involontaire, 4) de la monnaie et de l'intérêt conduit à deux démonstrations {D1, D2} :

D1. *L'état stable et durable de sous-emploi.* La flexibilité du taux de salaire monétaire (w) n'assure pas nécessairement le retour au plein-emploi car une baisse de (w) , « en réduisant le pouvoir d'achat de certains travailleurs » (TG, p. 264) peut entraîner une baisse de la demande effective. Partant, une baisse de (w) n'accroit l'emploi que si elle i) diminue le taux d'intérêt, ii) augmente l'efficacité marginale du capital, devenant « un aiguillon à la production » (*ibid.*, p. 263). (i) signifie qu'une baisse de (w) entraîne une baisse des prix (*ibid.*, p. 264, 267) et des revenus monétaires, réduisant le besoin d'encaisses liquides (*i.e.* la préférence pour la liquidité)[8] provoquant, ainsi, une baisse du taux d'intérêt monétaire (r) (*ibid.*, p. 268). (ii) signifie qu'une hausse de la productivité marginale du capital vis-à-vis de (r) stimule l'investissement (*ibid.*, p. 267) (alimentée par l'« état d'esprit optimiste chez les entrepreneurs » dû à la baisse de (w), *ibid.*, p. 269), les agents anticipant que (w) a baissé par rapport à son niveau futur (« une réduction par rapport aux salaires nominaux futurs », *ibid.*, p. 268), sans inscrire cette baisse dans la durée (*i.e.* « une prévision ou une sérieuse possibilité de nouvelle réduction dans l'avenir », *ibid.*) car dans ce dernier cas, ($\Delta w < 0$) se traduira par un « ajournement » de la consommation et de l'investissement, donc une diminution de l'efficacité marginale du capital (*ibid.*).

> Il n'y a donc aucune raison de croire qu'une politique de salaires souples puisse maintenir un état permanent de plein emploi, pas plus qu'il n'y a de

---

8   si et seulement si la baisse de (w) ne provoque pas de tensions sociales et de l'instabilité politique car « si la réduction des salaires en causant du mécontentement dans le peuple nuit sur le plan politique à la confiance, le renforcement de la préférence pour la liquidité qui en sera la conséquence absorbera une quantité d'argent liquide supérieure à celle qui se trouvera libérée de la circulation active. » (TG, p. 269)

raison de croire qu'une politique monétaire de marché ouvert puisse à elle
seule obtenir ce résultat. De tels moyens ne sauraient conférer au système
économique la propriété de s'ajuster de lui-même. (TG, p. 271)

On le voit, le raisonnement de Keynes ne renvoie, à notre lecture de
ce précieux chapitre 19 de la TG, ni explicitement au problème d'un
« *équilibre* de sous-emploi » (Patinkin) ni à la question de la stabilité de
l'équilibre de plein-emploi (Tobin).

*D2. L'efficacité de l'État et des politiques économiques pour l'atteinte du
plein emploi.* Le niveau de l'emploi résultant du niveau de la demande
effective, toute politique économique orientée vers (*AD*) est susceptible
de compenser ses déficiences et réduire ses fluctuations, ce qui permet,
respectivement, d'approximer le niveau de la demande de plein-emploi
et de diminuer l'incertitude des prévisions, condition à la coordination
des anticipations des individus, et, plus généralement, à la définition
d'un environnement permettant de « modérer » ou de « diriger » « le
libre jeu des forces économiques » afin de réaliser toutes « les possibilités
de la production » (*ibid.*, p. 372) :

> Les contrôles centraux nécessaires à assurer le plein emploi impliquent [...]
> une large extension des fonctions traditionnelles de l'État [*the traditional
> functions of government*] [...] Mais un large domaine n'en subsistera pas moins,
> où l'initiative et la responsabilité privées pourront encore s'exercer. Dans ce
> domaine les avantages traditionnels de l'individualisme garderont toute leur
> valeur [...] L'élargissement des fonctions de l'État, qui implique la respon-
> sabilité d'ajuster l'une à l'autre la propension à consommer et l'incitation
> à investir [...] nous apparaît comme le seul moyen possible d'éviter une
> complète destruction des institutions économiques actuelles et comme la
> condition d'un fructueux exercice de l'initiative individuelle. (TG, p. 372-
> 373, GT, p. 379)

On le voit, l'interventionnisme public est, principalement, axé sur
la politique de l'emploi, et si cette mission est *essentielle*, le problème du
chômage étant un phénomène économique global et non l'effet d'une
incapacité de certains individus, elle reste *limitée*, i) dans le temps,
puisqu'il s'agit de corriger une situation de sous-emploi résultant d'un
faible « degré de coïncidence de l'intérêt général et de l'intérêt particulier » (*ibid.*, p. 371) jusqu'à ce que « les contrôles centraux » réussissent
« à établir un volume global de production correspondant d'aussi près

que possible au plein emploi » (*ibid.*) ; ii) dans ses ambitions, quant aux activités concernées et aux instruments mis en œuvre :

> Tout en indiquant l'importance vitale que présente la création d'un contrôle central sur certaines activités aujourd'hui confiées en grande partie à l'initiative privée, elle laisse inchangés de vastes secteurs de la vie économique. En ce qui concerne la propension à consommer, l'État sera conduit à exercer sur elle une influence directrice par sa politique fiscale, par la détermination du taux d'intérêt. Au surplus [...] une assez large socialisation de l'investissement [*a somewhat comprehensive socialisation of investment*] s'avérera le seul moyen d'assurer approximativement le plein emploi, ce qui ne veut pas dire qu'il faille exclure tous les genres d'arrangements et de compromis permettant à l'État de coopérer avec l'initiative privée (TG, p. 371, GT, p. 378).

Ainsi, la « socialisation de l'investissement » s'apparente à une *correction* par l'État du défaut de coordination d'agents hétérogènes par le marché concurrentiel, qui conduit au chômage. Il ne s'agit donc pas de « socialiser la vie économique » (*ibid.*, p. 372), *a fortiori* de constituer un « régime unitaire ou totalitaire ou autoritaire » qui pourrait résoudre le problème du chômage mais « aux dépens de la liberté et du rendement individuels » (*ibid.*, p. 373), mais de corriger le chômage en tant que « conséquence inévitable de l'individualisme du régime capitaliste moderne » (*ibid.*). Le remède aux « grands fléaux économique de notre période », les « grandes inégalités de fortune » et le chômage, se trouve alors nécessairement « en dehors de la sphère d'action individuelle », car ils résultent « du risque, de l'incertitude et de l'ignorance » que « certains individus favorisés par le sort en matière de situation ou de talents » utilisent à leurs fins personnelles (« *La fin du laisser-faire* », *op. cit.*, p. 156), d'où la nécessité d'un « contrôle délibéré de la monnaie et du crédit par une institution centrale » (*ibid.*, p. 157), de « la publication intégrale, par voie de contrainte légale si nécessaire, de tous les faits qu'il est utile de connaître dans les marches des affaires » afin de réduire les asymétries et incomplétudes informationnelles et de fournir, à la société, « une meilleure connaissance que celle dont nous disposons à présent » (*ibid.*), ou encore d'une prise de responsabilité accrue de l'État dans « l'organisation directe de l'investissement » (TG, p. 178), afin de faire à nouveau coïncider l'initiative privée, l'esprit d'entreprise avec « l'intérêt général de la communauté » (*ibid.*). Mais, dès ces corrections opérées, l'économie de marché et l'individualisme, débarrassés de « ses défauts et de ses excès », en tant que « sauvegarde de la liberté personnelle [qui] élargit plus que tout autre système le champ ouvert aux choix personnels » (TG, p. 372), devront être restaurés dans leurs légitimités et leurs opérativités. L'action publique, en tant qu'« acte concerté de jugement intelligent » (« *La fin* … », *op. cit.*, p. 157) devient alors la condition même de la pérennité de l'exercice *réformé* des libertés individuelles qui ne seraient plus alors entièrement abandonnées « aux aléas de l'opinion privée et des profits privés » (*ibid.*, p. 158).

ENTREPRISE, SPÉCULATION, CONVENTION ET NATURE HUMAINE

ou l'instabilité économique comme conséquence de l'état de la prévision à long terme

LES DÉCISIONS D'INVESTISSEMENT ET « L'ÉTAT DE LA PRÉVISION À LONG TERME »

Tel que défini précédemment, le « modèle keynésien » contenu dans la TG, selon lequel le capitalisme produit du chômage même dans un environnement concurrentiel (avec prix et salaires flexibles), fonctionne comme « la théorie d'un système où les changements des vues sur l'avenir peuvent influencer la situation présente [capable de traiter] les problèmes du monde réel, où les prévisions passées peuvent se révéler fausses et où l'avenir escompté influe sur les actes présents » (TG, p. 297), où la monnaie constitue « *a link between the present and the future* », « un lien entre le présent et l'avenir » (*ibid.*, GT, p. 293), « *a subtle device for linking the present to the future* », « un procédé subtil pour relier le présent au futur » (*ibid.*, GT, p. 294), de même que « l'existence d'un équipement durable qui rattache l'économie future à l'économie présente » (*ibid.*, p. 162).

Dans ce cadre, le lien entre la période courante et les périodes futures dépend des décisions des agents en termes de constitution, d'utilisation et de transmission de leurs stocks de capital (monnaie pour tous et biens d'investissement pour les entrepreneurs) prises en fonction de leurs anticipations quant au montant et à la nature du capital susceptible d'être utilisé (ou légué) aux périodes suivantes. Simultanément, la monnaie, en tant que réserve de valeur, permet de s'abstraire momentanément du marché en constituant une valeur d'option propice à une meilleure prédictibilité des cours futurs, et la liquidité des marchés financiers permet la réversibilité des choix individuels d'investissement. Partant, ces décisions vont dépendre, d'une part, du « rendement *escompté* de l'investissement » en fonction du « prix d'offre du bien de capital » ou de son « coût de remplacement », soit « l'efficacité marginale de ce capital » (*ibid.*, p. 153) par laquelle « la prévision de l'avenir influe sur le présent » (*ibid.*, p. 162), d'autre part, du taux d'intérêt (*r*) fixé sur le marché monétaire (*ibid.*, p. 155). Et le rendement escompté d'un capital va être calculé sur la base de deux types de facteurs : d'une part, les « faits actuels », connus « avec plus ou moins de certitude » comme le stock présent de « biens capitaux » et l'intensité constatée de la demande, d'autre part, la prévision « avec plus ou moins de confiance » d'« événements futurs » (*ibid.*, p. 163), comme les modifications quantitatives (stock) et qualitatives (progrès technique incorporé) des « biens capitaux », les « goûts des consommateurs », « l'ampleur de la demande effective » et l'évolution de (*w*) durant la période d'effectivité de l'investissement considéré (*ibid.*). L'appréciation de ces événements futurs va alors dépendre d'un « état psychologique d'attente » qui renvoie, pour Keynes, à l'« état de la prévision de long terme » (*ibid.*) qui va dépendre de « la prévision la plus probable » susceptible d'être effectuée mais également de « l'état de confiance » (« *state of confidence* ») dans laquelle on la fait, c'est-à-dire « la probabilité que l'on assigne au risque que sa prévision la mieux établie se révèle tout à fait fausse » (*ibid.*, p. 164), mélange d'observation pratique des marchés et de « psychologie des affaires » (« *business psychology* ») (*ibid.*, p. 165) qui va conditionner non seulement l'évaluation de l'efficacité marginale du capital et donc la décision d'investissement, mais également, pour partie, les variations de (*r*). Partant, la décision d'investir aujourd'hui dépend de la prévision de la concurrence de demain avec des biens capitaux et des coûts du travail dont, respectivement, les qualités (inventions et techniques nouvelles) et les niveaux (unité de salaire) sont des « inconnues » :

> La production obtenue à l'aide de l'équipement créé aujourd'hui devra pendant l'existence de celui-ci concurrencer la production qui sera obtenue à l'aide d'équipements créés plus tard à des époques où le coût du travail pourra être moindre et la technique meilleure, pour la production issue desquels on pourra se contenter d'un prix inférieur et dont la quantité croîtra jusqu'à ce que le prix de vente de leur production tombe au minimum nécessaire pour les rémunérer. Au surplus, le profit (exprimé en monnaie) que les entrepreneurs tireront de leur équipement, ancien ou nouveau, se trouvera réduit s'il advient que la production tout entière soit fabriquée à meilleur marché. L'efficacité

marginale actuelle diminue dans la mesure où de tels événements paraissent probables ou simplement possibles. (TG, p. 158-159)

On le voit, l'appréciation de l'évolution de (w) conditionne celle de l'efficacité marginale du capital, donc la décision d'investissement. Ainsi, si les prévisions concernant (Δw) sont inélastiques aux variations présentes de (w) alors l'efficacité marginale du capital augmente jusqu'à son égalisation à (r). Dans ce cas, « l'effet Keynes » opère, l'investissement et l'emploi augmentent, donc le chômage diminue dès lors que (r) n'est pas trop faible. *A contrario*, si les entrepreneurs anticipent ($\Delta w < 0$) pour l'avenir, alors l'efficacité marginale du capital diminue et l'investissement peut être différé. Dans ce cas, « l'effet Keynes » n'opère pas, d'où une aggravation du chômage involontaire :

> Si la réduction des salaires nominaux paraît devoir être *une réduction par rapport aux salaires nominaux futurs*, elle sera favorable à l'investissement, parce qu'[elle] augmentera l'efficacité marginale du capital ; pour la même raison, elle pourra également être favorable à la consommation. En revanche, si elle donne naissance à une prévision ou simplement une sérieuse possibilité de nouvelle réduction dans l'avenir, elle produira l'effet exactement inverse, car elle diminuera l'efficacité marginale du capital et entraînera à la fois l'ajournement de l'investissement et celui de la consommation. (TG, p. 268, Keynes souligne)

Dans ce « modèle ancien » (*ibid.*, p. 166), celui d'avant les marchés financiers organisés, où « les entreprises appartenaient pour la plupart à ceux qui les avaient créées ou à leurs amis et associés » (*ibid.*, p. 165), la décision d'investissement dépend de la volonté « d'individus de tempérament sanguin et d'esprit constructif [*individuals of sanguine temperament and constructive impulses*] qui s'embarquaient dans les affaires pour occuper leur existence sans chercher réellement à s'appuyer sur un calcul précis de profit escompté » (*ibid.*), faisant confiance à leurs intuitions guidées par « le goût du risque » et non par « un calcul froidement établi » (*ibid.*, p. 166). Dans ce cadre, les décisions d'investir étaient grandement « irrévocables », dès lors qu'en l'absence de bourses de valeurs (*i.e.* donc de rappels à l'ordre ou de sanctions des marchés financiers et de nouvelles opportunités à saisir), « il n'y a pas de motif pour qu'on essaye de réévaluer fréquemment les investissements où l'on s'est engagé » (*ibid.*, p. 166), et la *convention* opérante, en tant que mode de coordination hors-prix « tacitement convenu » (*ibid.*, p. 167) entre les agents (*cf.* encadré), renvoie *in fine* à la relation entre l'efficacité marginale du capital et le taux d'intérêt, relation par laquelle « la prévision de l'avenir influe sur le présent » (*ibid.*, p. 162), où (*r*) est un « phénomène conventionnel », « car sa valeur effective dépend dans une large mesure de sa valeur future telle que l'opinion dominante estime qu'on la prévoit [...], surtout si l'opinion dominante croit que le taux de l'intérêt s'ajuste automatiquement, de sorte que le niveau établi par convention est considéré comme ancré en des fondements objectifs beaucoup plus résistants » (*ibid.*, p. 214). Partant :

> l'incitation à investir dépend en partie de la courbe de la demande de capital et en partie du taux de l'intérêt [...] Nous pouvons dire que la courbe de l'efficacité marginale du capital gouverne les conditions auxquelles les fonds à prêter sont demandés pour faire de nouveaux investissements et que le taux de l'intérêt gouverne les conditions auxquelles ces fonds sont actuellement offerts (*ibid.*, p. 155 et 179)

La « convention », au sens où Keynes l'entend, peut être définie comme un ensemble de règles communes ou un savoir collectif qui, s'ajoutant aux connaissances et capacités cognitives des individus, pris isolément, qui les adoptent, leur permettent d'élargir leurs compétences et leurs qualités d'analyse, notamment leurs perceptions du « futur », et par là-même influencent leurs décisions présentes, facilitant ainsi la coordination de leurs anticipations et de leurs comportements. Cette définition peut être rapprochée de celle de Poincaré (2014, p. 13-14, 24) appliquée au raisonnement scientifique où la convention « guide en nous aidant à discerner le chemin le plus commode » (*ibid.*, p. 24) ou encore celle d'Einstein (1980, p. 14) lorsqu'il apparente la « convention » à « un consensus relatif aux éléments et aux règles du jeu. » Cette définition peut, également, être comprise en lien avec l'analogie contenue dans l'Introduction (*cf. supra*, note 2, p. 15) concernant le « Mouvement d'interprétation de la musique ancienne », lorsque Gardiner (2014, p. 112) relève, à propos des Motets, « la convention qui attribue la voix de Dieu à une voix soliste (ou à deux voix jumelles) » ajoutant que le rôle du compositeur, à cette époque, c'est « expliquer ce qui va de soi et, grâce à la musique, libérer les émotions turbulentes qui tourmentent nos existences, même (ou peut-être surtout) quand on essaye de les vaincre ou de les refouler » (*ibid.*, p. 113). Toutes ces définitions renvoient, *in fine*, à Vico (1710, chap. VII, § IV, p. 116) lorsqu'il écrit que la faculté de savoir (« *facultas ingenium* ») « est l'ingenium, par lequel l'homme est capable de voir les ressemblances et d'en produire. Nous voyons en effet que chez les enfants, en qui la nature est plus intègre et moins corrompue par les croyances et les préjugés, la première faculté qui émerge est celle de percevoir les ressemblances. »

ENCADRÉ 6 – Les « conventions ».

LES « MARCHÉS FINANCIERS ORGANISÉS »
ET LA NÉCESSITÉ DES CONVENTIONS

Ces décisions d'investir se compliquent sérieusement avec l'extension des marchés financiers organisés (notamment les Bourses de valeurs ou « *Stock Exchange* », *ibid.*, p. 166-167) car ils dissocient propriété et pouvoir économiques, « la propriété et la gestion du capital » (*ibid.*, p. 166), et font intervenir les cours boursiers dans l'estimation de l'efficacité marginale du capital, en lieu et place de (*r*), ce qui « facilite parfois l'investissement, mais qui parfois aussi contribue grandement à aggraver l'instabilité du système » (*ibid.*). Ainsi :

> si les actions d'une société sont cotées assez cher pour qu'elle puisse aug-
> menter son capital en émettant à des conditions favorables des actions
> nouvelles, les conséquences qui en découlent sont les mêmes que si elle
> pouvait emprunter à un taux réduit. Nous décririons maintenant cet état de
> choses en disant que l'élévation du cours des titres existants implique une
> hausse de l'efficacité marginale du type de capital correspondant et produit
> par suite le même effet qu'une baisse du taux de l'intérêt (puisque le flux
> d'investissement dépend de l'écart entre l'efficacité marginale du capital et
> le taux de l'intérêt). (TG, p. 167)

Et ces cours boursiers répondent à une nouvelle logique conventionnelle (*i.e.* un nouveau mode de coordination hors-prix en avenir incertain) en vertu de laquelle « l'évaluation actuelle du marché, de quelque façon qu'elle ait été formée, est la seule *correcte* » (*ibid.*, p. 168) eu égard à la connaissance actuelle des faits susceptibles d'influer les rendements futurs, et que cette évaluation « variera seulement dans la mesure où cette connaissance sera modifiée » (*ibid.*)[1].

---

1   Dans la lignée analogique de l'encadré précédent relatif aux « conventions », cette logique conventionnelle peut être rapprochée du « principe de raison suffisante » (Poincaré, 2014, p. 213) : « Pour entreprendre un calcul quelconque de probabilité, et même pour que ce calcul ait un sens, il faut admettre, comme point de départ, une hypothèse ou une convention qui comporte toujours un certain degré d'arbitraire. Dans le choix de cette convention, nous ne pouvons être guidés que par le principe de raison suffisante [...] La forme sous laquelle nous l'avons rencontré le plus souvent, c'est la croyance à la continuité, croyance qu'il serait difficile de justifier par un raisonnement apodictique, mais sans laquelle toute science serait impossible. »

Cette logique conventionnelle à l'origine de la fixation du prix des titres est fondamentalement différente de l'évaluation marchande classique qui fixe les prix des biens, puisqu'elle nécessite une évaluation collective (*i.e.* par les acteurs du marché financier) de la convention financière, c'est-à-dire un accord implicite sur les prévisions de la valeur d'un titre. Or ces dernières dépendent de la manière dont les autres acteurs vont l'évaluer, l'évaluation individuelle de chacun dépendant de celle des autres :

> Conscients du peu de valeur de notre propre jugement individuel, nous veillons à l'aligner sur le jugement de tous les autres, sans doute mieux informés. Cela signifie que nous cherchons à nous conformer à l'attitude de la majorité ou de la moyenne. La psychologie d'une société faite d'individus qui, tous, cherchent mutuellement à s'imiter, nous conduit à ce qu'il convient d'appeler très précisément un jugement de *convention*. (Keynes, 1937, p. 214, Keynes souligne)

La complexité des marchés financiers organisés vient alors du fait qu'opèrent, en leurs seins, deux types d'activités prévisionnelles, « les prévisions véritables des entrepreneurs de profession » et « la prévision moyenne des personnes qui opèrent sur le Stock Exchange, telle qu'elle est exprimée par le cours des actions » (TG., p. 167). Autrement dit, l'activité d'« entreprise » (« *enterprise* »), qui « consiste à prévoir le rendement escompté des actifs pendant leur existence entière » (*ibid.*, p. 173), et l'activité de « spéculation » (« *speculation* ») qui « consiste à prévoir la psychologie du marché [« *psychology of the market* »] » (*ibid.*). Partant, les marchés financiers se doivent de coordonner à la fois les prévisions de court terme nécessaires au placement et les prévisions de long terme des « individus de tempérament sanguin et d'esprit constructif » (*cf. supra*), nécessaires à l'investissement en nouveaux biens de production, ce qui requiert un accord, à tout le moins une coexistence (pacifique) implicite sur les « visions de l'avenir », bien difficile à trouver, d'autant que si la spéculation ne l'emporte pas toujours sur l'entreprise, « le risque d'une prédominance tend à grandir à mesure que l'organisation des marchés financiers progresse » (*ibid.*)[2]. Partant, ce

---

2   Voilà le dilemme du « capitalisme financier » dont la liquidité « contrarie parfois l'investissement nouveau mais le favorise le plus souvent » » : « Le fait que chaque investisseur individuel se flatte de la "liquidité" de sa position […] calme ses nerfs et lui fait courir plus volontiers les risques. Si on enlevait aux achats individuels de valeurs leur caractère liquide, il en résulterait un sérieux obstacle à l'investissement nouveau *tant*

qui devient la « base conventionnelle d'évaluation » (*ibid.*, p. 170), « *a conventional basis of valuation* » (Keynes, 1937, p. 215), sur laquelle repose la formation des prévisions, décisions et comportements des agents, va dépendre du rapport entre l'activité d'entreprise et l'activité de spéculation qui est, lui-même, fonction du degré de liquidité du marché dans le sens où plus l'actif est liquide (*i.e.* susceptible d'être échangé « sans » coût, délais et risque de perte en capital) plus la spéculation, animée par le « fétichisme de la liquidité » (*ibid.*, p. 170), opère. Et dans cette dernière situation, apanage des marchés financiers organisés, les agents misent « moins sur le rendement escompté que sur un changement favorable de la base conventionnelle d'évaluation » (*ibid.*, p. 173), où le prix futur d'un actif ne dépend pas (ou peu) de sa valeur fondamentale mais des croyances des opérateurs, auto-validées sur/par le marché conduisant à des dynamiques haussières ou baissières des prix des actifs, mobiles et résultats des anticipations qui coordonnent le comportement des agents. On comprend, dès lors, que :

> *Speculators may do no harm as bubbles on a steady stream of enterprise. But the position is serious when enterprise becomes the bubble on a whirlpool of speculation. When the capital development of a country becomes a by-product of the activities of a casino, the job is likely to be ill-done.* (GT, p. 159)

> « les spéculateurs peuvent être aussi inoffensifs que des bulles d'air dans un courant régulier d'entreprise. Mais la situation devient sérieuse lorsque l'entreprise n'est plus qu'une bulle d'air dans le tourbillon spéculatif. Lorsque dans un pays le développement du capital devient le sous-produit de l'activité d'un casino, il risque de s'accomplir en des conditions défectueuses » (TG, p. 173)

Et ces conditions deviennent, précisément, « le spectacle des marchés financiers modernes » (*ibid.*, p. 174), fait d'instabilité et de « précarité », où l'opinion moyenne devient l'évaluation légitime, le référent, condamnant *ipso facto* les « prévisions véritables à long terme » (*ibid.*, p. 171), « tâche difficile au point de n'être guère possible » (*ibid.*)[3] au

---

que s'offriraient aux individus d'*autres moyens* de conserver leurs épargnes » (TG, p. 175) ; autrement dit, « Tant que les individus auront l'alternative d'employer leur richesse, soit à thésauriser ou à prêter de l'*argent*, soit à acheter des biens capitaux réels, on ne pourra rendre le second terme de l'alternative assez attrayant […] qu'en organisant des marchés où ces biens puissent être aisément transformés en espèces. » (*ibid.*, Keynes souligne)

3 « l'individu qui investit à long terme et qui par là sert le mieux l'intérêt général est celui qui, dans la pratique, encourra le plus de critiques, si les fonds à placer sont administrés

profit de comportements centrés sur les « fluctuations momentanées du marché » (*ibid.*, p. 172). Cette précarité est également portée par l'importance grandissante i) des « personnes qui ne gèrent pas elles-mêmes les affaires qui leur appartiennent » (*ibid.*, p. 169) d'où l'accroissement de l'incomplétude et de l'asymétrie informationnelles des propriétaires et des acquéreurs éventuels liées à la coupure entre valeur fondamentale et prix de marché, entre la réalité des activités économiques et les cotations afférentes ; ii) des « fluctuations au jour le jour des profits réalisés dans les investissements existants », qui, bien qu'éphémères et dépourvues de signification, exercent sur les marchés une influence court-termiste du type « *now-nowism* », « tout à fait exagérée et même absurde » (*ibid.*) ; iii) d'une « évaluation conventionnelle, fruit de la psychologie de masse [« *mass psychology* », GT, p. 154] d'un grand nombre d'individus igno-rants [« *ignorant individuals* », *ibid.*] » qui se traduit par des « variations violentes » suite à des « revirements soudains » (*i.e.* le basculement des anticipations) suscités par des facteurs de peu d'importance quant au « rendement escompté » (*ibid.*) ; iv) de la « concurrence entre profes-sionnels compétents », qui loin de « corriger les fantaisies des individus ignorants », conduit la plupart d'entre eux à « deviner peu de temps avant le grand public les changements futurs de la base conventionnelle d'évaluation » plutôt que d'établir des prévisions de long terme du « rendement escompté d'un investissement au cours de son existence entière » (*ibid.*, p. 170).

Ces facteurs conjugués concourent à l'existence de marchés financiers organisés animés non par le financement réfléchi des investissements calculé sur leurs « valeurs véritables » mais sur des valeurs que le marché, sous l'influence de la « psychologie de masse », fixera pour un instant (*t*), conditionnant le comportement des opérateurs financiers « à antici-per ceux des changements prochains dans l'ambiance et l'information que l'expérience fait apparaître comme les plus propres à influencer la psychologie de masse du marché » (*ibid.*), les placements judicieux consistant, dorénavant, non plus à « vaincre les forces obscures du temps

---

par des comités, des conseils, ou des banques. Son attitude en effet ne peut que la faire passer aux yeux de l'opinion moyenne pour un esprit excentrique, subversif et inconsi-déré. S'il connaît d'heureux succès, la croyance générale à son imprudence s'en trouvera fortifiée ; et si, comme c'est très probable, il subit des revers momentanés, rares sont ceux qui le plaindront. La sagesse universelle enseigne qu'il vaut mieux pour sa réputation échouer avec les conventions que réussir contre elles. » (TG, p. 172)

et à percer le mystère qui entoure le futur », « *to defeat the dark forces of time and ignorance which envelop our future* » (GT, p. 155), mais à « voler le départ » (« *to beat the gun* », *ibid.*), « piper le public » ou « refiler la demi-couronne fausse ou décriée » (« *to outwit the crowd, and to pass the bad, or depreciating, half-crown to the other fellow* », *ibid.*) voire trouver « dans le public des pigeons pour emplir la panse des professionnels » (*ibid.*) [« *require gulls amongst the public to feed the maws of the professional* », *ibid.*)]. Ce type de fonctionnement des marchés, où l'ignorance de ses acteurs quant au futur les contraint à deviner puis épouser l'opinion moyenne du marché, peut, alors, s'apparenter, métaphoriquement, à un jeu de « chaises musicales » (« *Musical Chairs* ») où « lors de l'arrêt de la musique certains se retrouveront sans siège » (*ibid.*, p. 171), ou à un « concours de beauté » (« *beauty contest game* ») organisé par les journaux. Dans ce dernier cas, par exemple, « les participants ont à choisir les six plus jolis visages parmi une centaine de photographies, le prix étant attribué à celui dont les préférences se rapprochent le plus de la sélection moyenne [« *average preferences of the competitors* », GT, p. 156] opérée par l'ensemble des concurrents » (*ibid.*, p. 171). On le voit, pour gagner le concours, il ne s'agit pas de sélectionner les six visages que l'on juge les plus jolis, mais ceux qu'on estime les plus propres à obtenir le suffrage des autres concurrents, ceux dont on pense que les autres trouveront les plus jolis, autrement dit, le gagnant est celui qui a la meilleure représentation de l'opinion collective, qui sait prévoir les tendances. Le problème est que cette stratégie devient une connaissance commune (« *Common Knowledge* »), « les concurrents examinant tous le problème sous le même angle » (*ibid.*), selon une logique *ad infinitum* du type « je pense que l'autre pense que je pense que l'autre pense… » où « on emploie ses facultés à découvrir l'idée que l'opinion moyenne se fera à l'avance de son propre jugement » (*ibid.*), une situation de spécularité où aucune décision ne peut être prise. Pour clôturer cette *réflection* des anticipations, cette dynamique autoréférentielle (Orléan, 1988), et prendre une décision, les agents doivent se référer à une convention, c'est-à-dire une « *Common Thought* », une représentation du monde communément acceptée, « tacitement convenue » (TG, p. 167, « *tacitly agree* », GT, p. 152), (ici, les critères d'un beau visage et, plus généralement, la spécification de ce qui est Beau [*i.e.* les « canons de la beauté »], partagés par la collectivité), nécessaire à « un haut degré de continuité et de stabilité dans les affaires, tant que l'on peut compter sur le maintien de cette convention » (*ibid.*, p. 168). Dans ce cas, la convention est pourvoyeuse d'une « sécurité acceptable » (*ibid.*), « *reasonably "safe"* » (GT, p. 153), par laquelle l'agent peut « s'enhardir » à prendre une décision « par l'idée qu'il ne court pas d'autre risque que celui d'un changement effectif dans les informations relatives au *proche avenir*, risque sur lequel il peut se faire une opinion personnelle et qui au demeurant ne saurait être très grand » (*ibid.*). Partant, la décision de chacun repose moins sur ce qu'il pense que les autres pensent, mais sur ce qu'il pense être la « base conventionnelle d'évaluation » (*ibid.*, p. 170) capable de « gérer » certaines des contraintes de coordination et cognitives qui, jusque-là, empêchaient l'agent de « passer à l'acte », de sortir du refuge de la thésaurisation, de sa préférence pour la liquidité. Et s'il n'en sort pas, « chacun augurant de l'avenir à sa façon » (*ibid.*, p. 183), c'est que son « sentiment diffère de l'opinion dominante telle qu'elle est exprimée par les cours du marché [et] peut être logiquement conduit à garder des ressources liquides » (*ibid.*). Voilà pourquoi, la stabilité des marchés financiers dépend fondamentalement de la diversité des opinions qui s'y expriment :

> C'est un fait notable que la stabilité du système et sa sensibilité aux variations de la quantité de monnaie dépendent à ce point de la *diversité* des opinions sur les choses incertaines. Le mieux serait que nous connaissions l'avenir. Mais à défaut d'une telle connaissance, si nous devons contrôler l'activité du système économique en faisant varier la quantité de monnaie, il importe que les opinions diffèrent. (TG, p. 185, Keynes souligne)

Partant, la croyance largement partagée des agents en une représentation, celle-ci devenant la « base conventionnelle d'évaluation » (*cf. supra*), spécifie un (ou plusieurs dans le cas de « taches solaires ») référent(s) parmi les conjectures possibles, par rapport auquel (auxquels) vont se polariser, à tout le moins se coordonner, leurs prévisions et leurs comportements : si je crois que « tout le monde » (ou *a minima* l'opinion dominante) se base sur cette convention et que j'ai de bonnes raisons de penser que les autres pensent qu'il en va de même pour moi, alors j'ai effectivement intérêt à m'y conformer, et inversement[4]. Et cette

---

4   « Si je pense que certains ne vont pas respecter la convention, ou si je pense que les autres pensent que certains (y compris moi-même) ne vont pas la respecter, alors il convient de ne pas la respecter. »

coordination va être auto-entretenue voire renforcée par la dynamique des « prophéties auto-réalisatrices » (« *self-fulfilling prophecies* »), processus bien décrit par Keynes, notamment pour la fixation du taux d'intérêt de long terme, « phénomène hautement psychologique » (*ibid.*, p. 213), susceptible d'être aisément étendu aux actifs financiers en général :

> *It might be more accurate, perhaps, to say that the rate of interest is a highly conventional, rather than a highly psychological, phenomenon. For its actual value is largely governed by the prevailing view as to what its value is expected to be. Any level of interest which is accepted with sufficient conviction as likely to be durable will be durable* (GT, p. 203)

> « Peut-être serait-il plus exact de dire que le taux d'intérêt est au plus haut degré un phénomène conventionnel plutôt que psychologique, car sa valeur effective dépend dans une large mesure de sa valeur future telle que l'opinion dominante estime qu'on la prévoit. Un taux d'intérêt *quelconque* que l'on accepte avec une foi suffisante en ses *chances* de durer *durera* effectivement » (TG, p. 214, Keynes souligne)

On comprend, ainsi, d'une part, que « l'expérience n'indique pas clairement que la politique de placement qui est socialement avantageuse coïncide avec celle qui rapporte le plus [puisqu']il faut plus d'intelligence pour triompher des forces secrètes du temps et de l'ignorance de l'avenir [l'activité d'entreprise] que pour "voler le départ" » (*ibid.*, p. 172) alors même que « l'entreprise animée des espoirs s'étendant sur un long avenir bénéficie à la communauté tout entière » (*ibid.*, p. 176) ; d'autre part, l'instabilité du marché financier liée à l'interdépendance des croyances et des comportements entre les agents, chacun s'interrogeant sur ce que pensent et vont faire les autres, dès lors qu'ils ne « comptent plus sur le maintien de la convention » (*ibid.*, p. 168), en tant que « règle de conduite ». Dans ce dernier cas, si je pense que certains ne vont plus respecter la convention ou si je pense que les autres pensent que certains (éventuellement moi-même) ne vont plus la respecter, alors je suis incité à faire de même. C'est, en définitive, « l'état de la confiance » (*ibid.*, p. 172) que les agents témoignent à la convention (*i.e.* la fortitude de la convention) qui spécifie le degré de stabilité des marchés financiers, l'ensemble demeurant subordonné à « l'existence d'un climat politique et social qui agrée à la moyenne des hommes d'affaires » (*ibid.*, p. 176).

Et les motifs de transactions sur titres rejoignent, ici, ceux de la détention de la monnaie et de la fixation de (*r*) (*cf. supra*) :

Because, partly on reasonable and partly on instinctive grounds, our desire to hold Money as a store of wealth is a barometer of the degree of our distrust of our own calculations and conventions concerning the future. Even tho this feeling about Money is itself conventional or instinctive, it operates, so to speak, at a deeper level of our motivation. It takes charge at the moments when the higher, more precarious conventions have weakened. The possession of actual money lulls our disquietude; and the premium which we require to make us part with money is the measure of the degree of our disquietude.

« Parce que, pour des motifs en partie rationnels et en partie instinctifs, notre désir de détenir de la monnaie comme réserve de richesse est un baromètre de notre degré de défiance quant à nos propres calculs et conventions concernant l'avenir. Même si cette impression au sujet de la monnaie est elle-même conventionnelle ou instinctive, elle agit, pour ainsi dire, à un niveau plus profond de nos motivations. Elle prend le relais dans les moments où les conventions les plus échafaudées et les plus précaires se sont affaiblies. La possession de monnaie réelle apaise notre inquiétude ; et la prime que nous requérons pour nous faire nous séparer de la monnaie est la mesure de notre degré d'inquiétude » (Keynes, 1937, p. 216)

En définitive, quoi qu'il en soit, le dénominateur commun reste toujours la « nature humaine » (TG, p. 175), « profondément enracinée dans notre subconscient » qui veut satisfaire « des instincts puissants » (« *auri sacra fames* », 1930 dans 2009, p. 100), et qui lorsqu'elle se traduit par de l'instabilité économique, est faite d'impatience qui « exige de prompts succès et l'enrichissement rapide » (TG, p. 172), des « esprits animaux » (« *animal spirits* »)[5] caractérisés par « un besoin spontané d'agir », bien difficile à domestiquer :

a large proportion of our positive activities depend on spontaneous optimism rather than on a mathematical expectation, whether moral or hedonistic or economic. Most, probably, of our decisions to do something positive, the full consequences of which will be drawn out over many days to come, can only be taken as a result of animal spirits – of a spontaneous urge to action rather than inaction, and not as the out-come of a weighted average of quantitative benefits multiplied by quantitative probabilities (GT, p. 161)

« une grande partie de nos activités positives dans l'ordre du bien, de l'agréable ou de l'utile procèdent plus d'un optimisme spontané que d'une prévision mathématique. Il est probable que nos décisions de faire quelque chose de positif

---

5　Le terme « *animal spirits* » n'apparait pas dans la version française de la TG, curieusement traduit par le neutre « dynamisme naturel », avec cependant une définition identique au texte original : « a spontaneous urge to action rather than inaction ».

dont les conséquences s'échelonneront sur de nombreux jours ne peuvent pour la plupart être prises que sous la poussée d'un dynamisme naturel [« *animal spirits* »] – d'un besoin spontané d'agir plutôt que de ne rien faire – et non en conséquence d'une moyenne pondérée de bénéfices quantitatifs multipliés par des probabilités quantitatives. » (TG, p. 175-176)

On le voit, face à cette incertitude radicale, la nécessité d'agir des individus renvoie à une « théorie pratique de l'avenir » (« *a practical theory of the future* » dans 1937, p. 214) basée sur notre propre opinion de l'avenir (« *our own individual judgement* », *ibid.*) et, si celle-ci est insuffisante, « sans valeur » (« *worthless* », *ibid.*), comme sur les marchés financiers avec l'activité de spéculation, alors la référence devient « l'opinion du reste du monde » (« *the judgement of the rest of the world* », *ibid.*). Ici, le risque d'instabilité économique provient du possible délaissement (voire condamnation) des perspectives d'investissement, et plus généralement de l'activité d'entreprise, particulièrement exigeante comparativement à l'activité de spéculation, puisqu'elle nécessite « que la prévision rationnelle [« *reasonable calculation* »] soit secondée et soutenue par le dynamisme [« *animal spirits* »] » (TG, p. 176).

Mais, malgré le fait que « we have only the vaguest idea of any but the most direct consequences of our acts » (1937, p. 213), et que « our knowledge of the future is fluctuating, vague and uncertain » (*ibid.*), dès lors que « we simply do not know » (*ibid.*, p. 214), le message de Keynes reste optimiste puisque « certains facteurs importants tendent à atténuer dans la pratique les effets de notre ignorance de l'avenir » (TG, p. 177), et nous guident dans nos prévisions et nos comportements. Il en est ainsi de l'action des « services publics » qui « forment une catégorie importante d'investissements à long terme, une forte proportion du rendement escompté [étant] pratiquement garantie par des privilèges de monopole assortis du droit de fixer les tarifs de manière à assurer un certain rendement dûment stipulé » (*ibid.*) ou par celle « des investissements entrepris ou garantis par les autorités publiques » (*ibid.*) :

les autorités publiques, lorsqu'elles font un investissement, ne se cachent pas de le faire sur la base de la présomption générale qu'il y a des avantages *sociaux* à en attendre, quelque puisse être en des limites étendues son rendement commercial, et sans se préoccuper de savoir si la prévision mathématique de son rendement est supérieure au taux de l'intérêt courant ; bien que le taux de l'intérêt qu'elles sont obligées de payer puisse encore jouer un rôle décisif en déterminant l'importance des investissements qu'elles peuvent se permettre (*ibid.*, p. 177, nous soulignons)

Le message de Keynes n'est pas non plus d'alerter sur le fait que « les décisions humaines engageant l'avenir sur le plan personnel, politique ou économique » dépendraient de « fluctuations psychologiques irraisonnées » (*Ibid.*, p. 176-177), l'état de la prévision à long terme étant souvent assez stable malgré les crises et les dépressions. Il s'agit bien plutôt de nous (les économistes, en particulier) alerter, de nous mettre en garde contre une prétendue « prévision mathématique » omnisciente et omnipotente, car « notre besoin inné d'activité constitue le véritable moteur des affaires, notre cerveau choisissant de son mieux entre les solutions possibles, calculant chaque fois qu'il le peut, mais s'effaçant souvent devant les impulsions dues au caprice, au sentiment ou à la chance » (*ibid.*, p. 177).

Voilà, peut-être, à titre conclusif, le message théorique principal de la *Théorie générale*, cette mise en garde contre certaines « économies mathématiques » (« *symbolic pseudo-mathematical methods of formalising a system of economic analysis* », GT, p. 297) qui « donnent une figuration symbolique d'un système d'analyse économique » (*ibid.*, p. 300), mais qui perdent « leurs forces et leurs autorités lorsque leurs hypothèses ne sont pas valables » (*ibid.*), qui ne sont que « pures spéculations », « aussi imprécises que leurs hypothèses initiales » permettant à leurs auteurs « d'oublier dans le dédale des symboles vains et prétentieux les complexités et les interdépendances du monde réel » (*ibid.*, p. 301), « *which allow the author to lose sight of the compexities and interdependencies of the real world in a maze of pretentious and unhelpful symbols* » (GT, p. 298) ; une praxéologie que n'auraient pas reniée Smith et Marx, et qui reste d'actualité.

BIBLIOGRAPHIE

Barrère Alain, 1983, *Déséquilibres économiques et contre-révolution keynésienne. Keynes : seconde lecture*, Paris, Economica, 2ᵉ édition.

Barrère Alain, 1985, « Keynes et Schumpeter ou l'hétérodoxie des fondements analytiques (Théorie générale et Théorie de l'évolution économique) », *Cahiers d'économie politique*, 10-11 (1), 91-113.

Blaug Mark, 1986, *La Pensée économique. Origine et Développement* (1985), Paris, Economica, 4ᵉ édition.

Braudel Fernand, 1969, *Écrits sur l'Histoire*, Paris, Flammarion, coll. « Champs », n° 23.

Bray John Francis, 1839, *Labour's Wrongs and Labour's Remedy ; or The Age of Might and the Age of Right*, Leeds, Published by David Green, Briggate.

Charette Léon, 1981, « Droit naturel et droit positif chez saint Thomas d'Aquin », *Philosophiques*, 8 (1), avril, 113-130.

Dellemotte Jean, 2009, « La "main invisible" d'Adam Smith : pour en finir avec les idées reçues », *L'Économie politique*, n° 44 (4), « Le libéralisme en crise », 28-41.

Diemer Arnaud, Guillemin Hervé, 2012, « Adam Smith et la physique de Newton », *Œconomia*, 2 (3), septembre, 327-363.

Dockès Pierre, 2017, *Le capitalisme et ses rythmes. Les faits, les théories : quatre siècles en perspective*, tome I, « Sous le regard des géants », Paris, Classiques Garnier, coll. « Bibliothèque de l'économiste ».

Dockès Pierre, Rosier Bernard, 1988, *L'Histoire ambiguë. Croissance et développement en question*, Paris, PUF, coll. « Économie en liberté ».

Dostaler Gilles, 2009, *Keynes et ses combats*, Paris, Albin Michel, coll. « Bibliothèque de l'Évolution de l'Humanité », n° 52.

Einstein Albert, 1980, *Autoportrait* (1949), Paris, Inter Éditions.

Galbraith John Kenneth, 1956, *Le Capitalisme américain. Le Concept du Pouvoir compensateur*, Paris, Éditions M. Th. Génin, Librairie de Médicis.

Galbraith John Kenneth, 1981, *La crise économique de 1929. Anatomie d'une crise financière* (1955), Paris, Payot, coll. « Petite bibliothèque Payot », n° 168.

Gardiner John Eliot, 2014, *Musique au château du ciel. Un portrait de Jean-Sébastien Bach* (2013), Paris, Flammarion.

Gilles Philippe, 1992, « Incertitude, risque et asymétrie d'information sur les marchés financiers : une revue de la littérature et une analyse en termes de réputation et de crédibilité », *Revue française d'économie*, VII (2), printemps, 53-115.

Gilles Philippe, 2009, *Histoire des crises et des cycles économiques. Des crises industrielles du 19ᵉ siècle aux crises actuelles*, Paris, A. Colin, coll. « U », 2ᵉ édition.

Gilles Philippe, 2017, « Les explications des cycles économiques dans *le Capital* : un exemple de temporalités chez K. Marx », *Œconomia*, 7 (2), 271-295.

Guitton Henri, 1979, *De l'imperfection en économie*, Paris, Calmann-Lévy, coll. « Perspectives de l'économique ».

Halbwachs Maurice, 2016, *Keynes, Abstraction et expérience. Sur la Théorie générale* (1938-1940), Paris, Éditions Rue d'Ulm, Presses de l'École normale supérieure, coll. « Figures normaliennes ».

Hansen Alvin Harvey, Clemence Richard Vernon, 1953, *Readings in business cycles and national income*, New-York, W. W. Norton & Cy. Inc.

Hicks John Richard, 1935, "A Suggestion for Symplifying the Theory of Money", *Economica*, 2 (5), february, 1-19.

Hicks John Richard, 1937, "Mr. Keynes and the "Classics" ; a suggested interpretation", *Econometrica*, 5 (2), april, 147-159.

Hicks John Richard, 1939, *Value and Capital : An Inquiry into Some Fundamental Principles of Economic Theory*, Oxford, Clarendon Press.

Hilferding Rudolf, 1970, *Le capital financier. Étude sur le développement récent du capitalisme* (1910), Paris, Les Éditions de Minuit, coll. « Arguments ».

Hippocrate de Cos, 1994, *De l'Art médical*, Paris, Le Livre de poche, coll. « Bibliothèque classique ».

Hirschman Albert Otto, 1980, *Les passions et les intérêts. Justifications politiques du capitalisme avant son apogée* (1977), Paris, PUF, coll. « Quadrige » n° 245.

Imbert Gaston, 1956, *Des mouvements de longue durée Kondratieff*, Thèse pour le Doctorat es Sciences économiques (1955), Université d'Aix-Marseille, Faculté de Droit d'Aix-en-Provence, Office universitaire de polycopie, 2 Tomes + 1 Tome d'Annexes.

Kahneman Daniel, Tversky Amos, 1979, "Prospect Theory : An Analysis of Decisions under Risk", *Econometrica*, 47 (2), march, 263-291.

Keynes John Maynard, 1921, *A Treatise on Probability*, London, Macmillan and Co., Limited, St. Martin's Street.

Keynes John Maynard, 1937, "The General Theory of Employment", *The Quarterly Journal of Economics*, 51 (2), february, 209-223.

Keynes John Maynard, 1969, *Théorie générale de l'emploi, de l'intérêt et de la monnaie* (1936), Paris, Payot, « Bibliothèque scientifique Payot ».

Keynes John Maynard, 2009, *Sur la monnaie et l'économie*, Paris, Petite bibliothèque Payot, « Économie » nº 24.

Keynes John Maynard, 2013, "A Monetary Theory of Production" (1933) in *The Collected Writings of John Maynard Keynes*, D. Moggridge ed., vol. XIII *"The General Theory and After : Part I, Preparation"*, Cambridge, Cambridge University Press for the Royal Economic Society, 408-411.

Keynes John Maynard, 2013, *The General Theory of Employment, Interest and Money* (1936) in *The Collected Writings of John Maynard Keynes*, A. Robinson & D. Moggridge éd., vol. VII, Cambridge, Cambridge University Press for the Royal Economic Society.

Knight Frank Hyneman, 1964, *Risk, Uncertainty and Profit* (1921), New York, Augustus M. Kelley, Bookseller, "Reprints of Economic Classics".

Kuhn Thomas Samuel, 1983, *La structure des révolutions scientifiques* (1962), Paris, Flammarion, coll. « champs » nº 115.

Lange Oskar Ryszard, 1935, "Marxian Economic and Modern Economic Theory", *The Review of Economic Studies*, 2 (3), june, 189-201.

Lavialle Christophe, 2001, « L'épistémologie de Keynes et "l'hypothèse Wittgenstein" : la cohérence logique de la *Théorie générale de l'emploi, de l'intérêt et de la monnaie* », *Cahiers d'économie politique*, 38 (1), Printemps, 25-64.

Ledbetter James, Wheen Francis (éd.), 2007, *Dispatches for The New York Tribune. Selected Journalism of Karl Marx*, London, New York, Penguin Books, Coll. « Penguin Classics ».

Leibniz Gottfried Wilhelm, 1734, *Essais de Théodicée sur la bonté de Dieu, la liberté de l'homme, et l'origine du mal* (1710), À Amsterdam, chez François Changuion.

Leontief Wassily, 1938, "The significance of marxian economics for present-day economic theory", *The American Economic Review*, 28 (1), supplement march, 1-19.

Luxemburg Rosa, 1969, *Œuvres III. L'accumulation du capital I. Contribution à l'explication économique de l'impérialisme* (1913), Paris, F. Maspero éditeur, coll. « FM / petite collection maspero » nº 47.

Marx Karl, 1965, *Œuvres Économie*, Tome I, Paris, éditions Gallimard, NRF, coll. « Bibliothèque de la Pléiade ».

Marx Karl, 1968, *Œuvres Économie*, Tome II, Paris, éditions Gallimard, NRF, coll. « Bibliothèque de la Pleiade ».

Marx Karl, 1969, *Manuscrits de 1844*, Paris, Éditions sociales.

Mathiot Jean, 1990, *Adam Smith. Philosophie et Économie. De la sympathie à l'échange*, Paris, PUF, coll. « Philosophies » nº 24.

Morishima Michio, 1973, *Marx's Economics, A dual theory of value and growth*,

Cambridge, London, New York, Melbourne, Cambridge University Press.

Natakani Takeshi, Hagiwara Taiji, 1997, "Product Innovation and The Rate of Profit", *Kobe University Economic Review*, 43, 39-51.

Orléan André, 1987, « Anticipations et conventions en situation d'incertitude », *Cahiers d'économie politique*, 13 (1), 153-172.

Orléan André, 1988, « L'auto-référence dans la théorie keynésienne de la spéculation », *Cahiers d'économie politique*, 14 (1), 229-242.

Poincaré Henri, 2014, *La Science et l'hypothèse* (1902), Paris, Flammarion, coll. « Champs-sciences » n° 56.

Polanyi Karl, 1983, *La Grande Transformation. Aux origines politiques et économiques de notre temps* (1944), Paris, Gallimard, « nrf ».

Ricardo David, 1977, *Des Principes de l'Économie politique et de l'Impôt* (1817), Paris, Flammarion, coll. « Champ » n° 13.

Robinson Joan Violet, 1942, *An Essay on Marxian Economics*, London, Macmillan and Co. Limited.

Rosier Bernard, 1984, *Croissance et crise capitalistes*, (1975), Paris, PUF, coll. « Économie en liberté », 2ᵉ édition.

Samuelson Paul Anthony, 1946, "Lord Keynes and The General Theory", *Econometrica*, 14 (3), july, 187-200.

Schumpeter Joseph Alois, 1939, *Business cycles. A theoretical, historical, and statistical analysis of the capitalist process*, New-York and London, MacGraw-Hill Book Company, Inc., 2 volumes.

Schumpeter Joseph Alois, 1983, *Histoire de l'analyse économique*, (1954), T. I « L'âge des fondateurs (Des origines à 1790) », T. II « L'âge classique (1790 à 1870) », T. III « L'âge de la science (De 1870 à J. M. Keynes) », Paris, Gallimard, coll. « tel », n° 326-328.

Shackle George Lennox Sharman, 1967, *The Years of Hight Theory. Invention & Tradition in Economic Thought 1926-1939*, Cambridge (Ill.), Cambridge University Press.

Sismondi Jean-Charles Léonard Simonde de, 1827, *Nouveaux Principes d'Économie politique, ou De la Richesse dans ses rapports avec la Population* (1819), Paris, Delaunay Libraire, 2 Tomes, 2ᵉ édition.

Smith Adam, 1775, *Théorie des sentiments moraux* (1759), M. l'Abbé Blavet trad., À Paris, Chez Valade Libraire.

Smith Adam, 1909, *An Inquiry Into the Nature and Causes of the Wealth of Nations* (1776), New York, P. F. Collier & Son Corp., "The Harvard Classics", Charles W. Eliot ed., n° 10.

Smith Adam, 1980, *Essays on Philosophical Subjects* (1795), Wightman W.P.D., Bryce J.C. & Ross I.S. éd., Oxford, Oxford University Press.

Smith Adam, 1987, *The Correspondence of Adam Smith*, E.C. Mossner & I.S. Ross
    éd., The Glasgow Edition of the Works of Adam Smith, Indianapolis,
    Liberty Fund, Inc.

Smith Adam, 1991, *Recherches sur la Nature et les Causes de la Richesse des Nations*
    (1776), Tomes I et II, Paris, Flammarion, coll. « GF » n° 598 et 626.

Smith Henry, 1937, "Marx and Trade Cycle", *The Review of Economic Studies*, 4 (3),
    june, 192-204, repris dans Wood John Cunningham (ed.) (1988), chap. 35,
    25-38, and "Marx and the Trade Cycle : A Reply", *Ibid.*, chap. 37, 47-48.

Vico Johann Baptistae, 1710, *De Antiquissima Italorum Sapienta ex Linguae
    Latinae Originibus eruenda*, Napoli, Ex Typographia Felicis Mosca.

Viner Jacob, 1927, "Adam Smith and Laissez Faire", *Journal of Political Economy*,
    35 (2), april, 198-232.

Wilson John D., 1938, "A Note on Marx and Trade Cycle", *The Review of Economic
    Studies*, 5 (2), february, 107-113, repris dans Wood John Cunningham (ed.),
    (1988), chap. 36, 39-46.

Wood John Cunningham (ed.) (1988), *Karl Marx's Economics. Critical Assessments*,
    vol. II, London and New York, Routledge.

INDEX DES NOMS

INDEX DES THÈMES ET DES NOTIONS

TABLE DES MATIÈRES

DEUXIÈME PARTIE

KARL MARX ET *LE CAPITAL.*
CRITIQUE DE L'ÉCONOMIE POLITIQUE

TROISIÈME PARTIE

JOHN MAYNARD KEYNES
ET LA *THÉORIE GÉNÉRALE DE L'EMPLOI,
DE L'INTÉRÊT ET DE LA MONNAIE*

Achevé d'imprimer par Corlet,
Condé-en-Normandie (Calvados),
en Mars 2022
N° d'impression : 175166 - dépôt légal : Mars 2022
Imprimé en France